国家重点学科劳动经济学、人力资源开发与人才发展博士点 共同支持开发

人才开发概论

杨河清 主　编
徐　斌　丁雪峰 副主编

中国人事出版社
中国劳动社会保障出版社

图书在版编目(CIP)数据

人才开发概论/杨河清主编. —北京：中国人事出版社：中国劳动社会保障出版社，2013

ISBN 978-7-5129-0637-2

Ⅰ.①人… Ⅱ.①杨… Ⅲ.①人才资源开发-概论 Ⅳ.①C961

中国版本图书馆 CIP 数据核字(2013)第 319347 号

中 国 人 事 出 版 社
中国劳动社会保障出版社 出版发行

(北京市惠新东街 1 号　邮政编码：100029)

*

保定市中画美凯印刷有限公司印刷装订　　新华书店经销

787 毫米×1092 毫米　16 开本　18.25 印张　270 千字
2014 年 1 月第 1 版　2014 年 1 月第 1 次印刷
定价：50.00 元

读者服务部电话：(010) 64929211/64921644/84643933
发行部电话：(010) 64961894
出版社网址：http://www.class.com.cn

版权专有　　侵权必究

如有印装差错，请与本社联系调换：(010) 80497374
我社将与版权执法机关配合，大力打击盗印、销售和使用盗版图书活动，敬请广大读者协助举报，经查实将给举报者奖励。
举报电话：(010) 64954652

■ 教材编写委员会 ■

主　　任：王通讯　　人才学的主要开拓者和奠基人之一、研究员、博士生导师、中国人事科学研究院原院长

副主任：杨河清　　经济学博士、首都经济贸易大学学术委员会副主任、劳动经济学院原院长、教授、博士生导师、中国人力资源开发研究会副会长、中国劳动学会副会长

成　　员：萧鸣政　　经济学博士、北京大学人力资源开发与管理研究中心主任、北京大学政府管理学院行政管理系主任、教授、博士生导师

　　　　　刘　昕　　经济学博士、中国人民大学公共管理学院院长助理、教授、博士生导师

　　　　　徐　斌　　经济学博士、首都经济贸易大学人才发展系主任、人力资源管理研究中心副主任、教授

　　　　　陈小平　　管理学博士、首都经济贸易大学人才发展系副教授

　　　　　张文春　　中国人力资源和社会保障出版集团专业技术人员图书编辑室副主任、副编审

总序一

进入新世纪之后，人才学研究迎来了蓬勃发展的春天。这主要得力于时代的变迁，人才资源在经济社会发展中战略意义的凸显，特别是党中央国务院对人才资源与人才问题的高度重视。2003年12月全国第一次人才工作会议召开，颁布《中共中央 国务院关于进一步加强人才工作的决定》，2010年5月全国第二次人才工作会议召开，颁布《国家中长期人才发展规划纲要（2010—2020年）》，这两次重要会议为全国人民绘制了人才强国的宏伟蓝图，激励全国人民为建设人才资源强国，实现中华民族伟大复兴而努力奋斗。

在这样一种形势下，如何将人才学知识普及开来，探索下去就成为一件重要而急迫的事情。中央领导同志对这个问题非常重视，多次发表讲话，部署工作，指出要重视人才理论研究，要以科学人才观指导人才工作，要加强人才学学科和研究机构建设。中央领导还指出，目前的人才理论研究，已经严重落后于实践，要鼓励理论创新、政策创新。中央领导还对人才学的学科体系建设进行了谋划，认为人才学应该包括宏观人才学、微观人才学、人才学通论等。这些重要指示对当前人才理论研究向哪里发展以及如何发展指明了方向。

以杨河清教授为领军者的首都经济贸易大学的人才研究队伍，积极响应中央号召，很快开始了新世纪高校人才学教材的编写工作。目前已经编出全国第一套人才学课程系列教材有《人才战略的制定与实施》《人才素质测评理论与实务》《人才考核体系与激励策略》《人才保障与服务》《人才开发概论》

五种。今后，还会有更多的成果奉献给急需这些成果的青年学生与广大读者。可以说，这是在全国高校行动快、带了头的一件好事，值得肯定与鼓励。

值得特别注意的是，这些教材较之于20世纪80年代的人才学教科书在学科建设方面突出了研究方法的创新，从而推动了教学内容的进一步深化。以人才战略研究为例，以往的研究大都属于定性研究，定量研究不多。这套教材的编写，把定量化实证研究方法引入教材内容，采用了SPSS和AMOS等现代统计分析软件，运用了探索性因子分析、验证性因子分析、结构方程模型分析、描述统计分析等方法验证了研究假设，构建了中国人才发展战略模型，推进了人才发展战略量化理论的研究，做到了人才研究的与时俱进。

人才学研究在中国虽说已经有了30年的历史，但是这个学科的理论体系到底是怎样的，谁也没有给出过定论，因为它本身就是一个开发发展的体系。我个人认为，以世纪之交为界线，国内人才学研究可以大致划分为两个不同的阶段。前20年，主要是学者个体进行的，后10年则是在组织领导下进行的；前20年，结合实际不够紧，后10年大量结合实际工作；前20年创新层次较低，后10年创新层次大幅上升，属于高层次系统创新。前不久经国家标准化管理委员会批准，人才学已经从三级学科上升为二级学科，这就为人才学教学科研队伍建设以及高校招收本科生、研究生创造了十分有利的前提条件。社会需要与领导重视已经成为人才学快速发展与深入发展的强大动力。这一套高校人才学丛书较好地反映了当前全国人才学研究水平，是一套具有开拓意义的新世纪人才学研究成果。可以肯定，它对下一步高校广泛开展人才学教学与科研，具有示范价值与推动作用。而且我相信，紧随其后，还会有更多的高校人才学教材陆续面世。

一门新学科有没有生命力，关键是它能不能满足社会需求，以及能不能满足不断发展的社会需求。而要做到这一点，关键就在持续创新。这就对丛书的编著者提出了更高的期望。期望能够列出若干条，我认为最重要的就是人才学概念、人才学概念群、人才学学科规律体系表述的创新。

众所周知，人才学属于一门综合性的社会科学学科，它所涉及的学科较多，写出高水平著作有一定的难度。这就要提升概括能力、归纳能力、综合能力、跃迁能力。在世界上，国外已经有了人力资源学说，发达国家高校的人力资源教科书也到处可见，因此，怎样写出具有中国特色的人才学专著还确实是一件不大容易的事。创新不能凭空,出路在于实践。要想提高人才学学术水准,我认为可行的办法只有一个,那就是立足中国现实,一手伸向国外,一手伸向历史。前些年,不少高校开设人力资源课,也取得一定成绩,但是那是西方的体系,学习的目的全在于结合中国国情,如果不是这样,学了也难用。我已经注意到,这些年来,国内研究人才学的众多学者为国内人才流动、人才市场建设、人才战略制定、人才队伍建设出了不少力。究其原因,就是人才学研究与国家实际情况结合较紧,不少研究成果用得上。有句古诗说"蜂蝶纷纷过墙去,疑是春色在邻家"。我们完全没有必要认为,所有的好东西都在国外,所以言必称国外。我们完全有信心建立我们中国特色、中国气派的人才理论。道理不在别处,就在于当前发生在中国大地的有史以来最壮观的关于人力资源、人才资源的伟大变革,我们是参与者、亲历者、改革者、感悟者,我们完全有能力把自己的经验总结好,上升为系统的、理性的、完整的、生动的新认识。

学习、使用这套教科书的更多的是年青一代。年轻人的任务不仅要继承,还要创新。要思考教科书里哪些内容讲对了,哪些内容还值得改进。只有以这种态度读书学习才是真正的读书学习。改革开放时代丰富多彩、热气腾腾的人才实践是比任何教科书都伟大的无字教科书。所有的理论都是在社会实践的检验中不断产生并日益走向成熟的。我期待着有更多的年轻人加入到人才学研究的队伍中来,把发轫于中国的人才学研究继续推向前进。

中国人才研究会学术委员会主任

2012.9.12

总序二

　　人才学是以人才管理与开发为研究对象，综合经济学、人口学、人力资源管理学、行政管理学、领导学、组织行为学、社会学等学科而形成的一门交叉新兴学科。在宏观层面上，它主要研究人才思想、人才战略、人才聚集与开发等内容；在中观与微观层面上，则主要研究人才胜任力、测评、培训、选拔任用、激励和人才成长的规律及其在人才发展实践中的应用。人才学研究的核心目标是，在人才学理论指导下，通过人才开发与管理一系列活动，做到人才的最佳匹配，挖掘人才的最大潜能，创造人才绩效最大化，提升人才竞争力，最终提升组织绩效和竞争力。

　　1979年10月新华社发表了《社会科学园地里一株新苗破土而出，人才学引起学术界的重视》的报道，这标志着中国人才学的诞生，并开始了人才学的创建。1992年，新兴的人才学被国家承认，作为三级学科列入《学科分类与代码》（中华人民共和国国家标准），学科代码：630.5520。经国家标准化管理委员会批准自2012年3月1日起，人才学正式列为社会学下的二级学科。

　　改革开放至今，中国人才学发展取得了一定成绩。步入21世纪之后，中国人才学发展加快了步伐。2003年12月，我国召开了第一次全国人才工作会议，对人才学发展进行了重要部署。2010年5月，第二次全国人才工作会议在北京召开，《国家中长期人才发展规划纲要（2010—2020年）》出台，这标志着我国的人才学科建设迎来了全新局面。

可以肯定地说中国的人才学在改革开放的大背景下，其发展取得了值得称道的成绩，但是中国的人才学发展在新形势下显现出明显的不足主要表现为：

第一，定量化的实证性理论研究成果较少。

第二，系统化的理论研究成果不多。

第三，实践工作者缺乏科学的理论指导。

为了满足社会需求，我们提出了建设人才学精品丛书的目标，为此，我们精心策划、利用国内相关平台和人才优势，组织一批本领域的专家、学者撰写本套丛书。将这项工作不断向纵深推进。

这套书的主要创新点在于：一是在理论上，采取规范研究和实证研究相结合的方法，注重对中国人才开发与管理进行定量化的实证研究，比较系统地构建了中国人才开发与管理框架，丰富了人才学理论体系；二是在实践上，提出了人才学开发与管理实践的相关技术方法，对如何提升中国人才绩效进行了科学设计，为各类组织进行人才管理与开发实践提供了全新的管理思路与技术方法。

本套丛书对于认识中国人才成长的规律，解决目前中国人才发展中的现实问题，对于丰富人才学研究具有促进作用。同时本套丛书也可以作为各类组织制定人才管理制度的参考。

这套丛书的出版，得到有关领导的高度重视，得到多家机构的大力相助，得到相关高校和研究机构专家、学者的指导，得到社会热心人士的积极响应，得到中国人力资源和社会保障出版集团的大力支持。在此一并表示诚挚的敬意和衷心的感谢。

文章千古事，得失寸心知。尽管编委会和各专著的作者、编辑与审订者做出了很大努力，但由于水平所限，这套书仍会有不少缺点和不足。好在该丛书将会继续编辑下去，仍然有不断改进和提高的机会。错误和漏洞，敬请读者予以指正。同时，也希望有更多的有识之士加入到人才学研究中来，为中国人才学发展奉献聪明才智。如果说探索是一种乐趣，那么，在探索的路上做一块不起眼的铺路石则是一种幸运，也是我们的共同心愿。

中国人力资源开发研究会副会长

中国劳动学会副会长

首都经济贸易大学学术委员会副主任

2012年9月于京南花乡

目　录

- **第一章　人才和人才学** ……………………………………（1）
  - 第一节　中国传统的人才定义 ………………………………（4）
  - 第二节　中国当代的人才定义 ………………………………（6）
  - 第三节　国外对"人才"的定义 ………………………………（8）
  - 第四节　古今中外"人才"定义的本质 ………………………（10）
  - 第五节　人才学的定义、研究对象和理论体系 ……………（14）

- **第二章　人才开发** ……………………………………………（20）
  - 第一节　人才开发的定义 ……………………………………（21）
  - 第二节　人才开发的研究方法 ………………………………（23）
  - 第三节　人才开发与相关学科的关系 ………………………（32）
  - 第四节　我国人才开发存在的问题 …………………………（35）
  - 第五节　人才开发的意义 ……………………………………（38）
  - 第六节　国外人才开发现状 …………………………………（40）

- **第三章　人才开发的演进** ……………………………………（44）
  - 第一节　中国的人才开发 ……………………………………（45）
  - 第二节　西方的人才开发 ……………………………………（60）
  - 第三节　对中西方人才开发演进历史的评析 ………………（81）

- **第四章　人才开发实施** ………………………………………（92）
  - 第一节　人才开发实施的基础 ………………………………（93）
  - 第二节　人才开发模型与实施模式 …………………………（98）
  - 第三节　人才开发体系的构建与运行 ………………………（103）

- **第五章　人才开发方法** ……………………………………(116)
  - 第一节　人才开发概论 ……………………………………(117)
  - 第二节　人才开发项目的设计技术 ………………………(121)
  - 第三节　组织层面的人才开发 ……………………………(130)

- **第六章　人才开发评价** ……………………………………(149)
  - 第一节　人才评价的基本要素 ……………………………(151)
  - 第二节　人才开发评价概论 ………………………………(160)
  - 第三节　组织管理中的人才开发评价 ……………………(165)
  - 第四节　人才评价技术的管理应用 ………………………(171)

- **第七章　人才开发行为** ……………………………………(180)
  - 第一节　人才开发行为概论 ………………………………(182)
  - 第二节　人才开发行为原则 ………………………………(187)
  - 第三节　人才开发行为的分类 ……………………………(189)

- **第八章　政府人才开发行为** ………………………………(198)
  - 第一节　政府人才开发行为概述 …………………………(201)
  - 第二节　政府人才开发行为的影响因素 …………………(204)
  - 第三节　政府人才开发行为的特征 ………………………(213)
  - 第四节　政府人才开发行为的趋势 ………………………(217)

- **第九章　企业人才开发** ……………………………………(220)
  - 第一节　企业战略制定与人才开发 ………………………(222)
  - 第二节　企业战略实施与人才开发 ………………………(229)
  - 第三节　人才开发需求评估 ………………………………(231)
  - 第四节　企业人才开发设计 ………………………………(237)
  - 第五节　企业人才开发评估 ………………………………(241)

- **第十章　人才开发责任与伦理** ……………………（246）
  - 第一节　人才开发责任 …………………………（247）
  - 第二节　人才开发伦理 …………………………（254）

编辑说明 ………………………………………………（267）
后记 ……………………………………………………（270）
参考文献 ………………………………………………（272）

第一章 人才和人才学

本章教学目标与方法建议

本章主要内容介绍人才开发的基础知识，要求通过了解不同时期东西方对人才定义的不同认识，掌握古今中外"人才"定义的本质；同时，要了解、掌握人才学的定义、研究对象和理论体系。

在本章学习中，主要通过比较法来分析对同一个"人才"问题古今中外认识完全不同的原因，了解每个定义背后的理论逻辑、时代背景是什么。通过对不同定义的比较分析和批判性思维，形成读者自己的人才和人才学概念。

【导入案例】

"时代需要"推动人才学升级二级学科
——访中国人才研究会顾问王通讯[①]

经国家标准化管理委员会批准，自 2012 年 3 月 1 日起，人才学正式列为社会学下的二级学科，为培养满足我国人才强国战略要求的专业人才队伍起到十分重要的作用。就此，本报记者近日采访了中国人才研究会顾问王通讯。

记者：您是我国人才学创始人，请您简要回顾并介绍一下人才学作为一门学科的创立及发展情况。

王通讯：我是国内较早投入人才学研究的，当时不少学者参与其中。1979 年 8 月，我与雷祯孝合作发表的《试论人才成功的内在因素》一文，产生了强烈的社会反响，被认为是人才学的开山之作。10 月初，为庆祝中华人

---

① 节选自：李微."时代需要"推动人才学升级二级学科——访中国人才研究会顾问王通讯. 中国组织人事报，2012-07-11（003）.

民共和国成立30周年，北京地区社会科学界召开学术讨论会，会上专门设立了人才学组。会上，由童大林、于光远、董纯才、王梓坤、张健、吴明瑜等人倡议发起成立中国人才学研究会，敢峰任筹备组组长。10月11日，新华社发布通稿《社会科学园地里一株新苗破土而出，人才学引起学术界的重视》。此后，1981年中国人才研究会正式成立，国内涌现出大量人才学研究论文。继之，200多所大学开设了人才学课程，专门刊登人才学论文的杂志报纸开始出现，例如北京的《人才研究》《中国人才报》，上海的《人才开发》，青海的《人才天地》等。集聚于国家部委研究机构、高等院校、组织人事部门的人才学研究专家队伍逐步形成。在这种形势下，人才学应该成为一个专门学科的呼声日益高涨。1992年，人才学作为三级学科被纳入《学科分类与代码》（中华人民共和国国家标准），学科代码为630.5520。经国家标准化管理委员会批准，自2012年3月1日起，人才学正式列为社会学下的二级学科。

记者：人才学成为二级学科是人才学多年来发展的结果。请您对人才学这些年来的主要成就及社会影响作一介绍和评价。您认为我国人才学科发展目前处于一个什么水平？

王通讯：能够成为一个学科，是人才学界众多研究者和实际工作者多年坚持努力的结果，也是中央有关领导部门领导者积极支持的结果。人才学研究的主要成绩表现在多个层面：一是鼓舞了千百万青年的成才信心，帮助他们走上了成才之路；二是提供了与国际接轨的人才管理方法，提升了企业等社会组织的人才管理水平；三是从理论层面探索了人才大量涌现的社会规律，为实现中华民族的伟大复兴贡献了力量。

回首30年人才学发展历史，可以看出，中国的人才研究与中国的改革开放共命运。从研究人才流动到研究人才市场，从提出人才测评到献计制度改革，每前进一步都是非常不容易的，这其中既有风险，又有喜悦。

众所周知，世界上的诸多学科，数理化天地生以及经济学等都是由西方传入中国的，唯独人才学是由中国首先开始研究，并且影响到西方的。据我所知，美国早在20世纪60年代就开始研究人力资源学说，只是这些年才开始出现研究"人才管理"的著作。当然，就目前的研究水平看，这个学科的学术研究水平还不够高，还是一个正在走向成熟的学科，还需要上层次，但是它确实为国家人才战略的制定作出了贡献。今后它要走的路还很长，需要从多方面付出极大的努力。

记者：您认为人才学成为二级学科对人才学科发展、人才理论建设、人才学研究队伍培养等有哪些作用和意义？

王通讯：人才学上升为国家二级学科之后，一个重大的差别就是大学可以招收本科生、研究生了。这就能够从根本上解决人才研究后继乏人问题。既然人才问题是一个事关国家前途与命运的大事，既然人才强国战略已经成为国家三大战略之一，那么，如果这项研究在老一代之后无人继承，将是一种怎样的状况？

上海某大学人才研究中心留了一位热爱人才学的人力资源专业本科毕业生，他的老师原本对他是寄予厚望的，但他留校不久就感到从事这项研究既评不上职称，也成不了气候，不如早日离开，结果真的走了。

我认为，我们不能一切唯西方马首是瞻。西方没有的中国就不能有吗？中国的人才研究就不能影响西方，走在世界前面吗？中国人应该有信心壮志建立有中国特色、中国气派的人才学派、人才学说。最近，中央领导同志强调，要深入研究人才学理论，加强人才学学科建设与机构建设。这是非常及时的，也是非常重要的。当前的关键是要抓紧落实。

从事了30多年的人才学研究，我的体会是，人才是新时代的一个永恒的主题，人才研究是一项前程广阔的伟大事业，值得更多年轻的有志有识之士共襄盛举、为之奋斗。

人才学是研究人才现象，揭示人才规律的学科。人才学是一门新兴学科，20世纪70年代才开始在中国创立。30多年来，人才学理论和学科建设取得很多成绩，但是仍未被充分重视，学科的边缘化和碎片化现象严重。例如，在国务院学位委员会审定的研究生学科目录中，"人才学"尚未被列入；与人才学密切相关的其他主干专业，如"劳动经济学"、"人力资源开发与管理"、"社会保障"等专业则分别隶属于应用经济学、工商管理、公共管理等一级或二级学科。这使得人才学及相关学科没有清晰的学科归属，导致人才培养层次不高、研究力量分散、研究资源投入不够，极大地制约了人才学的学科发展和理论创新。

2011年12月29日，中华人民共和国国家标准第25号公告宣布：自2012

年3月1日起，人才学升级为国家二级学科。对我国这样一个人力资源大国而言，在迈向人才强国的道路上，高度重视发展人才科学，将人才学提升为二级学科，对于构建具有中国特色的人才学理论体系，培养专业化、职业化和高水平的人才管理队伍，推动人才学理论创新和人才强国战略的实施，具有极其重要的战略意义。

人才开发学，是人才学中的一门主干学科，侧重于人才学中的人才开发方向，主要研究人才开发的相关原理、体制、机制、技术、行为，属于人才学中应用性较强的学科。

作为研究人才学和人才开发学的基础，"人才"的定义是什么？本书首先对"人才"的定义进行了详细研究，因为这是人才学理论研究的基础。回顾总结人才定义的发展过程，认识原有人才定义的理论缺陷，准确把握当今时代人才定义的科学内涵，对于人才学的理论和实践都具有十分重要的意义。

《辞海》对"人才"的解释是："有才识学问的人，德才兼备的人；指才学、才能。"① 《现代汉语词典》对"人才"的解释是："［人才］（人材）德才兼备的人；有某种特长的人。"② 人才概念随着时代发展不断演进，不同时代对人才有不同的定义。

第一节 中国传统的人才定义

西周时期，"人才"被定义为有道德伦理和知识技艺的人。据《周礼·大司徒》记载，西周贵族教育包括三方面："一曰六德：知、仁、圣、义、忠、和；二曰六行：孝、友、睦、姻、任、恤；三曰六艺：礼、乐、射、御、书、数。"③ 西周以宗法道德规范和实用道艺培养人才。另从《礼记·地官·司徒》中"考其德行，察其道艺"的选贤制度看，西周的"官材"标准就是六德、六行、六艺。这种"人才"概念是与西周宗法等级制度相适应的，是中国人才思想的发端。

春秋战国时期，荀子提出贤才应是"谏、争、辅、拂之人"，这种人是

---

① 辞海编辑委员会. 辞海（编印本）. 上海：上海辞书出版社，1980：302.
② 中国社会科学院语言研究所词典编辑室. 现代汉语词典. 北京：商务印书馆，1983：959.
③ 周礼. 郑玄，注. 北京：北京图书馆出版社，2005.

"社稷之臣，国君之宝"。孙武总结用兵之道，提出为将者须具备"智、信、仁、勇、严"等基本素质，并指出："智者，先见而不惑，能谋略，通权变也；信者，号令一也；仁者，惠抚恻隐，得人心也；勇者，徇义不惧，能果毅也；严者，以威严肃众心也。五者相须，缺一不可。"[①]

西汉时期，汉武帝提出了"用人如用器"的人才观，其人才选择原则是德才高下有别，量德而用，量才而用。[②]

三国时期，曹操为维护中央集权，提出了"唯才是举"的特殊政策，用人标准强调尚能、尚实、尚智，不拘小节。因此，他公开宣称"不廉""不仁不孝"都无关紧要，只要"忠能勤事，心如铁石"，便可称为"国之良吏"。与"唯才是举"并行的思想代表者是刘劭，他在《人物志》中依据德才具备的程度，把人才分为三个层次，即兼材，兼德，偏材，又按照材质特长划分出12种治国人才，曰为清节家、法家、术家、国体、器能、臧否、伎俩、智意、文章、儒学、口辩、雄杰，从而把西汉的"器用论"进一步完善化、理论化。[③]

唐朝时期，刘知己从史才角度，将人才才能内涵定义为才、学、识。在他看来，一个人如果有学问而无才能，好比拥有巨大的财富，却不会经营它；如果有才能而无学问，则像本领高超的工匠没有刀斧，无法建造宫室。这种史才论是对人才才能要素及重要性较全面而精辟的阐述。[④]

北宋时期，李觏认为，世上不存在完全无用的人。他提出："人莫不有才，才莫不可用。才取其长，用当其宜，则天下之士皆吾臂指也。"[⑤]

明朝时期，刘斌在《复仇疏》中提出选才的三个标准："一曰德，二曰量，三曰才。"只有三者皆备，才能当大任。[⑥]

清朝时期，"以德为先"成为用人的首要标准。康熙在《治国圣训》中强调："朕观人必先心术，次才学。心术不善，纵有才学何用？""论才则必以德为本，故德胜才谓之君子，才胜德谓之小人。"[⑦]

民国时期，孙中山认为，由于天赋的不同和后天受教育情况各异，人有

[①⑥] 褚家永. 中国古代廉政建设的若干经验. 中国监察, 2005 (2): 60~61.
[②③④] 赵强. 做好新形势下人才工作的思考. 党建研究, 2007 (7).
[⑤] [宋] 李觏. 李觏集. 北京: 中华书局, 1981: 164.
[⑦] 赵尔巽. 清史稿·选举志. 北京: 中华书局, 1998.

圣、贤、才、智、平、庸、愚、劣之分，其中前四类都可称为人才，但各自在德行能力等方面又有差异。蔡元培提出了德、智、体、美、劳五者并举的人才素质标准。在担任北大校长期间，蔡元培坚持用人所长、不求全责备的原则，以"兼容并包"的理念，根据人才的特长加以任用。

第二节 中国当代的人才定义

自20世纪70年代人才学创立，到21世纪初科学人才观提出之前，人才概念的定义不断发生变化，大致经历了三个阶段。[①]

第一阶段：1979—1982年。这一阶段，人才学刚刚提出，关于人才的定义多种多样，呈现出百家争鸣的状况。在众多的人才定义中，著名人才学家王通讯关于人才是"对社会发展和人类进步进行了创造性劳动的人"[②]的阐释，为多数人才学研究者所接受。从王通讯对人才定义的阐述中可以看出，这个阶段王通讯所说的"创造性劳动"，特指原创性劳动。同时，他对原创性劳动提出了较高要求，人才概念的定义域较窄，主要涵盖少数杰出的政治家、革命英雄、科学家、艺术家、军事家等。这一概念反映了当时社会对杰出人才历史作用的再认识。在这一阶段，国内学术界对人才的定义还没有形成比较一致的观点。

第二阶段：1982—1987年。这一阶段，学术界对人才定义形成了相对统一的说法。这种说法以王通讯和叶忠海为代表。叶忠海等认为，"人才，是指那些在各种社会实践活动中，具有一定的专门知识、较高的技术和能力，能够以自己的创造性劳动，对认识、改造自然和社会，对人类进步作出了某种较大贡献的人"[③]。王通讯在《人才学通论》中进一步发展了关于人才的定义。他认为，"人才就是为社会发展和人类进步进行了创造性劳动，在某一领域、某一行业或某一工作上作出较大贡献的人。"这种人才定义可以概括如下两种情况："一种是为人类进步和社会发展作出了贡献，并且得到社会承认，包括生前承认与死后承认。一种是确实进行了创造性劳动，但是由于各种原因被

---

① 以下三段主要引自：李维平. 关于人才定义的理论思考. 经济视角，2010（24）.
② 王通讯. 人才学通论. 天津：天津人民出版社，1985.
③ 叶忠海，陈子良，缪克成，杨永清. 人才学概论. 长沙：湖南人民出版社，1983.

埋没了"。他还指出，人才"可以分为显人才与潜人才"，"人才有类别、层次之分"，"不能以名声论人才"，"不能以成败论人才"，"对政治人物要看他们在历史上的作用"，"人才还是一个动态的概念"。在这个阶段，研究者们对人才概念的研究逐步深化，虽然仍然对人才的创造性要求提出了"作出较大贡献"等高标准，但已经注意到了人才问题的复杂性，对人才的社会性、相对性、进步性、潜人才与显人才等问题作了比较深入的探讨，已经注意到人才的层次问题，人才的门槛开始降低。

第三阶段：1987—2003年。这一时期，虽然各家的侧重点各不相同，但都想通过避开"创造性"一词，扩大人才概念的外延。例如，1987年，哈尔滨船舶工程学院教授李新生在其《群体人才学》一书中指出："人才，按照一般的理解是指那些才能高于一般人、对社会的贡献大于一般人的人。"① 钟祖荣认为，"人才即是形成并发挥了某种杰出的内在素质的人"②。黄津孚认为，"人才是指在对社会有价值的知识、技能和意志方面有超常水平，在一定社会条件下能作出较大贡献的人"③。苗枫林认为，"人才，是社会人群中其才、能、技、艺的某些方面超出社会才能常人值，并在实践中被社会认可的人"④。在这一阶段，研究者们越来越感到对"创造性劳动"所作的原创性界定，极大地限制了人才概念外延的扩展，使社会在使用人才这一概念时产生了诸多不便，使人才定义与多数人的成才努力相脱节。随着国外人力资源开发理论的引入，很多人才学的研究者直接转向研究人力资源开发理论，深刻地感受到有扩展人才概念外延的必要。为达到这一目的，很多研究者突出了人才的杰出性特征，建立了人才是与一般人相比较而存在的研究思路。

在我国人才工作实践中，在不同的发展阶段，党和国家对人才曾经有过三次权威定义。

1982年，国发〔1982〕149号文件即《国务院批转国家计划委员会关于制定长远规划工作安排的通知》，第一次使用了"专门人才"的概念，从统计口径上对"人才"作了一个界定，即"具有中专以上学历或有初级专业技术

---

① 李新生. 群体人才学. 北京：红旗出版社，1988.
② 钟祖荣. 杰出性：人才的本质特征. 中国人才，1989（4）.
③ 黄津孚. 人才是高素质的人——关于人才的概念. 中国人才，2001（11）.
④ 苗枫林. 中国用人史. 北京：中华书局，2004.

职务的人"。长期以来,作为对人才的权威界定,这一标准的确立为培养造就各领域大批优秀人才,推动经济社会的发展起到了积极的作用,但随着经济社会的不断发展,出现了各种各样的人才,以上界定显得不够科学和全面。

2003年12月19日,中共中央、国务院在全国人才工作会议上,对"人才"作了新的界定,即"只要具有一定的知识或技能,能够进行创造性劳动,为推进社会主义物质文明、政治文明、精神文明建设,在建设中国特色社会主义伟大事业中作出积极贡献,都是党和国家需要的人才。要坚持德才兼备原则,把品德、知识、能力和业绩作为衡量人才主要标准,不唯学历、不唯职称、不唯资历、不唯身份,不拘一格选人才。鼓励人人都作贡献,人人都能成才"[1]。2003年召开的全国人才工作会议是科学人才观创立的标志。

2010年4月1日,中共中央、国务院颁布的我国第一个《国家中长期人才发展规划纲要(2010—2020年)》,进一步完善和明确了人才的定义:"人才是指具有一定的专业知识或专门技能,进行创造性劳动并对社会作出贡献的人,是人力资源中能力和素质较高的劳动者。人才是我国经济社会发展的第一资源。"[2]

第三节 国外对"人才"的定义

国外关于"人才"的理解和国内完全不同。英文中没有与中文"人才"完全对应的词,只有一些接近的词。《新英汉词典》中最接近的词为 talent 和 genius,这两个词都与中文的"人才"不尽相同。在词典中,talent 中文译为"天才;才干;有才能的人"[3];genius 中文译为"天才,天赋;创造能力"[4]。这两个词都认为,人才是指有天赋才能的人。另外,还有一个近些年很流行的词 human resources,中文译为"人力资源",指"一个公司、组织内可以利用的人的技能、能力的总和"。人力资源的含义比人才更宽泛,既包括高级人才,也包括普通工作人员。西方国家进行人力资源调查统计时,一般将人

---

[1] 《〈中共中央 国务院关于进一步加强人才工作的决定〉学习辅导百问》编写组.《中共中央 国务院关于进一步加强人才工作的决定》学习辅导百问. 北京:党建读物出版社,2004:3.
[2] 中共中央组织部. 国家中长期人才发展规划纲要(2010—2020年). 北京:人民出版社,2010.
[3] 新英汉词典编写组. 新英汉词典增补本. 上海:上海译文出版社,1995:1419.
[4] 新英汉词典编写组. 新英汉词典增补本. 上海:上海译文出版社,1995:521.

力资源具体细化为研究与开发人员、科学家与工程师、职业经理人、熟练（合格）技术人员等。而"人才资源"这个词在10年前出版的《新英汉词典》、《朗文当代英语词典》里面都还没有专门的词条解释，说明这个词成为社会广泛接受的词也就是10多年的时间，也说明西方经济学家和管理学家所研究的"人力资源"中的"人"是"普通人"，而不是"人才"。他们把人当作资源看待，十分重视经济发展中对人的价值和人力资源的研究。西方对"人"的研究，经历了300多年的发展，形成了一套成熟的管理理论体系。

早在1644年，西方古典经济学的代表、英国重商主义后期的经济学家威廉·配第（Willian Petty，1623—1668）就提出教育经济价值的问题。在此之后，法国重农主义经济学家魁奈（Francois Quesnay，1694—1774），西方古典经济学派的代表、经济学的主要创立者亚当·斯密（Adam Smith，1723—1790），英国著名哲学家和经济学家约翰·穆勒（John Stuart Mill，1806—1873），英国剑桥学派的创始人阿弗里德·马歇尔（Alfred Marshall，1842—1924）、约翰·斯德达·密尔（John Stuart Mill，1806—1873）、约翰·梅纳德·凯恩斯（John Maynard Keynes，1883—1946）等在他们的著作中都提醒人们注意教育作为一种国家投资的重要性，并探讨如何资助教育事业、培养人才。其中早在1776年，亚当·斯密在其名著《国富论》中就提到："学习一种才能，须受教育，须进学校，须做学徒，所费不少。这样费去的资本，好像已经实行并且固定在学习者的身上。这些才能，对于他个人自然是财产的一部分，对于他所属的社会，也是财产的一部分。学习的时候，固然要花一笔费用，但这种费用可以得到偿还，同时也可以取得利润。"[①] 人的能力是一种"资本"，人们经过学习得到的有用的才能，可以变成社会财富的一部分。约翰·穆勒在其《政治经济学原理》中也指出，"技能与知识都是对劳动生产率产生重要影响的因素"，他强调人的能力应当同工具、机器一样被视为国民财富的一部分，并且强调教育支出的重要性[②]。人力资源管理的核心是把人当成一种活的资源来加以开发和利用。因此，组织的成功越来越取决于该组织管理人力资源的能力。

随后，人力资源管理发展到人力资本阶段。20世纪50年代，美国经济学

---

① 王亚南. 资产阶级古典政治经济学选辑. 北京：商务印书馆，1979：298.
② John Stuart Mill. Principles of Political Economy. New York，1969：40~187.

家沃尔什在他的《人力资本论》中,首先提出人力资本的概念。在此基础上,美国经济学家西奥多·舒尔茨(Theodore W. Schultz)首创人力资本理论,提出人力资本是以劳动者的质量或其技术知识、工作能力表现出来的资本。继舒尔茨之后,贝克尔、丹尼森、明塞尔、斯杰斯塔德、默希金等都对人力资本理论作了深入探讨。

20世纪末期,西方又出现了战略性人力资源管理思想。这种思想提出企业人力资源具有很高的不可模仿性和不可替代性。由于优秀员工数量上的有限性,由企业高素质员工构筑的企业竞争优势是不可替代的。

21世纪,人类社会进入知识经济时代,人力资本已超越物质资本成为最主要的生产要素。由于人力资本是无形的,无从捉摸的,为员工个人所有,而不是组织所有,因此,如何管理开发人力资本对人力资源管理者来说是极大的挑战。

第四节 古今中外"人才"定义的本质

几千年来,人们对人才的认识经历了从最初的萌芽到逐步发展和成熟的过程。从人才概念的发展看,人才定义具有鲜明的历史性和社会性。人们对人才的理解,因不同历史时期、不同社会发展阶段、不同文化环境而有很大不同。

一、中国传统人才定义的本质是政治人才

在1912年以前的奴隶社会和封建社会时期,社会所谓的人才主要是指统治阶级需要的政治人才。中国几千年的封建社会传统既不重视科技人才,也不重视艺术人才,三百六十行,中国历来的价值观都强调"万般皆下品,唯有读书高"。而读书高的目的又很简单,是"学而优则仕"。这说明我国历来虽然高度重视人才在社会发展中的推动作用,但这些人才是为统治阶级加强统治所需要的政治人才,而不是为社会发展和人民大众服务的各类精英人才,具有很强的时代局限性。另外,中国传统人才观也有很多精辟见解。比如对人才合理使用、充分使用的价值追求,"德才兼备、以德为先"的评价标准、"唯才是举、量才适用"的政治主张,以及"经世致用"的功能取向和"不拘

一格"的用才理念。尽管受到历史的局限,许多人才思想观点仍具有超越时代的真理性,有着重要的借鉴作用。

中国传统"人才"思想的缺陷表现在,不缺乏深刻而精湛的、个人感悟式的"人才开发和管理智慧",而是缺乏实现社会目标的、可复制的人才开发路径和管理方法。这是因为中国传统文化是一种悟道文化,以"得就是失、失就是得"类似的"辩证思维"的方式出现,提倡的是平衡与妥协的中庸之道,所提供的"各种智慧"常常处于模棱两可的状态。这种辩证思维的方式,在个人修养方面有助于举一反三、总结经验教训;但在规模巨大、系统复杂、环境动态的现代社会中,要实现对社会人才的全面开发和利用,就必须建立能实现社会各项目标的、可复制的科学人才开发路径和管理系统。

二、中国当代人才定义的本质是人人都可以成才

"人人都可以成才"的观点是科学人才观的核心思想,也是中国特色社会主义人才概念区别于西方国家人才概念的最重要的标志。它体现了中国社会主义的本质是人民当家做主,坚持了人民群众是国家主人和时代英雄的唯物主义观点,具有鲜明的社会主义特色。

通过上文中国当代人才概念定义三个阶段的变化,我们可以看出,中国人才学界形成中国特色人才概念的清晰脉络。在科学人才观提出之前,人才学界的人才定义,将进行了原创性劳动及对人类社会的发展进步作出突出贡献作为入选人才的必要条件,使人才的概念等同于国外的英才和天才概念,与现代社会约定俗成的人才概念不符。随着人民当家做主社会主义新中国的成立,劳动人民翻身做了主人,现代科技人才和艺术人才越来越受重视,这些人才所展现出来的才能再也不是封建社会人们鄙视的"奇技淫巧"和低等的"下三流"才能,科学技术成为工业社会的第一生产力,艺术家成为现代社会所追捧的偶像。生活中人们约定俗成的人才概念不再仅仅是政治人才,各行各业的能工巧匠等技能人才、科学家、发明家、教育家和艺术家都成为受社会尊重的建设社会主义精神文明和物质文明的重要人才。而我国人才学最初发展三个阶段给出的人才定义的理论概念与人才统计界定(中专以上学历,初级以上职称)脱节,造成了实际工作中对人才界定的困难。比如传统人才统计中就有技能人才和农村实用人才无法被涵盖进去进行统计的缺陷。

同时，这种人才定义理论上的模糊性，导致中国土生土长的人才学始终不能和发展非常成熟的现代西方人力资源理论相对接，也增加了在国际学术交流中的困难。

人才学界30多年来对"人才"基本概念的艰苦探索，为科学人才观的提出准备了必要条件。而科学人才观的提出使人们对人才成长的看法经历了由少数人能够成才到人人通过努力都能成才的革命性变化，为进一步发展中国特色的人才学理论奠定了基础。

三、国外"人才"定义的本质是"天才"

从人力资源管理到人力资本管理，西方这些关于"人力资源"的观点与中国关于"人才"的观点虽然都是谈"人"，含义却有很大不同。其原因是西方国家的运行基础是市场经济，而市场经济强调的是人与人的平等，把人看作一种市场经济元素。

"人才"是中国特有的专业术语，由中国人首创。中国强调"人才"概念，是由"民主集中制"强调中央权威的全能政府管理模式决定的。由于国家负有对全体国民的管理和开发责任，为了社会发展需要，国家也需要对全体国民中的优秀人才进行统一开发和资源调配，以更好地为社会发展服务。与中国人才思想不同，西方的人才主要指天才和与众不同的能人。美国"数字化之父"尼古拉·尼葛洛庞蒂认为，"人才不是那些学多少知识的人，而是那些能承担风险，能不循规蹈矩地做事情的人"[①]。因此，我们把西方关于天才、创造性、杰出者、成功者等方面的研究，翻译成中国的"人才研究"，而西方把中国的"人才研究"，翻译成天才研究。西方所指的人才，主要指具有天赋的天才。

"就研究领域而言，西方人才研究涉及天才、创造性、天才儿童、杰出成就、英雄人物、成功学、人力资本、人才资源等多个方面，研究对象和领域非常广泛。可能是由于人才学在我国起步较晚的原因，我国人才学研究更多关注于西方20世纪后期以来的人才应用型研究成果，比如对人力资源领域的研究。对于人的成长与成功规律，以及人的创造性才能培养规律的研究相对

---

① [美]尼古拉·尼葛洛庞蒂.数字化生活.海口：海南出版社，1997.

要弱一些。全面学习和借鉴西方关于人才研究的最新成果，对提高整个民族的综合素质将会起到很大的作用。我国学者应该更多地关注这些领域。"①

四、科学人才观的"人才"定义

综上所述，考虑到人才学的中国特色、政治特点和适用范围，本书采用的人才定义是《中共中央 国务院关于进一步加强人才工作的决定》所界定的科学人才观的定义，即"人才是指具有一定的专业知识或专门技能，进行创造性劳动并对社会作出贡献的人，是人力资源中能力和素质较高的劳动者。人才是我国经济社会发展的第一资源"②。此概念对人才进行了科学定义，体现在三个方面：一是对人才本质特征进行准确概括，即对社会作出贡献，这是一个人成为人才的集中体现；二是对人才内涵进行描述，即有一定专业知识或专门技能，这是一个人成为人才的基础；三是对人才的外延给予明确的界定和阐述，即进行创造性劳动，这是一个人成为人才的最显著标志。

在把握人才概念时，科学人才观强调要"不唯学历、不唯职称、不唯资历、不唯身份"，"鼓励人人都作贡献，人人都能成才"。在科学人才观的视角下，人才具有以下特征。

（一）创造性

进行创造性劳动是人才与普通人的根本区别。列宁曾说："判断历史的功绩，不是根据历史活动家没有提供现代所要求的东西，而是根据他们比他们的前辈提供了新的东西。"③ 判断是不是人才，首先看他进行的是创造性的劳动还是简单的重复劳动。

（二）进步性

进步性是人才的本质属性之一。我们不能仅以"才能高下"或"杰出程度"为标准来定义人才。人在历史上要么起推动历史前进的作用，要么起阻碍历史前进的作用。作为人才，是指对社会起积极推动作用的人。

（三）历史性

一定历史条件下的人才，具有该历史时代的局限性，不可强求古人。科

---

① 管炜. 天才与创造性——西方人才研究综述. 江苏社会科学，2011（S1）：88~91.
② 中共中央组织部. 国家中长期人才发展规划纲要（2010—2020年）. 北京：人民出版社，2010.
③ 列宁. 列宁全集（第2卷）. 北京：人民出版社，1959：150.

学人才观对人才及其现象不能只作一般性的总体研究，要历史地、具体地加以研究。不能把某一历史时期或某一社会形态的人才特殊标准和人才运动特殊规律，作为一般的标准和规律，套用到各个历史时期或各个社会形态。

（四）相对性

人才总是相对某一参照系来说的。既有历史局限性，也有领域局限性。文学家中的人才是相对于文学领域来说的，而相对于军事领域、科技领域，他们可能还不如普通人优秀。所谓专家，也是指某一专业领域里面具有深厚造诣的人。因此，谈论人才，不能求全责备，人的优点越多，可能相对的缺点也越多，要用宽容、包容的心态评价一个人是否是人才。

（五）动态性

"人才是一个动态的概念，总是处于不停的变化之中。不同类型的人才之间在一定条件下可互相转化，比如企业家与政治家之间在一定条件下可互相转化；不同层次的人才之间在一定条件下，也可互相转化，如低层次人才与高层次人才之间在一定条件下就可互相转化；此外，人才还有正负向转化，非人才在一定条件下可发展为人才，人才在一定条件下也可倒退为非人才。"[1]

第五节　人才学的定义、研究对象和理论体系

一、人才学的定义

人才学从创立到成为国家一门二级学科，仅仅30多年的时间。因此，人才学的很多基本概念和人才学科的理论体系都还不是很成熟。什么是人才学，一些专家对其进行了定义。

叶忠海认为："人才学是以人才现象作为自己研究对象的一门学科，是一门研究人才运动及其发展规律的学科。具体来说，人才学是一门研究人才运动现象、揭示人才运动规律的学科。"[2]

岳文厚认为："人才学是以人和人才问题为研究对象，以人人成才、人尽其才、人才辈出为主要研究内容，综合自然科学和人文社会科学而形成的一门新兴学科。它涉及文学、史学、哲学、理学、工学，涉及政治学、经济学、

---

[1] 桂昭明. 人才理论创新的发展趋势. 人事天地，2012（6）：17—21.
[2] 叶忠海. 人才学基本原理. 北京：蓝天出版社，2004：2.

文化学、社会学、生物学和系统论、控制论等诸多学科理论。"①

殷凤春认为："人才学是专门研究人才发展及其规律的科学。人才学是研究人才运动现象和人才运动规律的基础性学科。"②

综合以上专家观点，我们认为：人才学是研究人才现象、揭示人才规律的学科。

从人才学的定义出发，毫无疑问，人才学的研究对象是人才。但人才学研究具体包括人才的哪些方面，不同专家都有自己的观点。

殷凤春认为："人才学研究的对象也是人，人是一个极其复杂的高级动物，具有复杂的个性心理。人才学关注的是人的过去行为对未来的影响，关注人才发展过程中外界因素对人才个性行为养成的影响，关注人才的思想、行为的演化过程。人才学研究的是人才个体。"③

罗洪铁认为："人才学的研究对象是：人才成长和发展规律。它研究的是如何开发人才和发挥人才的作用。人才学研究的开发对象主要还是没有成才的人，另外就是现有人才层次的提高。"④

周启元等认为："人才学的研究对象就是研究什么样的人是人才、怎样培养和吸引人才、如何配置和使用好人才的理论及其规律性的学科，以便为国家和社会创造或提供更多的经济效益和服务。换言之，人才学是研究宇宙万物之灵，即人或人群中的精华部分（人才）的学科。人才学的研究内容极其广泛，涉及与其有关的各个方面的理论和实际问题，具体包括：人才资源是第一资源的研究，人才资源的发展趋势，人才资源的国际比较，人才资源管理方式变化的方向，人才学的理论体系，人才的国际交流，人才的国际竞争，人才安全问题，人才规划和人才战略，人才成长规律以及现实出现的各种人才问题和理论等。偏重实际应用方面的问题更多，如人才的使用和培训，人才的发现与提拔，人才的招聘、录用，人才绩效的考核，人才素质测评，人才市场问题，人才价格与薪酬，人才激励机制，人才咨询和诊断，人事工作及其改革，公务员、企业家、科学家等各类专业人才的开发问题，人才库的

---

① 岳文厚. 让人才学惠及人类科学发展——繁荣与发展中国人才学的实证思考. 中国人才，2012 (8)：9~10.
②③ 殷凤春. 人才学学科的发展与重构. 人才开发，2008 (9)：6~7.
④ 罗洪铁. 人才学与人力资源开发与管理学的异同. 中国人才，2003 (5)：34~35.

建立和使用等。"①

我们认为：人才学是一门综合性的社会科学，仅仅局限在研究人才个人、人才开发与管理的具体技术等方面都是狭隘的，这些仅仅是一门学科研究的某一方面。人才学的研究对象既包括人才个体，也包括各种人才现象和人才规律，同时包括人才生存的社会环境、自然环境、管理制度、管理技术方法等所有方面。人才学的研究目的是："促进社会进步、促进人的全面发展、有助于创新人才学科建设。"②

人才学从研究创立至今，从当初对人才概念的模糊到对人才定义、人才规律、人才研究方法的逐渐统一，从对个体的调查研究走向人才模型的创建，从专家的只言片语到系列专著文献的问世，很多人才学研究成果已被党和政府、企事业单位采纳运用，产生了良好的社会效果和经济效益。作为一门新学科应该具有什么样的理论体系，我国人才学者进行了努力探索。

人才学的创立和发展与中国30年来的改革开放进程同步，反映了中国特色社会主义建设务实、开放和创新的时代特征。中国人才学是在马克思主义和中国特色社会主义理论指导下，继承了中国悠久的人才开发和管理的历史成果，借鉴和综合了哲学、教育学、社会学、心理学、生理学等多学科的理论成果，在吸收国外先进的人力资本理论、成功学、行为科学等现代文明的基础上，进行的重要理论创新。这就决定了人才学必然具有综合性、开放性、实践性和创新性等学科特征，而学科开放与创新将是人才学的进一步发展方向。相对于其他学科来说，人才学更多地体现了如下特性。

（一）综合性

人才既有自然属性，如生理机制、遗传素质等，更有社会属性。在阶级社会中，社会性又主要表现为阶级性。研究人才成长，既要分析人才主体的内在因素，包括先天因素和后天因素；又要分析人才的外部因素，包括社会环境和自然环境；更要从整体上分析内外因素相互作用及其对人才主体的合力效应。因此，人才学研究涉及自然科学、社会科学和人体科学的有关领域，

---

① 周启元，胡世明，韦进. 论人才学与人力资源管理学的区别与联系——兼论人才学的研究对象和内容. 中国人才，2003（6）：20～21.

② 余仲华，林活力，毛瑞福. 中国人才战略管理评论（No.1）. 北京：社会科学文献出版社，2008：6.

它是一门以社会科学为主的跨学科的综合性学科。整体性、综合性是人才学的学科属性。

（二）复杂性

人才现象是一种极其复杂的社会现象。这种复杂性主要表现为：第一，人才现象动态性强。人是活生生的，而人才又是人群中的活跃部分，人才现象自始至终处于动态变化之中。第二，人才现象涉及的可变因素多。既有人才主体诸多内在因素，又有人才主体所处环境的诸多外部因素，变化着的一切内外因素均是构成人才现象的可变因素。第三，人才现象随机性明显，往往是一种不确定的随机现象。第四，人才现象模糊性大，人才学中不少概念是模糊概念。据此，人才学把复杂的人才现象作为自己的研究对象，势必使学科属性具有复杂性。

（三）实践性

人才学是一门实践性很强的学科。人才学的研究要为党和国家制定或改革人才人事政策、制度提供理论依据或参考方案。因此，人才学的产生和发展，离不开社会的需要，离不开社会主义现代化建设的实践，也离不开现行人才人事制度改革的客观实际。人才学的基本理论也只有在人才实践中才能得到检验、补充、丰富、修正和完善，才有存在的价值和发展的可能，才有生命力。[1]

二、人才学的理论体系

1983年，中国人才研究会在哈尔滨召开过一次人才学学科体系理论讨论会，对人才学的理论体系作了初步梳理。

桂昭明认为，人才学理论体系包括人才基础理论、人才成长理论、人才发展理论三个方面。具体如图1—1所示。

现在人才学者认为，人才学的研究内容包括四个部分："第一部分，关于人才和人才结构基本概念的研究，其中包括人才的本质、要素、类型及作用；第二部分，关于人才成长和发展规律的研究，其中包括人才成长的过程、阶段、内因、外因、规律、途径和方法；第三部分，关于人才辈出的社会规律

---

[1] 叶忠海. 人才学基本原理. 北京：蓝天出版社，2004：3~4.

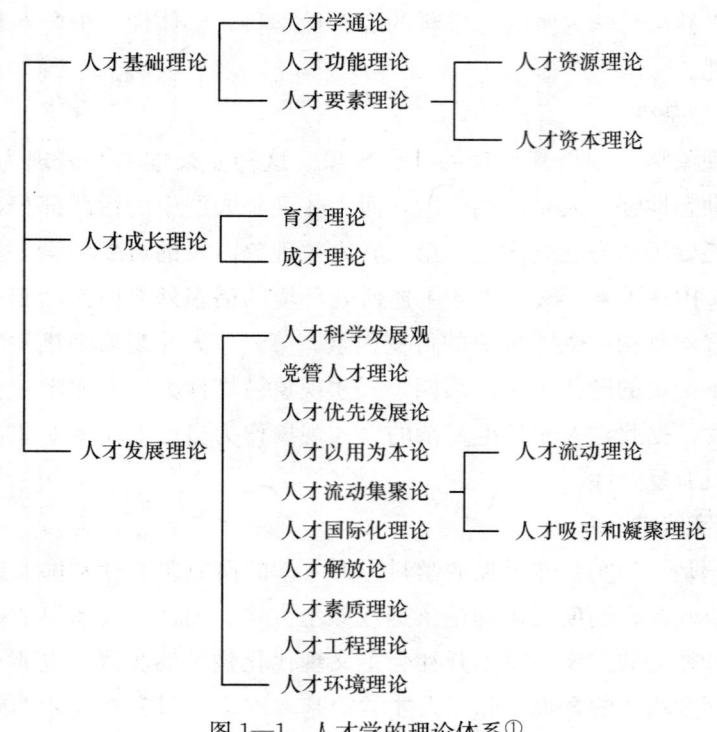

图1—1 人才学的理论体系①

的研究,其中包括影响人才辈出的社会政治、经济、文化等条件,以及人才辈出对社会的反作用;第四部分,关于人尽其才的研究,其中包括人才的发现、识别、选拔、培养、使用、管理、预测等。"②

目前人才学的理论体系尚不成熟,我们认为,成熟的具有中国特色的"人才学"理论体系需要具有以下特点。

(一)必须建立在马克思主义经典政治经济学理论基石之上

马列主义是中国特色社会主义国家建设的理论基础,作为中国特色的"人才学"所代表的科学人才观,必须继承和发展马克思、恩格斯、列宁、斯大林和毛泽东、邓小平、江泽民、胡锦涛等领导人的人才思想。马克思主义认为:人们通过劳动创造价值。在创造价值的过程中,复杂劳动等于倍加的

---

① 桂昭明.人才理论创新的发展趋势.人事天地,2012(6):17~21.
② 王通讯,钟祖荣.十年来我国人才学理论的发展.中国人才,1989(3):4~7.

简单劳动。所有社会必要劳动都会创造价值和使用价值，原创性劳动与非原创性劳动都是社会必要劳动，都能增加价值和使用价值，因而都是创造性劳动。人才是在同等劳动时间内能够创造更多价值的劳动者。而2003年我国提出的科学人才观，借鉴和吸收了国外人才研究理论，是对马列主义与时俱进结合中国国情进行的重大理论创新，是马克思主义人才理论的最新成果。

（二）必须继承中国传统人才思想的精华

中国传统对人才的定义具有鲜明的特点，就是"人才"特别强调德的作用，这反映了中国人对德才兼备这种做人的理想境界的追求，也是中国人文化和性格的一个重要特征。人才学应该继承中国五千年文明、智慧和人才思想成果的精华，体现人才思想的深刻历史渊源，并以此奠定自身扎实的文化根基。

（三）必须打通中国特色的人才学理论与西方现代人力资源管理理论的理论隔阂

人才学理论的尴尬之处在于，西方不仅没有和中国人才学最基本定义"人才"相对应的词，而且也没有类似的理论，如果不能打通中国特色的人才学理论与最相近的西方现代人力资源管理理论的理论隔阂，就会导致人才学理论是中国人自说自话，得不到全球社会科学界的普遍认可，失去生命力。西方人力资源开发理论认为，人作为一种资源，有投资就会有回报。西方从发展经济学和管理学的视角研究人力资源，发现人的素质的提高与能力的增强是社会通过对人力资源投资形成人力资本造成的，而人力资本是以劳动者的质量或其技术知识、工作能力表现出来的资本，会为投资者带来价值。寻找人力资源管理理论和人才学理论共同的理论支点，才能使人才学研究获得更全面的视角，让人才学研究不仅能为政府服务，还可以为企业发展服务，从而使中国特色的人才学理论与西方现代人力资源管理理论成为有明显共性的理论知识体系，为人才学与人力资源开发理论在理论上的统一奠定基础。

本章复习思考题

1. 比较古今中外"人才"定义本质的异同。
2. 科学人才观的"人才"定义是什么？
3. 成熟的、具有中国特色的"人才学"理论体系有何特点？

第二章　人才开发

本章教学目标与方法建议

　　本章主要内容是人才开发的基本概念。教学目标是熟练掌握人才开发的定义，了解人才开发的研究方法、人才开发与相关学科的关系，掌握我国人才开发存在的问题和现实意义，了解国外人才开发现状。

　　在学习方法上，建议在学习本章的同时，比较学习人力资源开发的相关概念和观点，以便更深刻地掌握人才开发和人力资源开发的区别与联系。

【导入案例】

中组部启动国内人才"万人计划"[①]

　　在全球金融危机的寒风中，从美国华尔街到英国伦敦金丝雀码头金融城，华裔背景出身的金融精英们最近两年已经接受"千人计划"的指引大批回国闯荡。而中国人力资源和社会保障部副部长王晓初却透露，一场更为浩大的人才培养大戏"万人计划"已经正式拉开帷幕。

　　近日，王晓初在出席欧美同学会北京论坛时对本报表示，中央已经下发对国内人才的特殊指示计划，也就是"万人计划"。"这个计划今年开始实施，目前刚刚开始。"王晓初说。他进一步对本报表示，"万人计划"与"千人计划"是配套、平行的。"万人计划比千人计划规模更大，因为国内专家、人才更多，但两者的支持力度一样大。"

　　在吸引海外人才方面，王晓初表示，政府将集中利用中国长期居留制度即俗称绿卡和签证、居留便利制度来解决在海外的留学人员和华人回国遇到

[①] 李芃. 中组部启动国内人才"万人计划". 21世纪经济报道，2012—07—24.

的各种实际问题。"我们已经做了很多努力，效果也不错。"他说。

王晓初向本报透露，中央最近还将出台两个文件：其一是关于海外人士在国内长期居留的待遇，将由20多个部门一同签发；另一份文件则涉及外籍专家来华的签证和居留问题，将为他们提供便利条件。他表示这两份政策性文件的内容非常细致，涉及内容广泛。

中组部人才局局长孙学玉在当天的论坛上表示，在经历依靠人口红利的粗放型经济增长之后，中国必须走向第二轮改革开放，要以创新驱动，以科技支撑，背后的核心是人才。他介绍说，"千人计划"自实施以来成功引进了创新创业的高级人才近2800人，已经提前完成了预期任务，随着国家的需要还将不断扩展。

"千人计划"的最新变化是，包括北极光创投创始合伙人邓峰、赛富亚洲创始人阎焱、弘毅投资总裁赵令欢、金沙江创投创始人伍伸俊、青云创投创始人叶东在内的五位创投界的代表人物首次入选国家"千人计划"。

北极光创投创始合伙人邓峰对本报表示，国家鼓励创新、创业，自然离不开创投，就像硅谷没有风投也发展不起来。"我相信国家也意识到这一点，希望进一步建立和完善创业金融体系。"他说。

当天，"千人计划"专家联谊会副会长张辉向本报介绍，"千人计划"正在从多方面得以补充和完善，其中包括针对30～40岁在海外有工作经验的博士后的"青年人才计划"、鼓励三个月短期回国工作的"短期千人计划"、专门吸引外籍人才的"外国专家人才计划"以及各省的"千人计划"。

第一节　人才开发的定义

"开发"一词，《现代英汉词典》解释为：以荒地、矿山、森林、水力等自然资源为对象进行劳动，以达到利用开发的目的。① 这是传统对开发的理解，认为人类可以开发的主要是自然资源。近60年来，人们逐渐认识到，除了自然资源外，人力资源蕴藏的能量和财富同样巨大，有效开发人力资源是有效开发自然资源的重要前提和保障。因此，现在我们所讲的"开发"，指通

---

① 中国社会科学院语言研究所词典编辑办公室.现代汉语词典.北京：商务印书馆，1978：619.

过各种途径对自然资源和人力资源进行改进和提升以发挥其价值。

人才开发学，是以人才为开发对象的一门学问。由于人才是指人力资源中能力和素质较高的劳动者，因此人才开发和人力资源开发的定义有所不同。关于人才开发的定义，中外学者作出如下界定。

美国培训与开发学会认为，"人才开发就是培训、开发、组织发展和职业生涯发展的综合利用，以便改进个体的、团体的和组织的效率"，其认为组织中人才的功能主要是：培训与开发、职业生涯发展、组织发展、组织和工作设计、人才计划、绩效管理体系、选择和补充职员、补偿利润、劳动关系、人才研究和信息系统。[1]

《中国劳动人事百科全书》认为，人才开发就是把人的智慧、知识、经验、技能、创造性当作资源加以发掘、培养、发展和利用的一系列活动，是一个复杂的社会系统工程，开发活动的主要环节有人才发现、人才培养、人才使用与人才调剂。[2]

吴文武认为，人才开发是指为充分、科学、合理地发挥人才对社会经济发展的积极作用而进行的资源配置、素质提高、能力利用、开发规划以及效率优先等一系列活动相结合的有机整体。[3]

叶忠海认为，人才开发是一项复杂的社会系统工程，就开发主体而言，可分为人才的自我开发和人才的社会开发。从宏观上看，人才开发是国家或者组织为实现发展目标而采取的培养和使用人才的过程；从中观上看，人才开发是家庭、学校为实现人才培养目标而实施的育人过程；从微观上看，人才开发是个人拓展生命、完善生命、实现生命价值的终生开发过程。[4]

罗洪铁认为，人才开发研究的是如何通过开发手段，把人的内在潜能发掘出来，转化为现实的或显在的素质，也就是把不能创造财富的潜在能量转变为能够创造财富的现实的能量。[5]

以上五个对人才开发的不同定义，从不同视角谈到了人才开发定义包含的三个要素：

---

[1] 赵曙明. 人才管理与开发. 北京：中国人事出版社，1998：6～7.
[2] 贾湛. 中国劳动人事百科全书. 北京：兵器工业出版社，1991.
[3] 吴文武. 中国人才开发系统论. 北京：中国建材工业出版社，1996：20.
[4] 叶忠海. 人才学研究的新拓展——《人才开发学》简评. 人民日报，2009-01-14 (7).
[5] 罗洪铁. 人才学与人力资源开发与管理学的异同. 中国人才，2003 (5)：34～35.

（1）人才开发的目的是提高人才的素质，它包括将潜能素质转化为显在素质和将显在素质提高层次，合理配置和使用人才。

（2）人才开发的手段是通过学习、教育、培训、管理、文化建设等各种方式对人才进行开发。

（3）人才开发的结果是使人才具备有效地参与组织发展所必需的体力、智力、技能及正确的价值观和劳动态度。

综上所述，我们总结人才开发的定义为：人才开发是以人才为对象，通过学习、教育、培训、管理、文化建设等各种方式，提升人才素质和绩效来实现组织目标的行为。

第二节 人才开发的研究方法

人才开发是以人才为研究对象，通过学习、教育、培训、管理、文化建设等各种方式对人才进行开发。在人才开发中，有一些基本规律需要遵循。第一，人才供求规律。既要考虑社会对人才的需求量，也要考虑该类人才的供给情况，掌握供求平衡。第二，劳动力价值规律。人才属于劳动力的一种，而劳动力具有商品属性，因此人才遵循劳动力的生产和再生产及其交换的客观规律。第三，劳动力竞争规律。劳动力商品所有者是劳动力市场上的利益主体，其实现自身价值利益的基本方式是劳动，只有在市场上才能实现就业，才能创造价值。而就业市场是一个充满激烈竞争的地方，优胜劣汰，不同的人因为素质和能力的不同而被给予不同的市场价格。第四，人才终身开发规律。随着科技的发展，知识更新的周期在逐步缩短。20世纪最初的10年，新技术周期约为40年，20世纪80年代已缩短为3～5年，甚至更短。在这种形势下，人才要保持可持续性就业，就必须不断学习新技术，掌握新技术，否则就会失去运用新技术劳动的机会。

关于人才规律，罗洪铁认为，在人才运动宏观规律下，主要包括中观的成才规律和展才规律（见图2—1）。

根据人才开发的基本规律，我们在进行人才开发的研究中，主要借用人

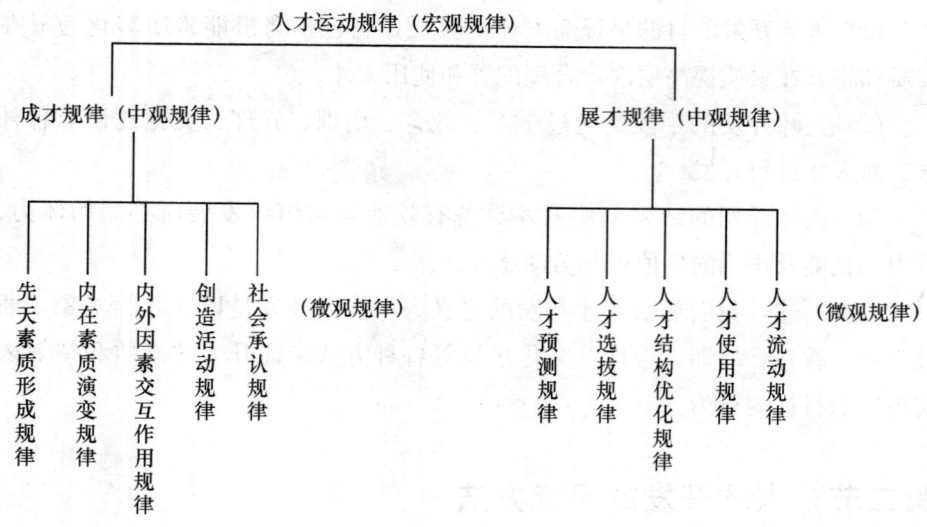

图 2—1 人才运动规律①

才学和人力资源开发的研究方法进行研究。人才开发的研究方法经历了一个探索的过程，最初多是局限于定性分析方法、传统研究方法，后来，定量分析方法、系统科学研究方法、计算机手段、数学方法、实验方法等也被广泛使用。

人才开发借用的人才学研究方法不仅包括文献研究法、人物访问法、问卷调查法，还包括实验方法、测验方法、追踪研究方法、系统研究方法、数学研究方法、案例研究方法等。"就研究方法而言，西方学者广泛应用人文社会科学各领域的知识研究人的发展和成功。在人才研究方面，用心理历史分析法和精神分析法去分析历史人物和创造性人物值得我们学习和借鉴。他们对测量方法的运用也非常广泛，非常成功。如吉尔福特的智力结构测验、托兰斯的创造性思维测验等。相对而言，我们在人才研究中，定性研究多，定量研究少，测验、试验性研究还不够成熟。历史人类学、历史定量分析法以及访谈法也是西方学者常用的研究方法。对人才研究极其重要的追踪研究，如推孟和其助手对天才儿童长达 70 多年的跟踪研究，在我国也是很少见到的。我国人才学研究在方法论上和西方相比确实有一定的差距。"② 人才开发

---

① 罗洪铁. 人才学规律体系的再探讨. 西南大学学报（人文社会科学版），2007 (1)：107～111.
② 管炜. 天才与创造性——西方人才研究综述. 江苏社会科学，2011 (S1)：88～91.

借用的人力资源开发的组织行为学研究方法,主要包括规模效益法、结构功能法、层次匹配法等。

一、人才学研究的方法[①]

如何运用科学的方法,揭示和发现人才运动的规律?

(一)选择研究对象阶段的方法

(1)一般选择各类人才、杰出人物作为研究的对象。根据什么来选择?或者说如何确定某人是我们研究的对象?这就涉及测量法和评估法。所谓测量是对人才素质或者成就的测量,达到一定的标准即是我们所研究的人才;所谓评估,则是运用行业或者社会对人才的评估、评奖的结果,来确定研究对象。比如,以社会认定的特级教师作为研究教育人才的对象,以获得艺术上某种奖杯者作为研究艺术人才的对象。此外,还可以运用史料法、传记法,即从史书和人物传记词典中来兆选,因为一般进入传记者都是有一定成果和影响的人,但是也要注意分析传记和资料的权威性。选择研究对象后,还要注意对对象进行分类,比如布鲁姆把所选择的人才分为四大类。通过分类,有助于我们进行比较。

(2)我们也可选择小孩、青少年作为对象去追踪研究,而不一定是已经成才的人。

(3)在确定研究对象时,很重要的是还应选择一般人、普通人(非人才)作为对照组,去进行对比、比较。没有比较就没有鉴别。没有这种比较是很难说明问题的。当然在选择对照组时,应是同时代、同背景(有可比性)的。艾伯特说:"在天才人物的研究中,如果没有足够的控制组以及纵向的研究计划,那么,关于影响着一个人职业生涯成功和另外一个人一事无成的因素及经历,我们将始终得不到实质性的知识。"[②]

(二)搜集材料阶段的方法

1. 文献研究法

文献研究法是对记载人才成长事实的资料进行搜集、整理、分析的方法。有关人才事实的文献主要有人物传记、报告文学、人名词典、人物年谱、家

---

① 本节选自:叶忠海.人才学基本原理.北京:蓝天出版社,2004:26~33.
② [美]艾伯特.天才与杰出成就.杭州:浙江人民出版社,1988:31~32.

谱、人物统计资料等。其中,人物传记是最重要的文献,它既有单人的传记,也有多人的传记汇集。由于文献中记载了大量的信息,有助于研究者在比较短的时间内搜集到比较多的信息,因而是一种方便的研究方法。高尔顿最早使用家谱的方法进行人才研究。我国大量的人才研究成果也是通过人物传记进行材料搜集的。

文献研究法也有局限性。一般来说,传记等资料主要是记载历史上的人物,这些资料与传记作者的观点、对材料的裁剪等都有关系,所以传记中的材料是否客观,所需要的资料是否都能找到,是值得研究的问题。

因此,要科学地运用文献法进行研究,需要注意几点:第一,研究某一个人物时,要尽可能使用多种资料、多本传记,这样可以做一些比较,容易发现有出入的地方,便于考证和进一步查找。同时,由于各种资料有详略等区别,参照多本资料也有助于全面掌握某人的情况。第二,要尽量选择和使用看来比较权威可信的资料。第三,在阅读文献时,要根据自己的研究需要,对事实进行标注或者编码,比如用人才学中的概念对有关事实进行标注,这样便于后面的分析。

2. 问卷调查法

问卷调查法是调查的一种,是调查者事先设计好一系列问题,通过直接发送或邮寄的方式把问卷发给调查对象,请调查对象填写后再收回整理分析的方法。这种方法有诸多好处:一是比较主动,可以根据自己的研究构想和思路去设计题目,容易搜集到自己想要的资料,而不像文献法,只能被动地从现成的材料中去寻找、选择所需要的材料。二是可以进行定量化的处理,通过统计得到一定的量化结果,有助于量的研究。三是比较快捷、简便。四是运用这种方法研究当代的人才,可以和人才有一定的互动性。当然,问卷也有它的局限性,这就是得到的信息往往比较简单,研究的深度受到限制。

在人才研究中,使用问卷比较突出的代表是著名心理学家推孟,他对天才儿童的研究,就使用了问卷,他每隔几年就发一次问卷,从中掌握这些儿童的发展变化情况。盖洛普对成功人士的调查也使用了问卷。运用问卷法进行研究,最关键的是进行问卷设计。设计步骤主要有:第一,根据研究目的,确定调查的内容体系、框架结构,对大的内容进行逐级分解,形成具体调查的指标体系。在分解过程中,必须对每个概念都有明确的规定,这样才能准确地分解，使它的内涵和外延都比较清楚。比如，人才的品德，是指人才各方面的品德，还是指人才在创造性劳动中表现出来的品德？前者比较宽，后者则比较窄。第二，根据构建的指标体系设计问题。问题有多种形式，有是否式、选择式、排序式、情景式、填空式等。在设计问题的过程中，还要注意设计的一系列原则，比如周延性、互斥性、意义明确性等，以提高问卷的信度和效度。

专题资料2—1

推孟在1950年的"一般情况"问卷中的部分问题

11．（a）列出你近年来的业余兴趣和爱好（如运动、音乐、艺术、写作、集物、园艺、木工等），在每项活动下面画线，画一道线表示中度的兴趣，画两道线表示非常有兴趣。

_____

（b）你更喜欢阅读什么种类的书籍？（小说、传记、诗等）_____
去年你阅读的，请举例。_____
你经常看的杂志是哪些？_____

_____

12．你是否经常参加投票选举？（每问选择一种）
国际性选举　总是_____　通常_____　有时_____　很少_____　从不_____
全国性选举　总是_____　通常_____　有时_____　很少_____　从不_____
地方性选举　总是_____　通常_____　有时_____　很少_____　从不_____

13．在政治聚会上争论问题时，你最愿意表示什么倾向？（选择）
民主主义_____　共和主义_____　社会主义_____　共产主义_____　其他
（说明）_____

14．在下面关于你的政治经济观点的量表上对自己作一个评定（在线上用 ＊ 标明）

|_____|

　　极端激进　　倾向于激进　　　中间　　　倾向于保守　　极端保守

15．列出你参加的俱乐部或者组织和会员资格（如劳工组织、商会或者专

业组织、社会俱乐部、服务组织等）_____
_____

16. 你的服务活动的记录（诸如搜寻工作、福利活动、宗教活动、参与社会和城市事务等），请不要谦虚，包括担任的职务_____
_____

17. 有无何种特殊荣誉、奖状（或被引证）、奖品、"你是谁？"的清单等
_____

18. 列出自1940年以来你发表的作品，如果有的话。写出名称、时间、出版者、类型（如诗歌、故事、音乐作品、戏剧、科学论文等）。如果地方不够，请另附一页继续列举。
_____
_____

19. 列出其他已经完成的创造性工作（如建筑的、工程的、发明的、科学的、艺术的等），注意任何特殊的贡献_____
_____

20. 列出任何其他关于你自己或家庭的重要信息（在这个调查表上没有列上的问题），例如，孩子结婚或孙子出世，特别的好运气、成就，重大生活事件。如果地方不够，可另附页。_____
_____
_____

3. 访谈法

访谈法是研究者对调查的对象进行访问、谈话以搜集材料的方法。它是质的研究方法中主要的一种。

访谈法对于搜集材料来说，是非常有效的方法。它的特点在于研究者能够直接与调查对象进行比较深入的交谈，能够获取有深度的资料，比如人物的心理活动、深入的考虑，对揭示现象的原因很有好处。有时，一种事件对人产生了什么样的影响，通过问卷或者看文献是很难了解的，而通过谈话就能够做到。当然，这种方法需要花费大量时间，不仅要谈话，还要进行整理和分析。有时一次谈话还不够，需要多次的交谈。

成功运用访谈法的经典例子是朱克曼对诺贝尔获奖者的采访。她在《科

学界的精英》一书中附录了《采访超级精英》一文，介绍了采访的过程和经验，大体包括：了解对象的下落，去信联系，约定采访日期，进行采访准备，列采访提纲，进行采访。在采访经验方面，主要谈到了采访前的准备及其作用，录音机的使用，注意采访者的形象和角色等。

4. 测量法

测量法是研究者运用测量工具对调查对象进行测量，以了解其素质和特性的方法。它是量的研究中最典型的方法，在准确了解人的素质特点方面，是其他方法难以企及的。

专题资料 2—2

一些测验的主要项目

* 明尼苏达人格测验 MMPI，550 个项目，10 个分测验，所测特征是：疑心、抑郁、癔症、病态偏离、男性化/女性化、妄想、精神衰弱、精神分裂、轻度躁狂、内向。

* 卡特尔 16 种人格因素测验 16PF，187 道题，测查主要项目包括：乐群性、聪慧性、稳定性、情绪性、兴奋性、有恒性、敢为性、敏感性、怀疑性、幻想性、世故性、忧虑性、激进性、独立性、自律性、紧张性。

* 韦克斯勒智力量表。语言量表：常识——知识的广度。理解——实际知识和理解能力。心算——算术推理能力。两物相似——抽象概括能力。背数——注意力、机械记忆力。词汇——词语知识。操作量表：译码——学习和书写速度。填图——视觉记忆、视觉理解性。积木图案——视觉与分析模式能力。图片排列——对社会情境的理解力。图像组合——对部分与整体关系的理解能力。

* 职业兴趣测验。包括：职业（131 种），学习科目（36 种），活动（51 种一般职业活动），娱乐（39 种业余爱好），人的类型（24 种），活动偏好，本人特征。

目前，对于人才的测量主要有：智力的测量、人格的测量、创造性的测量、职业兴趣的测量、行政职业能力的测量、脑优势的测量。在人才研究中，高尔顿、推孟最先使用了能力和智力的测量。现在，测量法超出了心理测量的范围，比如赫曼的《全脑革命》，把人的大脑分成四种类型，通过几十道题就能够了解人的脑优势，对人了解自己的特点、职业的适应性等非常有帮助。运用测量法，要求研究者熟悉各种量表，在测量方面有一定的专业素养。

（三）分析材料阶段的方法

最后，对收集的材料进行分析，得出结论。

1. 概率（频率）统计法

这种方法是根据某事物出现的频率来说明某种因素作用大小的方法。一般来说，出现的频率高，说明该事物的作用比较大，与人才成长之间有一定的关联。比如，对人才家庭出身的统计，可以说明家庭出身与成才之间的关联性；对取得成果的最佳年龄的统计，可以说明年龄与成才之间的关系；对早年丧亲经历出现频率的统计，可以说明成才与此经历的关系。当然，简单的数量关系不能直接说明两因素之间有必然联系，有时需要透过这些数量去分析真正的影响因素到底是什么；而且也不能以统计概率去说明所有的个体。

要注意统计的检验。具体有 T 检验和 Z 检验。通过检验，发现两因素之间是否有显著的差异，如果有显著差异，说明二者之间是有关联的。

2. 关系图描绘法

为了说明人才现象各种因素之间的关系，可用线条和箭头把它们连接起来，成为直观的图形。这种图形能够直观具体地揭示事物之间的关系。关系图的描绘需要对事物之间的关系有客观的分析和把握，并根据其关系的性质、方向、数量大小等进行描绘。在人才学中，关系图包括血缘型和师徒型人才链图、人才地理分布图、科学中心转移图、人才的社会流动图、人物之间相互影响关系图等。

3. 时间分析法

人才成长同时间有直接关系，时间是实践的尺度和证明，时间是成长发展的条件。因此，我们可以通过对时间这一影响人才成长的基本条件和因素的分析，来说明人才形成过程中的诸现象。比如，通过时间量的统计说明其成就大小的原因（如马克思写作《资本论》花了近 40 年的时间）；通过时间段（年龄区域）的统计说明成才的关键期及其原因；通过创造开始时间和取得成果时间的分析比较，可以找出成才的一般周期。

4. 比较法

有比较才有鉴别,通过比较最容易凸显事物的特征。在人才研究中,通过对不同时代、地域、行业、专业、性别人才的比较,可发现其差异及其原因,进而揭示某个时代、地域、行业、专业、性别等人才的成长出现规律。缪进鸿通过对《中国大百科全书》各类人才的调查和比较,发现了许多规律,并在此基础上提出了建立比较人才学的设想。

二、人才资源开发的组织行为学方法[①]

组织行为学是通过研究组织的行为,创造有利于人才成长、人尽其才、才尽其用的外在环境,谋求人才开发效益的科学。人才资源开发的组织行为学方法指的是组织领导、管理者通过调节人才数量、质量、类别、层次、序列、外形与机制,提高人才利用效益的方法。其公式是:人才贡献=f(数量+质量+类别+层次+序列+外形+机制)。

(一)规模效益法

边际分析学说告诉我们,人们对拥有的物品的欲望会随着该物品的增加而递减,达到一定的阈值后,欲望会减少到零。将其引入人才学领域,随着人才资本的投入,其效益会发生相应的变化,大致分为三种情况:人才资源增加,效益增加;人才资源增加,效益不变;人才资源增加,效益减少。由此看出,任何一次人才资源的投入,都必须考虑产出与效益。通常将新投入的人才所导致的产出称为边际产出,当人才投入量达到一定值以后,效益将呈现递减的趋势。

(二)结构功能法

人才结构决定人才群体的功能、人才群体的成果多少和贡献大小。因此,寻求人才结构的最佳效能是很重要的。一个能产生最佳效能的人才结构应具备以下几个条件:成员的适当人才数量、成员的合理人才类别、成员的合理年龄梯度、科学的排列组合、成员之间有效的信息传递反馈以及良好的组织氛围。

(三)层次匹配法

现在,很多企业中的人员构成情况出现了倒三角或橄榄形结构,导致高

---

① 本节改编自:王通讯. 王通讯人才论集(第四卷). 北京:中国社会科学出版社,2001:211.

层次人才降格使用。为缓解这一现象，很多学者提出以宝塔形结构取代倒三角和橄榄形结构的建议。这是因为在辅助劳动社会化程度不高的情况下，宝塔形结构是比较合理的结构。但是，从理论上讲，不能说宝塔形结构是唯一稳态的结构。一个团体、一个部门到底采用什么类型的人才层次结构才能充分发挥人才作用，促进人才成长，深度开发人才资源，其出发点不在于寻找某一固定的模式，而是确定该人才群体的社会功能是什么。结构功能理论认为，结构决定功能，反之，从功能研究来反求也是可行的。

第三节　人才开发与相关学科的关系

一、人才开发与人才学的关系

第一章提到，人才学的研究内容包括四个部分：一是关于人才和人才结构基本概念的研究；二是关于人才成长和发展规律的研究；三是关于人才辈出的社会规律的研究；四是关于人尽其才的研究。人才开发作为人才学的主要内容，与人才学是包含与被包含的关系。

人才开发侧重于人才学中的应用型研究，主要研究人才成长和发展的规律，以及实现人尽其才的各种宏观、微观的政策、措施和方法。

二、人才开发与人力资源管理学的关系

现代人力资源理论起源于第一次世界大战期间。1960年，舒尔茨提出人力资本理论，他认为对人力资本的投资产生的收益大于对物力投资的收益。在人力资本理论的推动下，又产生了现代人力资源开发、人力资源开发与管理等理论。

而人才开发属于人才学的研究范畴。20世纪80年代初，人才学诞生在中国，其研究范畴主要是人才及其规律。

人才开发和人力资源管理学之间的区别是：①学科类型不同。由于人才开发属于人才学，因此它是综合型社会科学；而人力资源管理学是应用型管理学科。②研究范围不同。人才开发研究范围广，既研究宏观的国家或地区的人才开发问题，也研究微观的单位组织的人才开发问题；而人力资源管理学研究微观问题，主要关心人力资源在从业期间为企业、部门带来多少效益。

③研究对象不同。人才开发的研究对象是指一个国家或地区人力资源中有较大贡献的优秀分子，而不是一般的人力资源；人力资源管理学研究所有劳动人口。④研究方法不同。人才开发吸收多学科研究成果进行综合研究；人力资源管理学主要应用经济学、管理学的理论和方法进行研究。

人才开发和人力资源管理学之间的联系是：①研究对象相同。就人的层面而言，二者都以人为研究对象。人力资源经过开发可以转化为人才资源，人才资源的使用和开发又会大大提升人力资源的质量，两门学科相辅相成。②研究目的相同。二者都是为了通过开发，提高人的素质，为社会创造更多的财富。③开发实质相同。二者都寻求提高人的素质，包括将潜能素质转化为显在素质和将显在素质提高层次。④方法相近。人才开发与人力资源管理学在使用、开发、招聘、录用、激励机制、绩效考核、素质测评等方法上有许多相同或相近之处。

三、人才开发与教育学的关系

教育学与人才开发的根本目的是一致的，其基本出发点和立足点都是为了多出人才、出好人才，但两者又有明显的区别。"教育学是研究教育现象及其规律的科学，其中包括研究教育的本质、目的、方针、制度，各项教育工作的任务、内容、过程和规律、原则、方法和组织形式，教师、学校的领导与管理等问题，它对人才的研究在于教育和培养，并侧重于人才成长的学习继承期；而人才开发不但研究人才成长的学习继承期，而且还要研究人才成长的其他时期、研究人才的社会开发，既要研究人才的教育培养，还要研究人才的预测、考评、选用配置、使用调控等问题。总之，人才现象是较教育现象复杂得多的一种社会现象，研究教育现象及其规律决不能代替对人才现象的研究。这两门学科研究目的和内容有异有同，它们是互相促进、互为补充的。教育学是人才学的基础学科之一，人才学要吸取教育学的研究成果，以不断地完善和发展自己；而人才学的发展，又反过来丰富、补充、更新教育学的内容。两门学科的互相渗透，就会产生边缘学科——人才教育学。"[①]

---

① 叶忠海. 人才学基本原理. 北京：蓝天出版社，2004：8.

四、人才开发与心理学的关系

心理学研究心理现象的一般规律。研究人才开发脱离不了研究人才心理。因此,心理学是人才开发的基础学科之一。"人才学认为,成才主体只要达到了中等以上智力水平,就具备了成才的智力条件,而人才的成功与否,则与成才主体的个性心理品质有更直接的关系;成才主体的个性心理品质在成才过程中居于主导地位,而社会环境只是成才的重要外因。由此可见,人才学与心理学存在很大的联系。心理学是研究人的情绪、情感、意志、行为等个性心理特征和品质特征的学科。"[①] 人才开发的对象——人才,是极其复杂的高级动物,具有复杂的个性心理,需要借助心理学知识研究人才成长的规律和提升人才获取知识的能力。而人才学的研究反过来又能促进普通心理学、发展心理学、创造心理学的发展。

五、人才开发与管理学的关系

人才开发是管理学的内容之一。管理学的本质是提升组织的效率和效益。对组织效率和效益的研究,主要涉及作为个体的人、组织和环境三个方面的问题。人才开发研究的主要是人才,而管理学从组织的视角来研究人才,包括人才的行为、心理等对组织效率和效益的影响。人才开发可以为管理学如何更好地发挥人才价值提供理论和实践指导,而管理学的很多关于人力资源的研究成果同样可以供人才开发使用。

六、人才开发与管理科学的关系

在人才开发研究中,要特别注意数学知识的运用。马克思说过,任何一门科学,只有运用数学表达,才能走向成熟。人才开发研究不能仅仅停留在对人才理论的探索和总结上,要从定性研究走向定量研究,借鉴管理科学的研究方法,采用数学尤其是高等数学的方法,增强人才开发研究的严谨性、逻辑性和科学性。要通过调查实证,科学分析相关的人才成长和发展数据,运用多学科前沿成果,构建起人才开发的数理模型,从而促进人才学学科体

---

① 殷凤春. 人才学学科的发展与重构. 人才开发,2008 (9):6~7.

系建设的系统化、明确化、定量化。

七、人才开发与成功学的关系

成功学是关于成功方法的统称，指各种激励成功动机、探索成功方法、总结成功经验的书籍和培训活动。人才开发和成功学的基本理念相似，人才开发认为"人人都能成才"，而成功学认为"人人都能成功"。人才开发与成功学可以互相借鉴。成功学的核心精神是激励人们以积极进取的心态去追求个人的成功，同时强调团队合作。成功学对于个人成才的指导有一整套系统、专业的方法，但是由于其研究缺乏足够的理论支撑，具有强烈的个人色彩，还不能称为科学。人才开发研究宏观的人才政策、人才规划，也研究个人如何成才。在研究个人成才方面，人才开发可以借鉴成功学在指导个人成长、成功、成才方面卓有成效的研究成果，更好地促进理论发展。

第四节 我国人才开发存在的问题

现代社会已经进入到知识经济时代。美国斯坦福大学国际研究所所长米勒教授指出："知识经济就是人才经济。"知识经济时代，"人才是第一资源"已成为世界各国共识。高端人才的短缺，是世界各国共同面临的挑战，因为人才总能创造出远远超过投入的价值。

知识经济不等同于虚拟经济，知识经济也包括实体经济，例如制造业的高端部分。与工业经济时代社会发展主要依靠机器、劳动力、设备、能源等实体物质不同，知识经济时代社会生产力的决定性要素是人的智力、知识、创意、技能等脑力因素。从价值链的角度和"微笑曲线"的实践来看，产业价值和利润最有价值的部分不像工业经济时代那样停留在制造环节，而是流入设计、开发、创意、市场、渠道等高智力人才把控的环节。世界银行的一份报告中也指出，当前世界，工厂、土地、工具以及机械所凝聚的财富日益缩水，而人才资本对于一国的竞争力正变得日渐重要。在以知识经济为主的美国，人才资本"与实物资本相比，重要性要高出三倍多"[1]。因此，对高端

---

[1] Cheng Li. Bringing China Best and Brightest Back Home: Regional Disparities and Political Tension. China Leadership Monitor, No. 11. P. 1.

人才资源的有效开发变得越来越紧迫。

进入21世纪后,党和国家开始高度重视人才资源的开发,重视人才学的发展,并且把人才强国战略列为国家的三大发展战略之一,这是根据国情对我国经济、社会发展作出的科学判断。"从全局的角度看,宏观上,中国缺乏'战略型'、'国际型'、'创业型'、'创造型'、'复合型'、'技术型'六大类人才。"① 从全球来看,对顶尖人才的争夺已经演变成一场全球人才战争。一位加拿大经济学教授在《华尔街日报》上撰文指出:"掠夺最有才华的人,尤其是从小国、穷国吸引有智之士,可能会损及这些国家的政治和经济发展。出于最糟糕的考虑,甚至可能会让这些国家一败涂地。"② 中国要实现和平崛起和民族复兴,要成为现代化的国际强国,就必须打赢这场人才战争。王辉耀在《人才战争》一书中指出:"人才战争争夺的对象,正是那些能够左右世界经济、军事、金融、能源、科技等所有重要领域命运的顶尖人才。知识经济就是人才经济,世界大国首先是人才大国。人才战争的成败,最终决定着一个国家在全球化背景下走向世界的命运。"③ 中国人才竞争目前存在以下问题④。

第一,人力资源总量"可观",人才资源不足。受过高等教育的普通人才并不缺乏,但高层次顶尖人才总量却很匮乏。我国拥有总量世界第一的人力资源。据有关统计指出:截至2005年,全国有各类人才7 390.3万人,其中党政人才663.9万人,企业经营管理人才1 770.3万人,事业单位管理人才453.6万人,专业技术人才4 195.6万人,高技能人才835.5万人,农村实用人才579万人⑤,数量居世界第一。另外,科技人力资源总量达到4 246万人,比美国4 200万人略多,总量也居世界第一⑥。每年毕业的博士生数量也超过美国,博士培养量居世界第一。因此,国内大多数研究认为,我国人才资源现状总量可观,但每万人当中平均人才拥有量落后。

---

① 余仲华,林活力,毛瑞福. 中国人才战略管理评论(No.1). 北京:社会科学文献出版社,2008:6.
② 约翰·麦克黑尔. 美国吸引全球人才是否落后了. 华尔街日报,2005—11—28.
③ 王辉耀. 人才战争. 北京:中信出版社,2009.
④ 以下四节节选自:王辉耀. 国家战略:人才改变世界. 北京:人民出版社,2010.
⑤ 潘晨光. 中国人才发展报告 No.4. 北京:社会科学文献出版社,2007.
⑥ 中国科学技术协会调研宣传部,中国科学技术协会发展研究中心. 中国科技人力资源发展研究报告. 北京:中国科学技术出版社,2008.

第二章 人才开发

事实上，人力资源不等于人才资源。在世界经济论坛的全球竞争力评比中，我国 2007 年为第 34 位，落后于我国香港地区（12 名）与台湾地区（14 名）[①]。在瑞士洛桑管理学院 2007 年的研究中，我国研发（R&D）人员总量第一，R&D 经费总额第六，企业 R&D 经费总额第六。可见，中国的科研投入与人力投入总量其实都不小，但专利产出率却是第 23 名，基础研究是否增强长期经济发展的排名是第 17 名。正是因为人才缺乏竞争力或者有量无质，才导致我国国际竞争力在参与评比的 55 个国家和地区中排名第十五[②]。

高级人才以博士为例，我国每年培养的博士总量居世界第一，但数量多不代表质量高。2004 年全国总共有博士点 1 900 多个，而 2005 年高校却申报增设 2 700 个二级学科博士点，一年申报量达到已有数量 1.4 倍。博士点之多超过了拥有全世界排名前 40 大学一半以上、培养了世界 1/3 诺贝尔奖获得者的美国。博士点的增多当然不是因为教育实力的提升[③]。据新加坡《联合早报》，即使以 2004 年的博士点来计算，时年我国平均每 4.2 名硕士能出 1 名博士，而美国则是每 10 名硕士才能出 1 名博士。

第二，本土人才教育培养体系滞后于社会发展的需要，并且缺乏国际竞争力。在 2007 年全球大学排行榜（《泰晤士报》、《高等教育副刊》全球大学百强榜）上，内地进入排行榜百强的数量只有中国香港一个城市的一半（内地为 2 所，香港为 4 所）。

我国受过高等教育的毕业生，看上去规模非常庞大，据教育部统计，仅 2009 年一年全国高校毕业生就达到 610 万人，但培养出来的多是一般性人才，缺乏国际竞争力。国际知名咨询公司麦肯锡的调查报告指出：我国大学生所接受的教育，没有全球化工作所需的实用和团队协作技能，大学毕业生中只有不到 10% 的人拥有为外企（强调人才的国际竞争力）工作的国际化技能，相比之下，印度达到 25%。我国每年新培养约 60 万名工程师，是美国的 9 倍。然而，在我国大约 160 万名年轻工程师中，只有约 16 万名具备为跨国公司工作所需的实用技能和语言技能；在企业高层次管理人才方面，今后 10

[①] ［英］迈克尔·E. 波特（Michael E. Porter），［英］泽维尔·萨拉—艾—马丁（Xavier Sala-i-Martin），［英］克劳斯·施瓦布（Klaus Schwab）. 2007—2008 全球竞争力报告. 北京：中国经济出版社，2009.

[②] 瑞士洛桑管理学院. 世界竞争力年鉴 2007.

[③] 赵婀娜. 1 名博导平均带近 6 名学生　教育部要刹博士点攀比风. 人民日报，2005-07-07.

年，我国将需要7.5万名具备国际化素质的经理人，但目前仅有约5 000名此类管理人才[1]。正是这种忽略国际素质与竞争力的人才培养，导致中国企业走出去大多数担当"苦力"角色而非"智力"角色。缺乏能够展开国际竞争的"国际化人才"，无疑是中国企业走出去的最大障碍。

第三，我国高层次人才队伍年龄结构老化，地区、行业、部门分布不合理。在高精尖领军人才上，两院院士是我国科技与工程领域最主要的代表。不计算外籍院士，从1955年到2007年，我国两院共增选院士1 800多人。其中在科学院，60岁以下当选的院士只有530人，不到一半，这还是按当选年龄而非现在的年龄来计算。在工程院，年龄结构老化问题更严重，只有大约30.57%的工程师是在60岁以下当选院士的。因此，我国的高精尖人才不但总量少、缺乏具备世界领先水平的领军人才，而且年龄老化。

另外，人才资源的分布也存在不合理现象：一是地区分布不合理，人才大量集中在东部，中西部地区难以吸引人才；二是部门与行业分布不合理，金融、信息、国际贸易、高新技术等领域人才缺乏，虽有起步晚的客观原因，但许多基础研究领域缺乏人才则是因为相关领域超过一半的博士去当了公务员；三是市场经济要求人才自由流动以便配置到合适的岗位，但我国在国籍、绿卡、户口、档案、编制以及社保等相关领域，并没有打破人才流动的制度性障碍。

第五节　人才开发的意义[2]

人才开发通过学习、教育、培训、管理、文化建设等各种方式，提升人才素质和绩效来实现组织目标。其现实意义表现在以下方面。

一是通过各种科学的人才开发方法，比如自我设计、职业生涯管理、科学学习方法、时间管理、创新思维、成功学等，指导更多人成才。通过人才测评，为挑选人才和考评干部提供比较科学的依据。从1983年起，在中共中央组织部的支持下，各地、各部门采用德才测评法，考察干部27万人。上海在调研的基础上，研制了"领导干部标准化考评系统"、"领导管理能力计算

---

[1] 麦肯锡.2005年度中国职业经理人现状及发展调查报告.
[2] 本节主要改编自：叶忠海.人才学基本原理.北京：蓝天出版社，2004：34～37.

机仿真系统"等，内蒙古党委组织部研制了"干部综合测评体系及其在微机上的应用"等。此外，如上海空军政治学院研制的"企业家仿真测试系统"，苏州大学张卿华、王文英教授研制的80.8神经类型测定法，中国人事与人才科学研究所与辽宁人才所共同研制的"现代管理者心理测验"等，都为人才测评提供了有效的支持。有利于提高政府和组织的人才管理效率和效果。

二是关于人才流动与人才市场的研究，推动了人才资源的合理布局和人才市场的建立与完善。人才学兴起之初，就提出了人才合理流动的主张。1986年，上海市人事局、科干局成立了"上海专业技术人员使用现状及其对策研究"课题组，通过对10 000名专业技术人员的调查和数据处理以及战略对策的研讨，提出了"改革专业技术人员管理体制，逐步开放社会主义人才市场"的创造性主张。这项研究成果得到了中央许多部委的支持和肯定。随后，该成果转化为上海市人事局制定的一系列人事改革文件。党的十四大提出建立社会主义市场经济体制后，人才市场的建设也随之而起。人才学在人才市场的运作上和制度上又进行了探讨。

三是人才预测与规划。1983年，中央提出要搞人才预测与规划后，相继出现了不少理论和实践成果。人才研究的任务之一，就是研究和制定专门人才发展战略。20多年来，人才研究者参与制定了各地区、各部门的人才发展战略，比如江苏、福建、河北、辽宁、兰州等地和中国船舶工业总公司等行业。

四是为政府人事部门的整体性人才资源开发和人才工作决策服务。1996年，人事部提出了人事工作的两个调整：把适应计划经济的人事管理体制调整到与社会主义市场经济相配套的人事管理体制上来，把传统的人事管理调整到整体性的人才资源开发上来。这两个调整吸纳和体现了人才学的理论研究成果。华东师范大学叶忠海教授等相继完成了"中国东南部丘陵山区人才开发与教育改革的综合研究"、"三峡工程的管理模式与人才开发研究"等项目，为有关部门的人才决策提供了有效的支持。

五是为跨世纪人才工程服务。从1984年开始，中央就十分重视选拔有突出贡献的中青年专家，并给予特殊待遇。其后，中央有关部委提出了各自的跨世纪人才工程，以选拔和造就一批素质优异、成就突出的拔尖人才。在这方面，有许多研究成果。比如，张长城主持的国家科委项目"科技英才研究"

（1990年），清华大学教育研究所完成的国家哲学社会科学"七五"重点项目"科技人才培养研究"（1993年），北京教育学院等主持的"中小学骨干教师队伍建设研究"，钟祖荣主持的全国教育科学"九五"项目"中小学教育家形成机制的研究"等，为人才选拔培养提供了理论上的支持。

六是为企业和组织提供人事技术服务。社会主义市场经济体制的建立，使企业成了经济运行的主体。人才学如何为经济运行的主体服务？企业的人才资源管理十分具体，必须有一套行之有效的、可以操作的人事技术。20世纪80年代中期特别是90年代以来，以中国人事与人才科学研究所为代表，一批人才研究者把精力投入人才咨询业。所谓人事技术，就是依据人事科学诸多原理，为达到知人用人、人尽其才，提高组织整体效能之目的而研制的一整套方法技术程序的总和。1997年，中国人事与人才科学研究所把人事技术作为一项课题来研究，已取得的阶段性成果有8项：现代员工招聘面试技术、人才测评技术、现代人事考核技术、人才预测与规划技术、企业人事诊断技术、企业员工薪资设计技术、现代人事培训技术、职业生涯规划技术。在短短的时间里，他们已经在一些地方和企业开展了实际的服务。比如，该所企业人事诊断中心在1997年，应福建实达电脑集团股份有限公司总裁的邀请，对实达的人事管理工作状况进行了全面的考察，重点诊断研究了其经营班子、企业文化、管理技术，分析了其优势和存在的问题，提出了改善对策，最后形成了公司的《人事管理现状诊断报告》。又如，1999年，中国人事与人才研究所为山东电力集团公司建立了《人才资源管理信息系统》（SEPCOHR-MIS)，该系统包括基本信息管理子系统、人才测评信息子系统、人才考核信息子系统、测评与考核对比分析子系统，具有信息资源共享、快速查询统计、分析人才队伍现状、建立人才结构模型、为决策者提供准确的信息等功能。

第六节 国外人才开发现状

世界各国政府对人才发展战略高度重视。美国这样人才济济、科学技术高度发达的国家，也仍然把大量吸收世界上其他地区的知识资本和人才当作一项重要的政策。在美国大学中，有大批非美国人攻读硕士和（或）博士学位，许多优秀留学生最终选择留在美国。有关资料显示，在美国，80％的高技术专业领域的博士生打算在毕业之后留在美国。① 而欧洲则在大力建设一个"惠及所有人的信息社会"（Information Society for All）的总方针下，响亮地提出了"建立知识的欧洲"（creating the Europe of knowledge）的口号。②

黄长深入研究了11个国家在教育和人才培养方面成功的经验，可以代表国外在人才开发方面的现状，主要观点如下③。

澳大利亚在第二次世界大战后的半个多世纪中，一直在探索发展教育，特别是高等教育和人才培养的途径，不断改革教育资助方法，大力倡导教育的公平性和多样性，为学生创造各种受教育的机会，从而在提高国民素质和培养经济社会发展所需的人才方面取得了较大成绩。除了基础教育和高等教育之外，特别值得一提的是澳大利亚的职业教育。澳大利亚曾三次发布有关职业教育的国家战略报告，特别是2003年发布的第三次报告，目标明确，措施具体，值得我们参考借鉴。

韩国是一个高度重视教育和人才培养的国家，在这方面取得了世所公认的成功。韩国政府把教育和人才培养看作提高国家竞争力的必要条件，从而采取了一系列旨在达到这一目标的相应政策及措施。例如：在全民族中提倡尊重知识、尊重科学、尊重人才；加大财政投入，对高级人才实行各种优待及奖励政策；大力推进"请进来，送出去"的方针，以便更好地学习他国的先进经验；走产、学、研相结合的学术研究体制，发展多种形式和相互配套的教育及人才培养体制等。

日本是一个全民重视教育的国家，因此国民受教育的程度普遍较高，即便是在发达国家的排名中也很靠前。当然，这也得益于日本对教育和人才培养的高投入。日本先后制定过"确保人才法"和"科学技术基本法"等一系列有利于培养人才和推动学术研究发展的政策。日本多年来一直走"产—学—官"结合的学术发展道路，即政府研究机构、大学和民间企业通力合作开展学术研究。三者的关系可归纳为：大学是核心，企业是支柱，政府是协调引导。这三者中，企业对科学研究的投入往往占最高的比例。

---

① Liikanen, Erikki. E-skills: crucial to Europe's competitiveness, in europa. eu. int/rapid/start/cgi/guesten. ksh? p-action.

② 详见：europa. eli. int/eomm. /covmnission—barroso/figel/speeches/dcIzs/sp 261104. pdf.

③ 节选自：黄长. 国外专业人才培养战略与实施. 北京：社会科学文献出版社，2006.

新加坡是一个国土面积不大、人口很少的国家，但其经济发展的速度却给世人留下深刻印象。这得益于新加坡对教育和人才培养的重视。新加坡教育体制过去受英国传统教育体制的影响较大，但近年来逐步进行了不少改革，以适应新加坡科技及经济社会的发展。新加坡的教育体制虽不像欧美国家那样灵活多变，但很有特色，比如学分制度、学位制度、各种类型的人才奖励和奖学金制度等都有自己的特点。

印度也是一个重视教育和人才培养的国家，其科技人员的比例在世界各国的排名中算是很高的。印度把普及初等教育的方针置于很重要的地位，这是因为印度一方面拥有一大批受过良好教育的优秀科技人员，一方面还有一大批没有读写能力的公民。宪法规定，14周岁以下儿童均有接受免费义务教育的权利，其初等教育的规模居世界第二位。印度同时也是拥有世界上最大的高等教育系统的国家之一，其大学管理体制、学位制度、职业教育及培训制度都很有特色。

加拿大是一个十分重视全民教育的国家。加拿大的教育体制和人才培养的一个很重要的方面，是关注个人技能的全面提高，以便以后更好地应对个人发展所面临的各种挑战，既有利于社会进步，也有利于个人生活质量的提高。因此，加拿大的教育体制注重以人为本，更多地体现为大众教育而非精英教育，重视包括儿童、原住民和残疾人在内的社会弱势群体受教育的权利。从政策支持到经费投入，加拿大都采取了不少切实可行的措施。

美国不仅是科学强国，也是教育强国。在教育和人才培养方面，美国制定了一整套法律法规来推进教育事业的发展，加之对教育和科研的持续大投入，使得美国在各个领域都拥有一大批具有创新能力的高水平的专业人才。在大力普及基础教育和提高全民科技文化素质的基础上，美国把发展研究生（特别是博士生）教育作为培养高层次专业人才的主要途径。与此同时，广纳人才以推动本国科学事业和经济社会的发展。美国还重视学术道德建设的制度保证，以防止学术不端行为（scientific misconduct）的滋生。此外，美国的院士制度、终身教授制度及同行评议制度等，都有不少值得我们借鉴之处。

德国具有发达的经济和先进的科学技术水平，这些都与其完善的人才培养政策和成熟的人才管理体制及教育体制分不开。与欧洲其他发达国家一样，德国也是一个重视全民教育的国家，德国的《基本法》规定，教育的宗旨是为每一个人提供平等和适当的教育机会。学生可以选择多种多样的受教育途径。德国采取的"双元制"职业教育模式，对教育和科学研究投入的高度重视，以及高校和研究机构为建设学术后备队伍所采取的种种措施，对我们都很有启发和借鉴意义。

俄罗斯在教育和人才培养方面是一个有着悠久传统的国家，但近年来受教育、科研经费不足的困扰，人才流失严重，科研教育队伍老化。尽管有这些困难，俄罗斯一直在探索教育和人才培养、管理体制的改革，正逐步走出困境。教育和人才培养努力向多元化、市场化和国际化靠拢，走"科—教—研"一体化的道路。俄罗斯毕竟是一个有着深厚教育基础的国家，经过多年来的一系列改革，一个与当前俄罗斯经济社会发展相适应的人才培养和管理体制框架正在形成和完善。

法国在教育和人才培养方面也是一个有影响的国家。与欧美许多国家一样，法国注重提高全民受教育的水平，重视公民受教育的平等权利（包括受教育者的性别平等）。教学体制灵活多样，为各个层次的学生特别是研究生提供了较好的受教育条件和多种形式的资助。国家专门为高等教育立法，促使高等教育体制把培养学生的创造能力放在很重要的位置。在普及全民教育的基础上，法国还重视高层专门人才的培养，并采取切实措施促进教育体制与就业的衔接。

英国也是一个传统的教育大国。由于英国高质量的教育和严格的学术规范，其科研水平和产出在世界上名列前茅。英国学术界在论文的发表和被引率方面均位于世界前列。自20世纪80年代以来，英国一直在进行教育改革，传统的精英式教育体制已经发生了很大变化，正逐步适应国家经济社会发展的需要。英国注重培养学生的实践能力、思辨能力和创造能力。像其他许多欧洲国家一样，近年来英国的教育和人才培养制度特别注重提高全体公民的知识和技能。

本章复习思考题

1. 论述人才开发的定义。
2. 论述人才开发和人力资源开发研究方法的异同。
3. 论述我国人才开发存在的问题和人才开发的现实意义。

第三章 人才开发的演进

本章教学目标与方法建议

本章教学目标是了解中国和西方人才开发的观点和实践,重点要掌握天才理论、成功学、社会学、经济学、管理学关于人才开发的研究成果和观点;了解中西方人才开发演进历史并能进行相应评析;掌握西方人才开发中的四种人性假设和五种激励理论;了解为什么人才学在中国创立。

本章建议采用与中外管理思想史、中外管理制度史、中外政治制度史浏览相结合的学习方法,扩大知识面,深入掌握人才开发背后的历史逻辑和管理逻辑。

【导入案例】

人才学:新的决策科学[①]

市场营销学和财务金融学的经验教训告诉我们,人才决策科学的目标将是通过改善影响或依赖人才资源的决策,来增加组织的成功概率。为描述这门新的决策科学,并反映员工人才资源的管理方法(steward ship)这一概念,我们自创了人才学(talent ship)这一术语。人才学之于人力资源管理,相当于财务金融学之于会计,以及市场营销学之于销售。人才学作为决策科学,提供了能把人力资本、组织设计、组织效力以及最终的战略成功联系在一起的一种逻辑。

一如我们所定义的,人才资源不仅包括了为你的组织所了解并予以管理

[①] [美]约翰·W. 布德罗,彼得·M. 拉姆斯特德. 超越人力资源管理. 于慈江,译. 北京:商务印书馆,2012:25~26.

的人才，而且也包括了所有那些潜在可用的和有价值的人才——要是你知道他们就好了。它不只包括你所拥有的人员以及你可能做出的相关组织决策。例如，在先前有关产品整合的列子里，该组织通过它的职位描述和绩效工具系统，对其产品整合中的文书人才进行了了解和追踪。它所未予追踪的，是他们发现和实施新的产品整合方法的能量。这一未知的人力能量，是具有改变游戏规则（game-changing）意义的产品整合战略的关键。

对有关这一资源的决策予以改善，是人才学的领域，人才资源不仅包括个人的能力，也包括他们的动机和所碰到的机遇。它涵盖诸如人力资本和知识这类概念。人才学作为决策科学，还包括用以改善与如下这些方面相关的决策的一种结构：如何提升个人的贡献度，以及如何提升个人在正式和非正式的组织设计、结构等方面的互动方式。人才学所关注的，是改善有关人的才能及其如何组织和互动的决策。

第一节　中国的人才开发

一、古代朴素的人才开发观点和实践[1]

中国对人才的研究有悠久的历史，《诗经》是谈人才最早的一部著作。2 500多年前，《诗经·小雅·菁菁者莪》中就提到了"菁菁者莪，乐育材也，君子能长育人才，则天下喜乐之矣"[2]。中国古代"才"与"材"通用，《诗经》中不仅明确提出了"人材"概念，还用生长茂盛的植物来比喻人才的茁壮成长，希望有德行的君子能够成为天下人民喜爱的人才。此后，关于人才的论述遍见于经史子集，研究内容十分丰富，是中华民族宝贵的历史文化遗产。

（一）夏商周、春秋战国时期的人才研究

夏商周是奴隶社会，官员虽然是世袭的，但在如何培养利用人才来维护统治方面，统治阶级也进行了很多探索。

夏商周三代都有官办的贵族学校以培养贵族子弟。由于先天智力的差别，并不是每个贵族子弟都能成才。在贵族学校的基础上，统治阶级采用两种选

---

[1] 本小节主要改编自：叶忠海. 人才学基本原理. 北京：蓝天出版社，2004：38~57.
[2] ［春秋］孔丘. 诗经. 北京：北京出版社，2006.

拔人才的方式。据《礼记》记载，一种是从诸侯和公卿大夫的子弟即国子中选拔；另一种是从诸侯选拔后进贡给天子的"士"中选拔。

学校在西周时期就成为一种选拔人才的途径。春秋战国时期则在官学的基础上发展起很多私学，私学子弟凭借才能也能做官入仕。例如孔子创办的私学有弟子3 000人，许多人到各国为官。孔子大弟子子贡，凭借才能"存鲁、乱齐、破吴，强晋而霸越。子贡一使，使势相破，十年之中，五国各有变"[①]。

春秋战国是我国古代社会由奴隶制进入封建制的大变革时期。周室衰微，礼崩乐坏，诸侯争霸，兼并战争不断发生，政治乃至军事斗争极其激烈。各诸侯国为了自己的生存与发展，都大力网罗人才为己所用。因此，人才和人才问题成为各国关心的现实问题。

儒家学派创始人孔子，从维护封建宗法制和等级制的立场上去研究人才，《论语》记载了孔子的人才思想。孔子对人才的重要性、人才标准、人才选拔、人才考核、人才培养以及人才成功方法都有研究。他明确提出了"为政在人、人存政举"的人才价值论；主张"举贤才"，而贤才的主要标准是以"仁"为核心的伦理道德；提出了"无求备于一人"的用人原则；提出了"有教无类"的人才培养方针。

孟子与弟子万章等人著述《孟子》7篇，继承和发展了孔子的人才思想。《孟子》强调"贤者在位，能者在职"[②]，君子要"尊贤"和"礼贤下士"。在人才成长方面，孟子也有深入的研究。

墨家学派创始人墨子，代表小生产阶层利益研究人才。墨子的思想主要见于《墨子》一书，现存53篇多数是弟子们的记述。《墨子》中讲述人才思想的篇章主要有：《养士》、《所染》、《法仪》、《尚贤》、《兼爱》、《非命》、《非儒》、《耕柱》、《贵义》、《公孟》、《鲁问》等文，其中《尚贤》是先秦文献中第一篇人才理论专论。在这篇人才专论中，墨子界定了"贤"的标准："厚乎德行，辩乎言谈，博乎道术"。墨子明确提出了"尚贤是为政之本"的观点，批判了世卿世禄制度和任人唯亲的路线，提倡尚贤使能、无分贵贱的任人唯贤的原则，提出了"富之、贵之、敬之、誉之"的优待人才思想。墨子还研

---

① [汉]司马迁. 史记·卷67 仲尼弟子列传. 北京：线装书局，2006.
② 孟子·尽心上.

究了一些成才的规律。

道家的创始人老子，站在没落贵族立场上，运用"无为而治"的哲学理论研究人才，著《道德经》，又名《老子》。老子在书中反对孔子、墨子的贤人观，提出圣人学说，把"守道无为"、"无私"、"无欲"的圣人作为最理想的人才，在理论上具有自然主义和超善恶论的特点。老子在人才识别的研究中，提出了一系列富有哲理性的命题，如"大成若缺"、"大辩若讷"、"大巧若拙"、"大智若愚"等，开启了我国从哲学高度研究人才的先例。

法家代表商鞅和韩非，站在新兴地主阶级中激进派的立场上研究人才。《商君书》中《修权》、《开塞》、《算地》等篇较集中地记述了商鞅的人才思想。商鞅对人才的研究与变法的需要紧密相连，他明确提出了秉公依法用人、以功授官、度而取长等用人原则。韩非是先秦法家的集大成者，著《韩非子》十余万言。韩非对人才的研究不同于儒、道两家，他崇尚"王霸"，注重用人的法、术研究，从"实力"和"法治"原则出发，反对孔墨的圣贤观，否定人才的伦理标准，公开主张"愚智主义"、"尚法而不尚贤"，提出人才标准要按"世异则事异"的原则不断变化，主张"试之以事"的实践鉴别人才法，反对慧眼识英才的识人哲学。总之，韩非的人才思想具有浓厚的君主实用性和功利主义色彩。

先秦人才研究发展到总结阶段时，产生了杂家理论。其代表著作是《吕氏春秋》，该书共有160多篇，其中专论人才的篇章就占1/4左右。明代方孝孺说，"此书诚有足取者"，因其所论大多是"人君之要在任人"的问题。《吕氏春秋》兼收并蓄，"兼儒墨、合名法"，融汇了先秦各家的人才学说。

（二）两汉时期的人才研究

两汉是我国统一的封建国家建立与初步发展时期。随着政治上的统一，诸子争鸣的思想局面宣告终结，统治者实行专制主义文化政策。汉武帝当政，选取儒学为政治指导思想，董仲舒提出的"独尊儒术"的建议被采纳之后，尊儒、教育、选士三者紧密结合起来，所以汉代对人才的研究带有浓厚的儒家色彩。此外，由于董仲舒政治哲学以"天人合一"世界观为指导，因此，这时期的人才研究又充满着哲学理论色彩。

董仲舒是西汉最主要的唯心主义哲学家。他从巩固中央集权的封建统治出发研究人才，著《春秋繁露》17卷82篇，其中《必且仁智》《通国身》《仁义法》以及对汉武帝的《举贤良对策》，分别对贤良内涵、治国与积贤的关系、求贤与养士的关系，以及人才的考核、选拔、使用等问题进行了论述，从哲学的高度概括并拓展了儒家的人才思想，其中"治国者以积贤为道"，"欲求贤……必养士"、兴太学、"考绩黜陟、计事除废"等思想影响深远。但是，他的"君权神授"、"天人感应"是一种神秘主义的认识论。

至东汉，儒学已进入谶纬神学和章句之学的死胡同，唯物主义思想家王充对此深恶痛绝。他所著的《论衡》一书是他对于儒学和唯心主义哲学思想批判的檄文。《论衡》中《程材》、《答佞》、《谢短》、《超奇》、《定贤》、《逢遇》、《状留》、《实知》、《量知》等十余篇文章专论人才问题，有"人才得失论"、"人才学成论"、"人才才力论"、"贤佞可辨论"、"人才成长机遇论"。其中，《实知》中提出的"人才学成论"，否定了"圣人生而知之论"，无情地剥掉了圣人神秘的外衣。王充是中国人才思想史上第一个以朴素唯物主义思想说明人才成长原理的人。

总之，两汉人才研究已从感性研究走向理性研究，从单纯用人走向兴学育人研究，上升到了一定的理论高度。

（三）魏晋时期的人才研究

东汉以名教治天下，以征辟察举的推荐制任用官吏。这种选官制度到汉末产生许多弊病：一方面，乡间清议权操纵在少数势族大家手中；另一方面，各衙门机关的用人也多凭关系（所谓门生故吏）。官吏选举和任用的名实相乖的现象异常突出。为改变时弊，曹操提出了以事功为标准的用人原则。曹丕继位魏王，将察举制改为九品中正制，注重审核名实。具体做法是：任用"贤有识鉴"的官员担任"中正"，由他们区分上上、上中、上下、中上、中中、中下、下上、下中、下下九品来评定人才，供吏部选用。

刘劭作《人物志》，全书3卷12篇，系统研究了人才作用、成才原理、人才标准及分类、人才结构、人才鉴别和人才任用等问题，对汉末三国时期成为议题的才性、名实等，都有总结性的论述。其中又主要研究两大问题：一是识别人才的原则和标准，二是识别人才的方法。《八观》中提出"智者，德之帅也"的才性观，《材能》篇将各种人才概括为"兼德、兼材、偏材"3类和清节家、法家、术家、国体、器能等12种专长的人才。《八观》篇提出了"八观"、"五视"鉴别人才法，强调任人用贤要做到名实相符。《人物志》

从理论上总结了西汉以来人物评品的成果,是我国流传下来的第一部系统研究人才的专著。这本书在1937年由美国学者季·凯·斯莱奥克译为《人类智能的研究》,在美国的东方学社出版,在国外产生了一定的影响。

"九品中正制"刚实行过程中,中正官全由士族豪门把控,评定人选多以门第为重,而不注重才能,成为阻碍寒门入仕的工具。"公门有公,卿门有卿"①,出现了"上品无寒门,下品无士族"②的状态,无数人才因此被埋没、扼杀,于是刘毅、段灼、熊运和葛洪等政治家、理论家兴起了以批判阀阅制度为中心的人才研究热潮。

葛洪是东晋官方道教理论和仪式的奠基人,著《抱朴子》,其中《贵贤》、《钦士》、《备阙》、《务正》、《审举》、《清鉴》、《行品》、《勖子》、《尚博》等篇重点研究人才,涉及范围广泛,例如人才的重要性、任用人才原则、推荐人才方法、人品分类、人才教育等。葛洪提出的推荐人才责任制、推荐人才必须通过考试及"以渐进用,不可顿任"等建议,至今仍有重要的价值。

总之,魏晋时期的人才研究,是针对察举制的腐败和九品中正制的危害,以才性、名实为议题展开的,在选举制度、评品人才标准和方法等问题的研究上,均有突破。

(四)唐代的人才研究

隋炀帝开始设置进士科,以试策取士。唐代正式把科举考试确立为重要制度,用以选拔人才。通过考试而不是举荐来入仕,给寒门弟子提供了博取功名的机会,不论出身如何,只要进士及第就可委派为官,"不数年,辄赫然显贵矣"③。科举制度的出现,也有利于国家选拔人才,促进了人才研究的发展。

唐太宗李世民高度重视人才问题,对人才问题有颇多研究,提出了系统的人才思想和政策。他强调人才的重要性,认为"为政之要,唯在得人,用非其才,必难致治"。他提出"以德行学识为本"的人才选拔标准以及"各取所长"的用人原则,对后世有深远的影响。

韩愈是唐中叶杰出的思想家、教育家。他针对中唐以来人才制度出现的

---

① 晋书·王沈传.
② 晋书·刘毅传.
③ [清]赵翼.陔余丛考·卷28 状元榜眼探花.石家庄:河北人民出版社,1990.

种种流弊，写了许多关于爱才、选才、用才、育才的文章。在其著名的《杂说四》中，韩愈以千里马与伯乐的关系说明识才者对人才的举抑作用，"世有伯乐，然后有千里马。千里马常有，而伯乐不常有"。在《进士策问三十首》中，他提出"其取舍进退，无择于亲疏远迩"的唯才是举主张。在《师说》中，他十分精辟地论述了学而成才、从师成才的规律。

与韩愈同时代的柳宗元更是一位具有批判主义精神的人才思想家。他在著名的《封建论》中，对封建政治体制与人才问题作了综合研究，对封建割据下的用人之弊进行了全面揭露。在《梓人传》中，他提出了"量度材"的人才管理思想。在《种树郭橐驼》中，他对成才规律进行了研究，提出了"顺木之天"的人才培养理论。

在唐代的人才研究中，值得一提的是，著名史学家刘知己对史学人才的专门研究。他在《史通》中深入研究了历史学人才的许多专门问题，例如《品藻》篇中论述了史才的内在素质及其功能，"史才须有三长……谓才也，学也，识也"。才、学、识三者，相互联系，相互作用，相互制约，缺一不能成功。这种史才素质结构论，同样适用于其他类型的人才，并成为后世"德、识、才、学、体"五要素人才素质结构形成的基础。

（五）两宋时期的人才研究

两宋时期，中国封建社会向后期转变，封建制度趋向保守，社会基本矛盾日益深化，民族矛盾异常突出。宋王朝在辽、西夏、金、元的入侵面前软弱无能。面对日益加深的政治危机，地主阶级内部出现了变法与反变法的斗争，在思想领域出现了理学与反理学的斗争，如何评价人才、选拔人才、使用人才、培养人才也成为斗争的重要内容，于是我国历史上兴起了第三次人才研究高潮。

在政争中代表新党的改革家王安石，为变法图强，首先开展了对人才的广泛研究，他在《上仁宗皇帝言事书》和《材论》、《进说》、《兴贤》、《委任》、《知心》等文中全面研究探讨了人才问题。其中堪称万言书的《上仁宗皇帝言事书》通篇论述人才问题，是我国古代最系统研究人才的"人才学"论文。他将人才教育、培养、选拔、使用、管理作为一个系统进行研究，提出了人才整体性开发的观点。文中说："夫教之、养之、取之、任之，有一非其道，则足以败乱天下之才。"王安石对每个环节都阐述了自己的独特见解，例如提出了"苟不可以为天下国家之用，则不教也"的教人之道；"饶之以财，约之以礼、裁之以法"的养人之道；"推荐、询众、察问、试事"的程序化的取人之道；"其德厚而才高者以为之长，德薄而才下者以为之佐属"的用人之道。因此，王安石开了人才整体性开发研究的先河。

在政争中代表守旧派的司马光，在《资治通鉴》和其他大量论著中，也注重对历代人才制度、人才思想的述评，并在讲述历史中熔铸了他本人的人才思想。他从反对王安石变法的立场上，强调"为政之要，在于用人"、"为治在得人，不在变法也"。[①] 他在《资治通鉴·周纪》中发表了关于德才关系的长篇史论，认为衡量人才的标准有两条：一是德，"正直中和之谓德"；二是才，"聪察强毅之谓才"。其中，德处于首位，"才者，德之资也，德者，才之帅也"。由此，司马光又将天下之人分成四种类型："才德全尽谓之圣人，才德兼亡谓之愚人，德胜才谓之君子，才胜德谓之小人。"根据以德统才原则，司马光主张"凡取人之术，苟不得圣人君子而与之，与其得小人，不若得愚人"。司马光的"才德论"将富于个性的才能之士排斥于殿堂之外，具有"重德主义"倾向。司马光在《论选举状》、《言御臣上殿札子》、《御臣》等文中，还对人才选举、升迁、考核、奖惩等问题进行了研究，提出了"至公至明"、信赏必罚的奖惩原则。

曾与司马光同朝的文学家秦观，为了向哲宗陈述自己的政治主张，撰写了著名的《策论》30篇，其中《任臣》、《朋党》、《人才》、《将帅》、《辨士》等主要研究人才问题。《人才》又是中国古代史上第一篇以"人才"为命题而写的策论。在这篇策论中，秦观从才能出发，把人分为成才、奇才、散才、不才四种，认为十全十美的"成才"是很难找到的，而虽有一些缺点但有超人之处的奇才却大有人在，因此秦观建议君主重用奇才。这种人才观既不同于正宗儒家的"重德主义"，又不同于法家的"重智主义"，而是一种素质与效能统一的现实主义人才观。这是继刘劭"三材"分类法之后的又一次重大突破。

在南宋，永康学派的代表人物陈亮，面对宋金议和，从"事功"出发研究人才，著有《龙川集》。他在《上孝宗皇帝第一书》中，针对苟安一隅、安

---

① 温国文正司马公文集·上皇太后疏.

坐待时的谬论，提出了"以用而见其能"的实践检验人才的观点，进而提出了建功立业的能者就是人才的人才概念说。他说："但有救时之志，除乱之功，则其所为虽不尽合义理，亦不妨为一世英雄。"这种以进步性、贡献性论人才的观点，是对理学家鼓吹的"中正仁义"为人杰、"充备盛德"为"圣人"的人才概念与标准的抨击。由于陈亮从反对性理空论、倡行事功出发研究人才，因此，他的人才思想表现出强烈的务实精神和社会责任心，体现着某种反思和批判精神。

由于两宋的人才研究及其思想争辩主要是由"义利—理欲"之辩引发的，因此，这个时期人才研究的中心问题是人才评价标准及评价方法。王安石和陈亮的致用和事功统一的人才评价标准、方法理论，给明清之际的经世致用人才思想的形成以很大的影响，但他们的人才思想大多缺乏理论深度，而偏重于政策性和实用性。

（六）明清之际的人才研究

明末清初是一个"天崩地裂"的时代，封建社会进入后期，各种社会矛盾日益激化，封建君主专制在政治上登峰造极，科举制度腐朽化，使其禁锢思想、摧残人才的固有弊端发展膨胀。正是在这样的历史条件下，产生了封建社会的"自我批评意识"，一批进步的思想家，如黄宗羲、顾炎武、王夫之等，从明王朝危机和覆亡的历史教训中，从清统治者利用程朱理学实行思想文化专制的严酷现实中，看到了"理学"、"科举制"和专制制度对人才造成的祸害，继而展开了对历史上人才思想和现实人才制度的反思、批判、总结，提出了具有启蒙因素的人才观点，中国传统人才思想开始转型。

黄宗羲的重要著作是《明夷待访录》。黄宗羲在这部著作里，对几千年封建制度下才为君用的定理进行了批判，提出了具有民主思想的才为天下所用、万民所用的观点；批判揭露了当时的科举之弊，提出了"取士八法"，主张把人才选拔与培养紧密结合起来，重视人才的实际才能，强调应采取多种方法、途径来选择人才，对人才严加考核。这是对历史上关于人才选拔各种成功经验的总结。

顾炎武的重要著作是《日知录》和《天下郡国利病书》。在《日知录》中，研究人才的有《人材》、《才》、《铨选之害》、《吏胥》、《选补》、《法制》、《守令》、《生员论》等篇，内容涉及人才的培养、选拔、识别、任用等，重点在大倡经世致用之学，批判科举制对人才的摧残，如说"八股之害，等于焚书；败坏人才，有甚于咸阳之郊，所坑者非但四百六十余人也"[①]。顾炎武主张人才要学经世实学，学以致用；要改革科举，用选举之法，广开才路。这种人才思想多少含有民主因素和改革人才制度的意味。

被近代学者称为中国古代最伟大的哲学家的王夫之，在《读四书大全》、《读通鉴论》等史著中，从哲学高度分别对育才与治国、教育与成才、性向与成才、实践与成才进行了理论研究，得出了许多具有哲理性的学术观点，例如指出了历史上许多王朝的败亡，败在"失其育才"。

二、近代人才开发观点和实践

中国近代是半殖民地半封建社会，在民族危亡、内忧外患的环境下，中国的人才研究有了新的发展。

龚自珍提出了"不才戮才"论。龚自珍是中国近代改革运动的先行者。治理衰世是其思想主题，人才思想是他判断衰世、治理衰世思想的重要组成部分。龚自珍一生都在阐发"不才戮才"思想，批判不重视人才、压制和迫害人才的现象。他以社会治理为标志观察社会的人才状况，又以社会的人才状况权衡社会治理水平；认为"天道"、"人事"都是变易的，"我劝天公重抖擞，不拘一格降人才"，应当"更法"、"改制"，破格选拔人才；认为治世、乱世、衰世"皆观之才"，"才"是人的智慧和主见。

魏源提出了更为切实的救亡主张，其中包括全新、开放的人才思想。魏源的"师夷"论，被看作中国近代人才思想的开篇。他从国家危难和切身体会中认识到，人才匮乏是造成国家落后的重要因素。熟读经书，懂得封建社会陈规，能够从王朝兴衰中寻找经验教训，作为培育、考核、评价治国人才的标准，这是应当放弃的陈旧做法。魏源在其《海国图治》中阐发了"师夷"论，以巨大的历史勇气提出"师夷长技以制夷"的论断。魏源坚信，只要勇敢地"师夷"，就会涌现出一代人才，就会"风气日开，智慧日出，方见东海之民，犹西海之民"。魏源还提出了一系列向西方学习的主张。

洋务派提出了"中学为体、西学为用"的理论。晚清洋务派官僚，以

---

① 日知录·卷16拟题．

"中学为体、西学为用"为指导思想,主张采用西方国家的军事装备和工业技术,以强化和巩固清王朝的统治。为此,他们兴办了一批近代军事工业和民用工业;编练了新式海军和陆军;创办了一些新式学校,翻译了一批西洋书籍;向海外派遣了一批留学生,培养了一些技术人才。洋务运动一定程度上促进了资本主义生产方式在中国的产生和发展,也促成了中国近代人员管理思想的形成。

"中学为体、西学为用",贯穿了"师夷"的思想,成为新的人才思想和人员管理思想。基于"自强"、"求富"的需要,洋务派十分重视培养掌握科学技术的人才。李鸿章认为,"造就人才,实为中国自强根本","目前当务之急"。"中学为体、西学为用"用于教育改革、科举改革和用人制度改革,一方面要求学生读"五经"、学律例,一方面又向学生灌输西方科学技术。在洋务派的推动下,清廷于1901年明令科举废除八股,改试策论,并要求在全国范围内设立初等、中等和高等学堂;1905年8月,清廷正式颁布"立停科举、以广学校"的政令。

洋务派提出了"游学"与"游历"的人才培育理论,这是实施中体西用论的重要手段。"游学"即后来所称的留学;"游历",则是指在职官员的出洋考察。20世纪初,中国出洋考察的人员带回了实用的外国先进技术,带回了西方民主思想,也造就了堪与西方国家进行经济、文化交流的人才。

戊戌改良派提出了"广智"论。戊戌维新是资产阶级性质的改良运动,代表人物有康有为、谭嗣同、严复等,他们在主张并推行君主立宪和发展工商业的同时,阐发了"广智"即"开发民智"的人员管理思想。康有为主张废除科举,广泛设立各级各类新式学校,大力培养各行各业的专门技术人才。梁启超把康有为的这种思想归纳为"以群为体、以变为用",提倡"广智",即"一曰开民智,二曰开绅智,三曰开官智……此三者乃一切之根本"。康有为在《大同书》中抨击了封建社会和资本主义社会的黑暗和罪恶,提出未来大同社会的唯一原则就是"人人平等,天下为公"。大同社会是"尚文"、"重工"的太平之世,"以开人智为主,最重学校"。

中国资产阶级民主主义思潮兴起于20世纪初,孙中山、章太炎等在反帝爱国观、民主共和观的影响下,提出了具有独特内容和特点的近代人才思想。他们认为,自由、平等是上天赋予每个人的权利。他们集中批判了封建纲常礼教，提倡个性解放、男女平等。秋瑾提出了妇女解放的思想，认为妇女应当受教育，求得自治的基础和自立的艺业，妇女必须组织起来。孙中山以民族主义、民权主义和民生主义为内容的"三民主义"，使西方资产阶级的自由、平等、博爱精神中国化，为近代中国的人员管理确立了新的思想基础。章太炎主张改革中国的封建教育，"废淫祠改书院"，培养人才；组织学会，团结维新人士；办报馆，广译外国书报，传播资产阶级思想文化，以"开民智"。

三、当代人才开发研究时期的观点和实践

20世纪初，中国近现代企业引进了一些资本主义的人才管理手段和方法，人事管理方面具有浓厚的封建传统经验和引进西方管理经验并举的特点。在近代中国史的前期，许多企业实行包工制度，由包工头与企业签订协议，领取包工费，由包工头招收工人、组织生产管理、发放工资、处分和解聘工人（也是现代人力资源管理外包的雏形）。近代中国的后期，一些企业派出留学人员，带回科学管理的制度和方法，或聘任外国人担任管理职务，或改造原有的管理制度，建立管理机构，制定规章制度。

抗战胜利后，垄断全国经济命脉的蒋宋孔陈四大资本在企业经营管理方式上有了较大的进步，更多地采用了资本主义色彩的雇佣劳动管理方式，包工头制度大都被改为直接考工制，并直接按工人的职责、工资级差、工作定额等发放工资；制定了较为严格的选用人员的标准和实施办法，吸收和培养了比较熟悉现代企业管理的知识分子参加企业运作；组织了统一的生产指挥系统，组织了工会。国家也颁布了"公司条例"等法律法规。但是，由于秘密收买工头和工贼当特务，使企业的人事管理、劳动管理有思想统制和行动统制的色彩。

新中国成立以后，我国人才政策在曲折中发展，经历了探索和完善的艰辛历程。新中国成立之初人民政府对旧社会过来的200多万知识分子实行"包下来"的方针，给绝大多数知识分子安排了适当的工作和职位，给许多知识分子代表人物以相应的社会政治地位，并采取了"团结、教育、改造"的知识分子政策。但是，受"左"倾思想的影响，直到改革开放以前，在知识分子阶级属性及与之相应的社会地位问题上，政策始终摇摆不定。随后又受

到"文化大革命"的影响,直到1978年全国科学大会上,邓小平郑重宣布知识分子的绝大多数已经是工人阶级的一部分,使党的知识分子政策重新回到了正确的轨道。在邓小平同志的倡导下,"尊重知识、尊重人才"成为我国人才工作的重要指导方针。党的十六大报告进一步将这一方针发展成为"尊重劳动,尊重知识,尊重人才,尊重创造",为新世纪人才工作的发展指明了方向。

1979年7月,贵州省科技情报所雷祯孝、蒲克两人撰写的《应当建立一门"人才学"》一文发表。接着,王通讯、雷祯孝两人连续在《人民教育》发表了四篇人才论文,其中《试论人才成功的内在因素》一文发表后,在全国引起了强烈的反响和共鸣,讨论非常热烈。随后,该文被上海《文汇报》转载,胡耀邦对这篇文章的批示是:"知识面宽,思想性深"。新华社为此发表了通稿指出:社会科学园地的一株新苗,人才学破土而出。全国学术界也由此把人才学作为一门独立的学科来建设,专门针对人才现象和规律进行广泛、深入的研究。于是,1979年人才学作为一门独立的现代学科在中国的科学园地破土而出。

人才学诞生后经历了曲折发展的道路。尽管如此,人才学毕竟是时代呼唤应运而生的新兴学科,具有强大的生命力。从总体上看,作为一门新兴学科,其发展速度是快的,成绩是显著的,开创了一条具有中国特色的研究人和人才问题之路。1992年,人才学被国家承认,作为三级学科列入《学科分类与代码》(中华人民共和国国家标准),学科代码:630.5520。在此以前,1988年国家教委科技管理中心编的"高等学校科技基金项目成果评审学科目录表",人才学作为两级学科,列在"社会学和其他新学科"之中,代码280701。1990年2月,《中国图书馆图书分类法》(第3版)中,人才学又作为一级学科,列入"社会科学总论"之中,编码为C-96。2011年12月29日,中华人民共和国国家标准第25号公告宣布:自2012年3月1日起,人才学升级为国家二级学科。

人才学创立30多年来,人才开发取得了很多成果,主要体现在下列几个方面。

(一)建立了人才研究群众学术团体和研究机构

1979年10月,在京召开的"庆祝国庆三十周年哲学社会科学学术讨论会"上，童大林、王梓坤、顾明远、潘懋元、方玄初、王通讯等与会专家学者发起成立全国性人才学研究会，敢峰（方玄初）同志任筹备组组长。1981年12月在沈阳召开的全国人才研究者代表会议上，中国人才研究会正式成立，挂靠在国家科委，王康同志任理事长。此后，除西藏自治区、台湾省外，均成立了省、市、自治区一级人才研究会（个别为筹委会）。在此同时，国家人事部设立了人才研究机构，全国曾有广东、广西、辽宁、内蒙古、山西、河南、四川等15个省、市、自治区建立了人才研究所，有些高校也建立了人才学研究机构，例如华东师范大学人才资源研究中心等。

（二）广泛地开展了学术活动

在中国人才研究会及前期筹备组领导下，仅1980年至1986年7月，全国性学术活动就召开了17次。主要有：1980年11月，在安徽合肥召开了"中国人才首届全国学术讨论会"；1981年11月，在江西南昌召开了"全国科技人才学术讨论会"；1983年1月，在京召开了第二届"人才研究学术讨论会"。在此会上，国防部部长张爱萍到会讲话，中共中央组织部副部长王照华对人才学的研究提出了具体要求，希望人才学研究者从人才的培养、选拔、使用等方面，为组织工作部门提供理论依据。当年3月，为纪念马克思逝世一百周年，中国人才研究会和江苏省人才研究会又在江苏南京联合召开了"马克思主义人才思想学术讨论会"；7月，"全国人才学理论研讨会"在哈尔滨召开，就人才学理论体系和教学大纲作了研讨。1984年，中国人才研究会先后召开了"全国经营管理人才研究学术讨论会"、"全国农村人才研究学术讨论会"；1985年，又召开了"西部人才开发研讨会"。20世纪80年代中期后，中国人才研究会还召开了"当代中国人才问题和企业人才开发"、"人才开发与市场经济"等研讨会。1988年，中国人才研究会人才学教学研究分会成立。该研究分会成立后，也曾先后组织召开了"第二届人才学教学大纲研讨会"（1989年）、"新形势下人才学教学工作研讨会"（1994年）、"跨世纪人才素质和培养研讨会"（1995年）、"邓小平人才教育理论研讨会"（1998年）、"人才学科建设研讨会"（2002年）、"人才学基础理论研讨会"（2003年）、"人才价值问题研究会"（2004年）等，对中国人才学学科建设起了积极的推进作用。

（三）人才学登上了大学讲台，已培养了若干批研究生

1980年，华东师范大学、上海交通大学率先把人才学推上大学讲台。据

不完全统计，1995年约有220多所高校开设人才学课程。从开课的系、专业来说，以管理类、政工类、师范类的系、专业为主体。课程名称因教学对象不同而有区别，有"普通人才学"、"政工人才学"、"教育人才学"、"管理人才学"、"科技人才学"、"军事人才学"、"农业人才学"、"人才管理学"、"人才心理学"、"人才思想史"等近20种课程；并具有多层次的特点：有大专、本科层次，有研究生层次，有干训和继续教育层次等。哈尔滨船舶工程学院、哈尔滨工业大学、华东师范大学、山西大学、西南师范大学、石油大学（华东）、河海大学、空军政治学院、国防大学、解放军西安政治学院等10余所大学先后招收人才学研究方向的硕士生，特别是解放军院校在部队政工专业内已招收军事人才学研究方向的博士生，已有多批博士生毕业并取得了博士学位。2012年3月1日，人才学升级为国家二级学科后，首都经济贸易大学依托国家重点学科——劳动经济学专业，成立了人才开发系，并在全国第一个成功申请了人才学方向的博士点和硕士点，招收了2012届全国首批人才学方向的硕士生和博士生。

（四）公开出版了一大批人才研究的论著和若干种人才期刊

1983年，中国人才研究会在哈尔滨召开了一次人才学学科理论体系讨论会，会后编写了由王康、王通讯主编，叶忠海等七位专家执笔的《人才学基础》（1987年），这本书是中国人才学重要学者集体智慧的结晶，代表了中国人才学20世纪80年代初的水平。1989年在上海召开了人才学教学大纲讨论会，1990年叶忠海主编的《普通人才学》出版，构建了由总论、人才成长过程、成材主体的创造实践和社会的人才开发4部分构成的理论体系。这是人才学的理论建构阶段。

据不完全统计，1995年公开出版的人才学著作有430种之多，2004年出版约700多种。其中，一般人才学著作（人才学基础理论著作）100多种，如《人才学通论》（王通讯）、《人才学概论》（叶忠海、陈子良、缪克成、杨永清）、《人才学概说》（彭文晋）、《人才学基础》（王康、王通讯主编）、《人才哲学》（刘翠兰主编）、《人才资源论》（夏子贵、罗洪铁主编）、《群体人才学》（李新生主编）、《现代人才学》（钟祖荣）、《普通人才学》（叶忠海主编）等；人才史学著作约50种，如《中国人才史》（李树喜等）；专门人才学著作约150种，如《科技人才教程》（于文远）、《领导人才学概论》（王元瑞）、《军事人才学引论》（裘克人主编）、《战略人才学》（赵心培）等；交叉人才学著作约100种，如《人才市场学概论》（赵永乐）、《人才经济学概论》（张彦等）、《人才地理学》（叶忠海）等；人才开发和管理著作约180种，如《人才管理学基本原理》（胡光伟）、《人才管理》（郑其绪等）、《人才潜能开发学》（王通讯）；工具书约10种等。近三年来，又出版了一批人才学著作。其中具有代表性的有：由徐颂陶、王通讯、叶忠海主编的《人才理论精粹与管理实务》、《王通讯人才论集》（5卷）、《替人才学》（杨敬东）、《人才学基础理论研究》（罗洪铁主编）、《人才评价》（郑其绪）等。目前公开发行的人才期刊主要有：《中国人才》（北京）、《人才开发》（上海）、《人才纵横》（广东）、《人才瞭望》（河南）、《国际人才交流》（北京）、《人事天地》（广西）、《人才管理》（江苏）等。

2010年的全国人才工作会议和国家第一个中长期人才发展规划确立了人才优先发展战略布局，这标志着我国人才发展进入了优先发展的新阶段，这是中国人才发展前所未有的战略机遇。长期以来，党和国家领导人高度重视人才工作，为进一步落实中组部部长李源潮"加强人才学科建设，加强人才学机构建设"的讲话精神，中组部成立了人才战略研究院。2012年8月，人民出版社、党建读物出版社联合推出《科学人才观丛书：科学人才观理论读本》，中组部成立了人才战略研究院，一个新的人才学研究热潮即将到来。为了全力拓展高校出版物，健全完善图书产品体系，提升集团产品档次，中国人力资源和社会保障出版集团与首都经济贸易大学劳动经济学院策划组织了第一套"高校人才学教材"。

（五）初步形成了人才学框架体系

人才学框架基本构成：①关于人才基本问题的研究，包括人才的概念、本质、要素、类型、结构、功能和价值等；②关于人才成长规律的研究，包括人才成长过程及阶段、人才成长的内外因素及其相互作用、个体人才成长规律、社会总体人才成长规律等；③人才的自我开发研究，即人才的创造实践研究，包括人才创造实践的战略设计和战术运用等；④人才的社会开发研究，包括人才的预测规划、教育培训、考核评价、选用配置、使用调控以及人才流动和市场等。概括地说，人才学是一门研究人才现象、揭示人才规律的新兴学科。

（六）人才学理论成果已广泛应用于社会主义现代化建设重大项目之中，走出了一条为经济社会发展服务之路

相关研究有："长江三峡工程管理模式和人才开发综合研究"（华东师范大学）、"青海油田人才资源开发战略研究"（山西大学等）、"新时期中国女领导人才成长和开发研究"（华东师范大学）、"江苏省学术技术带头人开发研究"（河海大学）、"三峡库区人才资源开发研究"（西南师范大学）、"上海市构筑国际人才资源高地研究"（上海市公共行政和人力资源研究所）等。

第二节 西方的人才开发[①]

一、天才理论对人才开发的研究

（一）高尔顿等早期专家的天才研究

西方的人才研究发端于高尔顿。高尔顿（F. Galton，1822—1911），达尔文的表弟，英国的统计学家、心理学家、优生学家。代表作有《遗传的天才》（Hereditary Genius，1869 年）、《人类才能及其发挥的研究》（1883 年）。他是遗传决定论者。

高尔顿对 1768 年至 1868 年间 977 个英国名人的家谱作了调查，他选了 9 种天才：法官、政治家、将官、文学家、科学家、诗人、音乐家、画家、神学家。研究发现，这些名人中的 89 个父亲、129 个儿子、114 个兄弟也很有名望（总计 332 人），因此，他认为名门望族的成才概率是 1/4，而老百姓的成才概率是 1/4 000。他还调查了 30 个有艺术才能的家庭，发现他们的子女 64% 也有艺术才能，而 150 个无艺术才能的家庭，子女只有 21% 有艺术才能。研究发现，艺术家的儿子成为天才的格外多。所以，他认为天才是遗传的。

他的观点引来不同的意见，其后有许多人研究、调查遗传和环境对成才的影响。

1905 年，英国心理学家康斯坦泊（Constable）在《贫穷与遗传的天才》（Poverty and Hereditary）一书中批评高尔顿。他认为，高尔顿所用的人才标准偏重于名望，如果这些天才没有给他们的儿子留下财富、禄位、声名，那

[①] 本节前三部分主要改编自：叶忠海. 人才学基本原理. 北京：蓝天出版社，2004.

么他们的儿子也就默默无闻了。因此,贫穷使很多人没有机会发展自己的才能,环境是重要的。另外,高尔顿所研究的文学家、艺术家中,贫穷者的比例很高,这是因为贫穷的人对人生观察比较客观、透彻。

意大利的生理心理学家克雷奇默(Kretschmer)在1931年发表的《天才的心理学》中,强调天才与遗传的关系,认为天才的产生是按照遗传的概率发展的。

美国心理学家卡特尔(J. MckCattell)在1915年研究了美国的974位科学家,发现他们父亲的职业属于专业类的占43%,属于农业类的占21%,属于商业和其他类的占35%。他们的祖先大多是英国人,8%是德国人,5%是其他人种。卡特尔认为科学成就是遗传和环境相互作用的结果。

美国学者沈费尔德(Schenfeld)对音乐天才进行了研究,其成果于1939年发表。他选了3组123人,第1组:37名闻名的钢琴家、提琴家、指挥家;第2组:36位首席音乐家;第3组:50名未成名的优秀年轻音乐家和歌唱家。有关材料大多由他们直接提供,少数由亲属提供。搜集的材料包括显露才华的年龄和方式、初次登台的年龄、亲属的音乐才能。调查发现他们很早就显露了才华。在亲属方面,大多数人的父母有音乐才能。在3组音乐天才中,若是父母都有音乐才能,则除了他(音乐天才)之外,其兄弟姐妹中有音乐才能的占70%;若父母一方面有,则其兄弟姐妹有音乐才能的占60%;若父母双方都没有,则只有15%的兄弟姐妹有音乐才能。所以,他认为音乐天才是遗传的,认为音乐性向需要的原始感觉是有生理基础的。当然,他也没有完全忽视环境的作用。

由于早期的研究,遗传与环境的影响,天才的特性(天才与疯狂、病态等关系)等问题成为后来学者关注和研究的课题。

(二)推孟的天才研究

刘易斯·推孟(L. M. Terman,1877—1956),美国著名心理学家和天才研究专家,斯坦福大学教授。他的两大贡献是修订比奈—西蒙量表,使之适合于美国人,另外,进行了长达30多年的天才儿童的追踪研究。他的代表作是《智力测量》(1916年)、《天才的发生学研究》(5卷,1926—1959年)。其他著作有:《小学生的智力》(1919年)、《性与人格》(1936年)、《智力测量》(与梅里尔合著,1937年)、《婚后幸福中的心理因素》(1938年)等。

推孟与其合作者出版了《天才的发生学研究》（Genetic Studies of Genius）共5卷。该研究1976年获美国心理学会卓越科研贡献奖。推孟的研究进一步强调了天才研究这一课题的重要性。他说："找出那些帮助或阻碍特殊才能充分发展的内部和外部因素，并测量这些因素影响的大小，肯定是我们时代的主要问题之一。这些问题并不是新问题；它们的存在已经被从柏拉图到高尔顿的无数人所承认。问题之所以新，是由于人们普遍意识到科学家、工程师、精神领袖、政治家、学者和教师的缺乏。""这些问题现在正以空前的规模、由新一代研究工作者在若干有关的领域进行研究。"[①] 推孟在天才研究的方法论上，开创了一个经典的研究范式，这就是追踪研究（即发生学研究方法）。美国学者艾伯特曾经高度评价这一方法，认为它是天才研究独特的方法论，只有通过追踪研究，我们才能真正发现人才成长的规律。推孟经过30多年的研究而形成的关于人才成长的理论，对于我们认识人才成长规律，按规律改革教育，造就大批人才，也很有价值。

当然，这一研究也有不足：被试者多是中产阶级子女，偏重于智商测试，对许多高创造力儿童重视不够。这些不足有其历史的局限性，在后来的许多研究（吉尔福特、伦朱利、坦伦鲍姆等）中已逐步得到克服。

（三）布鲁姆的英才研究

布鲁姆（Benjamin S. Bloom，1913— ），美国著名心理学家和教育学家。他1942年获得芝加哥大学博士学位。他出版了《教育评价》、《教育目标分类学》、《人类特性的稳定性和变异性》、《人类特性与学校学习》、《家庭环境和学校学习》等17本著作。

布鲁姆关于学校学习的研究得出的结论是：如果提供适宜的学习条件，那么，世界上任何一个人能够学会的东西，几乎所有的人都能够学会。也就是说，绝大多数人的学习潜能是相等的。基于这些研究结果，很自然地，他在研究中形成这样的推测或假设：在每个社会中必定存在一个非常大的可以利用的潜在才能的水塘，它或者被开发，或者被忽视，这在很大程度上取决于环境条件。所以，该研究的目的是弄清才能发展的过程以及家长、教师、其他人在才能发展中所起的作用。所指的才能是"指某一特定研究领域或兴

---

① ［美］利伯特. 发展心理学. 北京：人民教育出版社，1983：465.

趣领域的能力、成就或技能，它们在罕见的高水平上表现出来"。[1]

研究的方法是访问法（采访法）。他们在先导性研究（Polot studies）中曾阅读了著名数学家、音乐家、运动员、作家和科学家的传记，但发现"几乎没有得到什么有关发展过程的资料"，因为传记记录多是工作阶段的情况，而对于早年的情况很少记录，于是决定用访问法，让被研究者回忆。这些访问通常花2～3个小时，中间不休息，并且安排在被访问者认为方便的时候进行，如果还需要补充一些材料，稍后再通过电话约一次访问。访问的对象还包括英才的父母、主要的老师和教练，既有面晤，也有电话采访。对家长的访问也在1～2个小时。所有的访问都录了音。在访问前还拟定了主要的问题和话题，主要有：在早年他们有哪些特殊的特点；在才能发展的过程中家庭发挥了什么样的指导和支持作用；他们得到的教学和指导的类型与质量；给予的鼓励、奖励和社会环境的来源与类型；在发展中所花的自觉学习时间和努力的数量；才能发展的其他因素；他们形成习惯、兴趣和价值观的途径等。

（四）艾伯特的天才研究

艾伯特（Robert S. Albert）是美国加州克莱尔蒙特皮策学院的心理学家。他主编的《天才与杰出成就》一书1983年由英国的培格曼出版社出版，作为该社出版的"国际实验社会心理学丛书"的第5本。该书是一本文选，汇集了天才和创造性研究方面的经典研究成果，包括总论、天才、天赋、家庭对天才的影响、社会和教育对天才的影响、天才的个性特征、杰出成就者的个人动力和困难等7个专题。

艾伯特的主要观点是，天才研究是一个紧凑的研究领域。"形成了这样一个紧凑的研究领域，该领域集中研究杰出成就者以及有助于他们杰出成就的因素和经历。"[2]

艾伯特对天才研究这一领域的研究历史进行了回顾。他运用情报学的方法，对天才（人物）、天赋（能力）、创造性三方面的研究文献进行了统计分析。结果发现：第一，研究的兴趣呈现增强的趋势。1927—1965年被摘成文摘的上述三方面的论文共计1 126篇，其中只有20%发表于1927—1944年，80%发表于1945—1965年。第二，早期侧重于天才人物的研究，后期则侧重

---

[1] ［美］布鲁姆. 青少年潜能的开发. 昆明：云南教育出版社，1990：3.
[2] ［美］R. S. 艾伯特. 天才与杰出成就. 杭州：浙江人民出版社，1988：24.

于创造性的研究，这反映出人们天才观念的变化。第三，对以上三方面的研究，在内容和方法上各有侧重和不同。对天才人物的研究，集中在遗传学、健康—精神病理学、社会条件上，可以看出是要试图揭示天才的根源；对创造性的研究，则集中在含义与理论、社会条件、个性特征和动力上；对天赋才能的研究，集中在鉴别、教育与训练上，偏重于对天赋才能的发现与培养。这说明，天才研究的内容和方法都是综合的，具有跨学科的特点。

艾伯特是有意识地对天才研究进行集成、综合、定位的代表人物。他提出了天才研究这一领域，界定了研究的对象和内容；他对天才研究的历史进行了回顾分析，揭示了一系列的转变，包括词汇上、观念上、方法论上的变化；他给天才下了一个行为定义，对天才形成的诸多因素进行了长期的研究和分析，揭示了天才发展的规律；特别是他在研究方法上强调追踪研究、比较研究。所有这些，说明艾伯特对天才问题进行了比较系统深入的研究，对这一领域的综合集成发挥了积极作用。

（五）加德纳的杰出学研究

加德纳（H. Gardner, 1943—   ），出生于美国宾夕法尼亚州斯克兰顿市的一个德国难民家庭，是美国著名的心理学家和教育家。

加德纳的主要研究成果是多元智能理论。加德纳研究智能的方法比较独特。他并不是通过自己收集的实验数据来支持和检验他的理论，也不是在学生考试以及与考试分数相关的数据的基础上建立他的理论，而是通过搜索各种与智能有关的，如心理学进展和其他多门学科的文献，来确立有关多元智能的标准。加德纳吸取智能研究中的认知观点，注意到智能的不同表征方式，不同的智能具有不同的信息加工操作。每一种智能都有一种可识别的核心操作或操作系列，它们能对各种特定的信息进行处理，识别出这些核心操作，就可以证明不同种类的智能的存在。这代表着在信息加工论的影响下，智能研究发展的新趋势。

加德纳重视智能的生物学基础，看重千百年来人类对大脑的认识。他认为，不同智能的发展与人类进化及其他物种的进化有关，如果在进化史上能找到某种智能的踪迹，那么这种智能的存在就显得更为合理。而且，大脑中某部位的损伤会失去某种智能，但不影响其他智能的事实，是可以将各种不同智能区分开的有力证明。异常个体在某些智能上超常，而在另一些智能上缺失，也从另一方面提供了智能相对独立的证据。加德纳还关注各种不同文化背景下的角色和技能的种类，注意到智能行为受文化背景的限制。

通过大量研究，加德纳于1983年出版了《智能的结构》一书，正式提出了多元智能理论。这本书也是伯纳德基金会赞助这个研究项目所出版的第一部著作。这本书的英文版"以一只勇敢地直视读者的眼睛为封面图案，有红、白、橙、黑各种颜色的版本，被陈列在许多书店的橱窗里"[①]。

加德纳提出应该创建"杰出学"。他说，这门学问是存在的，是一门刚刚开始的学科。他认为在人类科学中对杰出人物的研究还很不够。"我深信杰出者——或者杰出者群体——本身是非常吸引人的，而人类科学的构架却没有给他们以足够的重视。"[②]

加德纳简要回顾了关于杰出人物研究的情况，这其中既有个案的研究，也有寻求共性的规律性的研究（比如西蒙顿的研究）。加德纳自己所用的方法是个案研究，他把杰出人物分成若干类型，每个类型选择一个典型进行分析。加德纳主要借鉴了塞克泽恩米哈伊的系统理论，认为观察杰出人物要看三个要素：一是他自身，他的才智和理想等；二是他所选择的特定工作领域或者方式；三是环境，这里环境是指对他的工作给予评价的人和机构。也就是说，"只有当我们把一个人放到他工作的领域中观察，同时参照他的工作所获得的评价时，我们才可能确定他的贡献是杰出的（或者不是杰出的）"[③]。加德纳进一步说，每个人都必须发展与他自己、知识领域、他人之间的关系。根据这些观察点和需要发展的关系，他把杰出人物进行了分类。

加德纳通过研究提出了成功的三大要素：沉思、发挥和调整。

沉思，就是参照更长远的目标对日常生活进行规律性的、有意识的思考，努力理解生活中究竟发生了什么，意味着什么。弗洛伊德年轻的时候就不断思考自己的愿望；伍尔夫通过对话和书面的形式对生存的各个方面进行思考，她的日记、小说和信件都是沉思的范本；甘地每天都要散步和思考。一个人不仅要对自己的工作进行思考，还要了解与自己工作有关的那些人，家人、朋友、同辈以及那些对自己的作品进行评判的人。

---

① [美]加德纳. 多元智能. 沈致隆，译. 北京：新华出版社，1999：10.
② [美]加德纳. 杰出的头脑. 乐文卿，等译. 北京：中国文联出版社，2000：22.
③ [美]加德纳. 杰出的头脑. 乐文卿，等译. 北京：中国文联出版社，2000：11.

发挥，就是发挥自己的长处，忽视自己的弱势，清楚地认识自己的特点并积极地利用它们。我们每个人都可能在一个或几个方面与众不同，同时也有我们的缺陷，杰出者也是如此，关键是扬长避短。弗洛伊德发挥了自己语言能力和了解他人能力上的优势，而避免了空间思维上的缺陷。其他人也如此。

调整，就是正确对待自己遭受的失败和挫折，并把它转化为竞争中的优势。每个人每天都会遇到顺利或者不顺利的事情，重要的是从中获得经验和教训，并指导后面的生活。如果一个人经常思考自己的经历，长期的积累会使他获得重大的教益。人们通过这样的思考和调整，获得进一步前进的动力。

加德纳关于杰出者的思考对人才研究很有启发。特别是他根据人与领域的关系、与他人的关系和与自己的关系来思考杰出者的类型，在方法论上有一定的新意。

二、成功学对人才开发的研究

成功学源于企业界和其他方面成功人士的成功经验及其研究。它偏重于成功的心理和方法，更注重操作性、激励性、实用性。因此，除了研究成功规律之外，成功学家非常重视培训，普及成功学的知识和方法。其代表人物主要有卡耐基、希尔、盖洛普等。

（一）拿破仑·希尔的成功学研究

拿破仑·希尔（Napleon Hill，1883—1970），美国著名的成功学家。1883年生于弗吉尼亚州，出身贫寒。1908年，当希尔为一家杂志社工作并上大学时，他被指定去采访钢铁大王、哲学家卡耐基。卡耐基请他到家里做客。在为期3天的采访中，他们讨论了许多哲学问题，卡耐基用简单明了的语言表述了一些重要的原则以及如何把这些原则应用到生活中，对希尔很有启发。卡耐基还向希尔提出一个建议，希望他去研究美国成功人士的成功哲学，希尔接受了这个建议。卡耐基写信把希尔介绍给当时美国的卓越人士，并给予一定的经费支持。这样，希尔在随后的20年中，访问了500多位成功人士，包括美国总统罗斯福、发明家爱迪生、企业家洛克菲勒等。1928年，他完成了8卷本的《成功规律》，总结了成功人士的成功之道。希尔等人还办学习班、函授班，做演讲，宣传书中总结的成功原则。

希尔把成功学的内容归纳为17条成功原则,这就是:积极的心态,确定的目的,多走些路,正确的思考,自我控制,集体心理,应用信心,令人愉快的个性,个人的首创精神,热情,集中注意力,协作精神,总结经验教训,创造性的见识,预算时间和金钱,保持身心健康,应用普遍规律的力量。在书中,他通过一系列故事和哲理性的语言来阐述这些原则。

希尔还根据这些原则,编制了"成功商调查表",共计75道题,通过回答是与否,可以计算自己的成功商。了解自己的状况后,可以通过反复阅读这本书,理解成功的原则,并加以思考,付诸行动,提高成功商,走向成功。

(二) 小盖洛普的成功学研究

小盖洛普是美国著名的盖洛普民意调查组织的创始人乔治·盖洛普之子。他在为父亲写传记时产生了写成功学著作的想法。于是,他以马奎斯的《美国名人录》为选取成功者的主要材料来源,以调查为主要方法,对美国各个领域的成功人士进行调查研究。他不仅与成功者进行了上千小时的交谈,还通过调查问卷获得了大量的数据,来说明成功的规律。这些研究成果就反映在1986年伊尔文出版社出版的《美国名人成功秘密》一书中。

小盖洛普成功学的主要观点是:对成功的标志,有三种不同的理解,有的强调外在的客观的标志,诸如职位、成就、社会认可等;有的强调内在的感受,如满意感、幸福感、尽责感等;还有一种则是把外在的和内在的统一起来。调查的排序是:健康的体魄,占58%;有乐趣的工作,占49%;幸福的家庭,占45%;良好的教育,占39%;心情的平静,占34%;有好朋友,占25%;其他物质方面的因素。

大多数成功者得到了物质上和精神上的报偿,但同样的,他们更看重的是精神方面的报偿。打9分或10分的项目是:自我价值感和自尊,占80%;周围人的尊敬,占58%;能够对社会有所贡献,占56%;配偶的赞许,占46%;父母的赞许,占22%;公众的尊敬,占14%。

成功的环境因素:首先,家庭环境的影响最重要。其次,在学校的经历。最后,在工作方面,他们大都有合适的职业,为他们的成功创造了良好的条件。2/3的人在早年就确定了自己职业和生活的目标。

成功的12种特性:常识,本行业的专业知识,自力更生(目标和意志力),全面的智力,完成工作的能力,领导能力,辨别是非的能力,发明创造的能力,自信心,口头表达能力,关心他人,运气。在这 12 项特征中,突出了各种知识和能力的重要性。

在时间利用这一部分,调查发现,成功者长时间地工作;10 人中有 6 人参加自愿性活动;10 人中有 7 人目前正在读书;10 人中有 8 人加入俱乐部和组织。这说明成功者是靠勤奋成功的,也说明他们充分地利用了时间,11% 的人 1 天中没有看电视的时间,43% 的人每天看电视在 2 小时以内、28% 的人在 2~3 小时。

三、社会学的人才开发研究

社会学的人才研究,一是研究人才成长的社会环境条件,二是研究人才的社会化、社会分层、社会作用和社会影响等社会学的问题。这其中,科学社会学、创造性社会心理学与人才研究的关系更为密切。

(一)朱克曼的科学社会学研究

朱克曼(H. Zuckerman),哥伦比亚大学的社会学副教授。她对 1901—1972 年在美国的 92 位诺贝尔奖奖金获得者的生平进行了社会学的研究,于 1977 年出版了《科学界的精英:美国的诺贝尔奖奖金获得者》(美国自由出版社)一书。

朱克曼的主要成果和观点:

1. 科学界的社会分层与优势累积

朱克曼主要是从科学界的社会分层这一理论出发进行研究的。所谓科学界的社会分层,是根据科学家在某个知识领域中所作出的贡献的大小来划分的。她通过一组统计数字描述了美国科学界社会分层的金字塔现象,如图 3—1 所示。

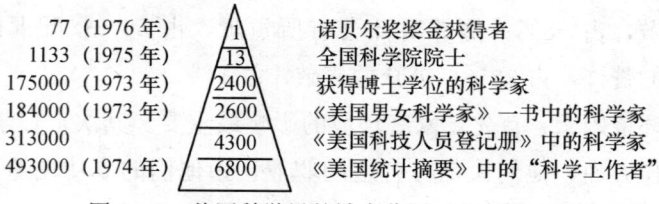

图 3—1 美国科学界的社会分层(金字塔)图

科学界之所以会出现社会分层的金字塔现象,主要是科学家才能的大小和外部有利条件的分配的不同,是优势累积或马太效应的结果。朱克曼说:

"在科学领域里,当某些个人或团体一再获得有利条件和奖励时,优势就累积起来。这些有利条件和奖励使获得者越来越快地成长,相反地却使未能获得者(相对地说)越来越贫乏。无论按照什么标准来分配有利条件和奖励,不管是根据天赋还是根据才能,这一过程促使了精英的形成而且最终产生了等级森严的分层制度。"①

2. 诺贝尔奖奖金获得者形成的外部条件和优势累积过程

就获奖者的出身而言,他们父亲的职业有54%是专业人员,28%是经理和企业主。这反映的并非是家庭富裕,而是有良好的教育环境。就宗教出身而言,71位获奖者中有72%是耶稣教徒。犹太人在获奖者中占27%。

就获奖者的教育背景而言,71位获奖者中有55%出自10所著名的学校。这种集中于名牌学校的现象更多的是由于社会经济出身的影响,社会出身影响着进入大学特别是名牌大学的机会。47位出身于专业人员、经理层的人中有68%进入了15所名牌学校;而24位出身较低的获奖者只有42%进入这些学校。74位获奖者获得了美国的博士学位,他们都是在21所学校受的教育,而且他们中的55%是在5所名牌大学获得博士学位的。这5所最著名的学校是哈佛大学、哥伦比亚大学、加州大学伯克利分校、霍普金斯大学、普林斯顿大学。这些获奖者获得学位的平均年龄是24.8岁。

就师徒关系而言,在美国进行获奖研究的92位获奖者中,有一半以上(48人)曾经在前辈诺贝尔奖奖金获得者的手下当过学生、博士后研究员或者低级合作者。"获奖人之间的承袭关系可以看成是有前途的年轻科学家和他们可能的师傅之间相互追求的结果"②。

这种师徒关系促进了科学界精英的社会化过程,这种社会化比一般的教育和训练范围更广泛,涉及熟悉成就标准、科学规范、思想和工作方法、科学修养、自信心等。此外,师傅还发挥推荐的作用,为未来的获奖者提供机会、创造条件,这对获奖者来说无疑是很有意义的。杰出的推荐者不仅由于他们的权力和影响而更有条件来照顾他们的徒弟,而且还能够提高徒弟们的声望。

3. 获奖研究的创造过程分析以及获奖的社会影响

---

① [美]朱克曼. 科学界的精英. 北京:商务印书馆,1979:85~86.
② [美]朱克曼. 科学界的精英. 北京:商务印书馆,1979:150.

未来获奖者在20多岁的时候,平均发表了13篇论文,比一般科学家要多得多,这种早期的成就为他们的优势累积奠定了基础。他们最初的职位,有69%的人是在13所名牌大学,22%在其他美国大学,9%在非学术性机构;而对比样例的科学家中只有35%是在13所名牌大学。

他们从事获奖研究的平均年龄是39.2岁,其中,物理学是36.8岁,化学是39.4岁,生理学或医学是41.1岁。

他们从事获奖研究的地点也是高度集中的。在美国上千所大学和研究机构中,全部获奖之作出于30个机构中,92位获奖者中有一半多是在6个最著名的机构中进行研究的,这就是哈佛大学、哥伦比亚大学、加州大学伯克利分校、洛克菲勒大学、芝加哥大学、华盛顿大学。

(二)西蒙顿的创造性社会心理学研究

西蒙顿(D. K. Simonton,1948—),美国社会心理学家,哈佛大学哲学博士。西蒙顿的主要贡献是从社会心理学的角度研究天才和创造性。早在1974年他就提出了创造性社会心理学这样一个新的学科,运用历史计量学的方法对历史上各个时期的人才进行了定量研究,就社会文化环境对创造性和天才的影响的问题提出一系列看法和观点,促进了这一领域知识的发展,在创造性研究领域占有重要的地位。

西蒙顿主要的研究成果和观点:

1. 外部因素在人才成长不同阶段的影响不同

西蒙顿把创造人才的成长分为两个阶段:一是发展阶段,或叫创造潜能的发展阶段,是指青少年时代;一是创造阶段,即创造能力发挥的阶段,或工作阶段。西蒙顿通过研究认为,"最有意义的发现之一是,发展阶段的影响,远远比创造阶段的影响来得重要。换言之,外部事件常常关键性地影响着创造潜能的发展,而创造能力实际上可以免受这类影响"[①]。也就是说,成年人的创造性一旦形成,就不为各种外部的因素所干扰。

2. 正规教育的影响

西蒙顿认为,已获得的杰出成就部分地是正规教育程度的函数。对创造者来说,杰出成就是正规教育的倒U形函数。正规教育可以将创造性提高到

---

① 原载:西蒙顿. 历史和杰出人物. 天才儿童季刊,1978,22. 转引自:艾伯特. 天才与杰出成就. 杭州:浙江人民出版社,1988:315.

某一点，然后，它就产生负的影响，也就是说，过高的正规教育，会使人受传统观点的影响和禁锢，从而限制人的创造性的发展。另外，政治家、军事家、宗教家的成就与他们的正规教育呈现负的关系。

3. 角色示范的影响

西蒙顿的研究表明，其一代人中的创造人才数，是前一代创造人才数的函数。一般来说，一位天才在其发展阶段可以仿效的创造人才越多，他的创造潜能增长也就越快。这主要是通过早慧机制发挥作用的。也就是说，可以仿效的创造人才越多，少年天才就越早地开始其创造性研究，于是提高了他的创造能力并使之长期保持，反过来又提高了成就的水平。但是，第一，角色示范的作用因学科不同而有差异，对音乐的影响大，而对科学或文学的影响小。第二，过度的角色示范，会妨碍人成为更高层次的人才，思想容易被禁锢。第三，长期的模仿，会妨碍创造性的发展。年轻人模仿是可以接受的，但在成熟以后还这样做，就会有害于创造性。

4. 时代精神的影响

西蒙顿通过对西方历史上2012位思想家的多变量研究，认为思想家并非超前于或者代表时代精神，最杰出的哲学家既不是占主导的信仰和同代人的缩影，也不是下一代人的时代精神的先驱，他们常常落在时代的后面。也就是说，最著名的思想家都是集大成者，他们继承了前人的思想成就，并把它们组成一个哲学体系，他们只是发挥在他们发展阶段就已经接触到的思想。他们在最低限度上代表时代的精神和将来的理性趋势。

5. 政治分裂的影响

西蒙顿认为，政治分裂对创造性发展有积极的影响，这是因为政治分裂暗示着众多的文化差异，而文化差异常常促进创造潜能的发展，促进求异思维、遥远联想、认识的广度等。而且政治分裂对创造性发展的影响，要显著大于对创造能力（成年人已形成的创造性）的影响。政治分裂还通过思想和哲学的多元化而促进创造性的发展。

6. 战争的影响

西蒙顿研究认为，战争与政治分裂不同，它妨碍创造性的发展。

7. 国内动乱的影响

国内动乱是指民众造反、叛乱和革命等政治事件，这些事件对创造性的发展具有很大的积极影响。西方历史上杰出的创造人才,最有可能生长在造反、叛乱和革命的时代,尤其是将矛头指向帝国的动乱时代,因为这些动乱增加了某个特定文明中的文化差异。

8. 政治不稳定的影响

西蒙顿有两项研究得出的观点是一致的。一项是对西方文明中500位杰出创造人才的研究,发现他们较少生长于政治不稳定的时代。另外一项对2012位思想家的研究,也发现大多数思想家不倾向于生长在政治不稳定的时代。所以,诸如武装叛变、军事叛乱、朝廷倾轧、政治谋杀、统治者的尔虞我诈等政治不稳定因素,都有害于创造性的发展,既减少创造者的人数,也降低那些在恶劣环境中苟存的创造人才的质量。

综合这些研究,西蒙顿认为,天才成长有三个关键性的因素,即角色示范、文化差异、哲学信仰。他说:"历史上的'黄金时代'可以为少年天才提供一些必不可少的角色示范、文化差异和为创造性潜能的发展提供所必需的哲学信仰。然后,只有到了成年,并且在没有很多的禁锢或者来自外部事件的干预这种情况下,这种潜能才得以实现。"[1]

关于人才的社会作用的其他三项社会学研究:

1. 卡莱尔关于"英雄"的思想

卡莱尔(Thomas Calyle)在《英雄与英雄崇拜》(1840年)中说:"世界的历史,人类在这个世界上已完成的历史,归根到底是世界上耕耘过的伟人们的历史。""整个世界历史的灵魂就是这些伟人的历史。"[2] 他在书中选择了西方历史上的6类英雄进行分析,这就是神灵英雄、先知英雄、诗人英雄、教士英雄、文人英雄和君王英雄。

2. 伍德对"帝王"的研究

美国学者亚当·伍德(Frederick Adams Wood)著有《帝王的影响》(1913年)一书,他的著作"把锐利的眼光、耐性的列举和荒唐的夸张三者合而为一"。他详细研究了西欧从11世纪到法国大革命时期的386位君主,涉及法、英、葡、俄、普、尼德兰、瑞典、丹、奥、苏格兰、土耳其等国,他

---

[1] 原载:西蒙顿. 历史和杰出人物. 天才儿童季刊,1978,22. 转引自:艾伯特. 天才与杰出成就. 杭州:浙江人民出版社,1988:323.

[2] [英]卡莱尔. 英雄和英雄崇拜. 香港:三联书店,1988:1.

还制作了一张各个帝王统治时期国内情况的对照表,然后,他把统治者的个人品质和性格与他们国家的情况作比较。他把品质分为三类——强有力的、软弱的、普通的,用+、-、±表示,国内情况分三种——繁荣光景、衰落光景、两者不明显,也用+、-、±表示。通过比较得出结论:两者相互作用的系数"约0.60或0.70,而可能的误差为0.05左右"。两两相符的占70%,两两相反的(+帝王处于-时)占10%,两两相左的占20%。因此,他得出结论:"帝王们影响欧洲的历史十分巨大。"①

3. 帕雷托关于"精英"的思想

帕雷托(Viltredo Pareto)在《普通社会学》一书中提出了"精英"概念。所谓精英是指在社会的各个领域得分最高的人。他把精英分为统治精英和非统治精英,并认为当统治精英取得统治地位后,为了维护其统治,仅仅从本阶级内部选拔精英,而忽视对国民的关心,因而非精英的反抗就会加剧,最后统治者不得不从非精英(下层)中输入精英,这样旧精英衰落,而新精英崛起。因此,他认为,社会文明就是随精英的兴亡而循环运动的。②

以上几种观点都认为历史是英雄人物的历史,历史是英雄们的创造,其他人只不过是享受他们创造的恩惠。这种观点极力推崇英雄人物,夸大了他们的社会历史作用。

四、经济学对人才开发的研究

国外经济学界研究人才开发的出发点是把人才作为一种重要的经济资源,即人力资源来研究,主要是对人力资源的构成、配置、使用、人力资本投资及其效率、人力资本的贡献等问题进行研究。著名的古典学派代表亚当·斯密(Adam Smith),在其1776年出版的《国富论》(The Wealth of Nations)中提出了初步的人力资本概念。斯密把资本划分为固定资本和流动资本,固定资本中就包含"社会上一切人学到的有用才能"。斯密将人们通过学习获得知识这种人才开发行为当作是一种固定资本,是能够得到回报的投入。加里·S. 贝克尔则主要从微观视角进行分析。贝克尔在《人力资本》一书中,分析了正规教育的成本和收益问题,还重点讨论了在职培训的经济意义,也

---

① [美]胡克. 历史中的英雄. 上海:上海人民出版社,1964:28~31.
② [意]帕累托. 精英的兴衰. 上海:上海人民出版社,2003:14.

研究了人力资本投资与个人收入分配的关系。[1]

舒尔茨的人力资本理论是影响最大的资本视角人才研究理论。舒尔茨认为，人力资本体现在人身上，表现为人的知识、技能、资历、经验和熟练程度，即人的能力和素质。人的能力和素质是通过人力投资获得的。人力资本也就是对人力的投资而形成的资本。就货币形态来说，表现为提高人力的各项开支。具体包括四类：健康投资（影响预期寿命、体力和耐力、精力和活力等的开支）、教育投资（正规的初等、中等和高等教育）、培训投资（成人教育和培训）、流动投资（个人和家庭为了适应不断变化的就业机会而迁移的费用）。"我们称为消费的大部分内容构成了人力资本投资"[2]。他对经济学中对人力投资避讳的现象作了分析，那种观点认为，把人视为可以通过投资来增加的财富与传统的道德准则相违背。他也提到经济学中少数把人力看成资本的先驱，例如斯密、杜能、马歇尔，但古典经济学更多地使用没有多大差异的劳动力概念，这就难以解释经济的增长，而一旦把人力投资考虑进来，经济增长的许多问题就迎刃而解了。

人力资本的收益率高，在经济发展中是关键性的因素。他分析，在1900—1956年，人力资本上升了近8.5倍，而物质资本只增加了4.5倍，人力资本增长的速度很快。他认为，人力资本的增长是我们经济体制的最显著特征。"没有人力资本增长，就只会有艰苦的体力劳动和贫穷"[3]。

人力资本对经济增长作用的宏微观实证研究的特点是引进研究模型，代表性的如宇泽（1965）、卢卡斯（1988）、阿罗（1962）、罗默（1986、1990）模型等。一般认为，最早的人力资本增长模型是宇泽模型。宇泽模型中，假定社会资源以一定的比例配置到教育部门，教育部门的生产函数具有规模报酬不变的性质，然后教育部门通过其对生产部门技术水平的影响来间接影响产出。卢卡斯模型是在宇泽两部门模型基础上的发展，其中人力资本被定义为平均人力资本水平，除了引入人力资本的外溢效应外，总的方法与宇泽模型基本一致。阿罗模型中知识水平被作为物质资本数量的函数，该模型认为随着物质资本投资的增加，"干中学"会导致人力资本水平相应的提高，但由

---

[1] 秦伟平. 浅议人力资本理论及其发展. 经济研究导刊，2006（6）.
[2] 舒尔茨. 人力资本投资. 北京：商务印书馆，1990：22.
[3] 舒尔茨. 人力资本投资. 北京：商务印书馆，1990：39.

于定义了物质资本的增加只能导致递减的知识增加，因此，该模型并不能超越新古典模型得出的关于经济增长受制于外生人口数量这样的结论。后来的罗默模型在此基础上修正了物质资本数量与知识水平之间的关系，从而得出了令人满意的结论。①

五、管理学对人才开发的研究

管理学研究人才开发的视角与经济学的资本、资源研究视角不同，管理学注重研究组织中有价值的人才开发的具体方法与实践操作。

国外管理学对人才开发的管理研究分为3个阶段。第一阶段是人事管理阶段。在这一阶段（20世纪初至20世纪50年代）人事管理渐渐成型，逐步成为公司的一个职能部门和管理的支持系统。其管理的职能范围逐步扩展，不再仅仅是负责福利工作，还包括人员招聘、基础培训、工资管理和劳资关系处理等。学者代表可追溯到"科学管理之父"泰勒和法约尔。正是两者的杰出研究，才使后来的学者从一般的科学管理理论中发展出"人本管理"理论，其中的"专才管理"就是人才管理。第二阶段是人力资源管理阶段。从20世纪50年代开始，人事管理演变到人力资源管理。第三阶段是战略人力资源管理阶段。从20世纪80年代开始，由于知识经济的兴起和经济的全球化、国际化，战略人力资源管理（SHRM）成为新的人才开发趋势。

（一）人事管理阶段的人才开发

人事管理阶段影响最大的管理专家有亚当·斯密、罗伯特·欧文、查尔斯·巴贝奇、弗雷德里克·泰罗、雨果·芒斯特伯格等。

亚当·斯密在《国民财富的性质和原因研究》（《国富论》）中论述了人事管理问题，提出工厂专业化分工的必要性，也看到了劳动分工的弊端。他认为，人的本性是懒惰的，必须加以鞭策；人的行为动机源于经济诱因，必须以计划、组织、控制等管理制度来约束，并以金钱和权力的力量维持其效力与服从。他具体分析了劳动分工的三个优点：第一，每个劳动者的技巧因专业化而有所提高，劳动分工可以使工人重复完成单项操作，从而提高劳动熟练程度和劳动生产率；第二，由一种工作转到另一种工作，通常损失不少

---

① 莫志宏. 人力资本的经济学分析. 北京：中国社会科学院博士论文，2002.

时间，有了分工就可以免除这种损失；第三，劳动分工可以使劳动简化，使劳动者的注意力集中在一种特定对象上，有利于创造新工具和改进设备，许多简化劳动和节省劳动的机器的发明，使一个人能够做许多人的工作。

罗伯特·欧文是19世纪初的实业家之一，是一位杰出的管理先驱者，也是一位成功的企业家和经理，被称为"人事管理的创始人"。欧文认为，人是自然的造物，而人们的行为则是所受待遇的反映。在生产中要重视人的因素，他坚信，雇主与团体理应为发掘人们的天资而更加努力工作，理应取消那些有碍天资充分发挥的做法。为了检查"不良表现"，他还创建了最早的工作绩效考核系统。要缩短劳动时间，提高工资，改善工人住宅，欧文所实施的这种重视人的作用和尊重人的地位的人事管理办法，使工厂获得了更多的利润。在劳动分工的基础上对每个工人的工作职责进行界定，实行具有激励性的工资制度，推行职工福利制度，对工人的工作业绩进行考核等，这些人事管理思想基本上以经验为主，并没有形成科学的理论，是人事管理理论的雏形。

巴贝奇是英国数学家和机械学家，曾任剑桥大学教授。他特别注重劳动分工，并指导主管人员搞好设施、原材料与劳动力的使用管理以取得最好成果。他断言，在新式工厂里工人和工厂之间有一种相互依存的利益；他主张实行一种分红制度，使那些对提高生产率有贡献的工人分得一部分利润；主张工人应当根据其工作性质获得一份固定的收入，外加一份利润，再加上一份由于提出建议而可能提高生产率的合理化建议奖。巴贝奇最大的贡献是提出按专业分工和生产率的高低来支付报酬的观点，是现代薪酬制度的最早设计者。

泰罗是对企业管理学界影响最深的人之一，曾被称为"科学管理之父"。19世纪末至20世纪初，由弗雷德里克·泰罗（Frederick W. Taylor）倡导和推动的科学管理运动，被认为是现代管理诞生的标志。当代著名管理学家彼得·德鲁克（Peter F. Drucker）将泰罗视为20世纪人类社会最有影响的代表人物之一。科学管理运动的最大成就是，它解决了体力工作的生产率管理问题，使得劳动生产率提高了50倍[1]。

泰罗是一位工程师，他在米德瓦尔钢铁公司、伯利恒钢铁公司工作期间，

---

[1] Peter Drucker. Knowledge Work Productivity. The Biggest Challenge. California Management Review, 1999, 41 (2).

进行了工作时间的研究,总结出一些管理原理及方法,并综合前人一系列管理思想,将它们系统化,形成了"科学管理"理论。他的主要著作有《计件工资制》《车间管理》《科学管理原理》等,泰罗的科学管理是从"动作与时间"试验研究开始的。通过试验研究,制定标准的劳动定额和操作方法,把定额置于科学测定的基础上,并把工人的劳动报酬与完成定额情况联系起来——差别计件工资制。他的这套理论和方法,推动了资本主义经济发展,被称作"泰罗制"并被广泛推广。其科学管理的原理和实践的主要内容可概括为以下五点[1]:

(1) 对工人的每一个操作要素,运用秒表等工具开发出科学方法,替代凭经验的劳动方法;

(2) 科学地挑选工人,一定的工作内容需要有合适的人与之匹配,并对他们进行培训,使之拥有工作所需要的技能;

(3) 用科学方法制定出合理的工作标准,包括数量、质量和程序标准,齐心协力地按照这些科学原则去做;

(4) 将管理工作从生产过程中分离出来,成为一种独立的职能;

(5) 建立了以生产绩效为基础的计件工资系统。

埃尔顿·梅奥进行了著名的霍桑试验。20世纪20年代末到50年代是人际关系时期,开始了重视人的因素的时代,这是西方管理思想发展史上的里程碑。美国心理学家和管理学家、哈佛大学教授埃尔顿·梅奥和他的助手于1927年到1932年在美国霍桑工厂进行了一系列试验,即著名的霍桑试验,引发了人们对科学管理思想的反思,挑战了将员工视为"经济人"的假设,开启了人事管理发展的新阶段。注重员工关系管理,设置专门的培训主管,强调对员工的关心和理解,增强员工和管理者之间的沟通等人事管理新方法被很多企业采用。人事管理人员负责设计和实施这些方案,人事管理的职能被极大地丰富了。霍桑试验的初衷是为了研究工作条件对生产效率的影响,寻求提高生产效率的途径,结果却发现了人际关系在提高劳动生产率中的重要性。泰勒认为企业是一个技术经济系统,而霍桑试验的结果却表明企业是一个社会系统。霍桑试验的研究结果启发人们进一步研究与工作有关的社会因

---

[1] Frederick W. Taylor. The Principles of Scientific Management. NewYork: Harper & Row, 1911.

素的作用。这些研究的结果导致了人际关系运动,它强调组织要理解员工的需要,采用合适的方法进行管理,让员工满意并提高生产效率。

雨果·芒斯特伯格,侨居美国的心理学家,哈佛大学教授,于1912年发表《心理学与工业效率》,论述了用心理学测验方法选拔合格工人以及疲劳与劳动合理化的观点,并提出创造心理条件使每个工人获得最大满意的产量以及满足人需要的设想。这些方法的实施符合个人及企业双方的利益,后来被广泛地应用在职业选择、劳动合理化、改进工作方法、建立最佳工作条件等方面。

总体而言,人事管理阶段的人才开发强调以"工作"为核心,人对工作具有适应性,对员工工作绩效的考核取决于工作要求,工资分配的标准则取决于工作特征。这一时期的人事管理基本属于范围较小、短期导向为主的行政事务性管理,在组织中是一种技术含量低、无须特殊专长的执行操作层面的工作,因此地位低,无决策权可言。

(二)人力资源管理阶段的人才开发[①]

时间为20世纪50年代至70年代,人力资源管理的中心是以工作为中心,让人最大限度地适应工作。这一阶段人力资源管理的主要内容是人员招聘、上岗培训、工作记录、报酬支付体系、在岗培训及人事档案管理。

1. 档案管理阶段

这一阶段代表了20世纪60年代中期人力资源管理的现状。越来越多的人加入到人事工作中,反映了组织对员工的关心程度。例如:新人录用、职前教育、人事档案管理、公司郊游计划等。人力资源的核心并非"个人福利",而在于"生产率提高"方面的作用。人力资源工作是所有管理人员的职责,而不仅是人事或劳动部门的工作。在这一阶段,建立了人事管理的一个合法领域。

第二次世界大战后到20世纪50年代,人事管理又纳入了更多的内容,包括工资管理、基础培训和劳资关系咨询,但仍局限在战术而非战略上。此阶段内,组织规模的扩张促进了劳资关系的变化,比如劳资交涉从行业层转向公司层,结果是在人事管理层中出现了劳资关系专家。

---

① 本节选自:高桂平,王勇.人力资源管理概论.武汉:武汉理工大学出版社,2008:8.

2. 政府职能阶段

20世纪60年代至70年代，越来越多的人介入人事工作，一批酬劳与福利专家、劳工关系专家和培训与发展专家纷纷出现，说明此阶段人事管理的职能进一步强化。这归因于政府对人事立法的重视及人事立法数量的增多。所以，有人称此阶段为人事管理的"政府职能"阶段。

(三) 战略人力资源管理阶段的人才开发

1982年，蒂奇、弗布鲁姆和德兰纳间等人最早提出了战略人力资源管理理论。随后，贝尔德（L. Baird）、麦休拉姆（Meshoulam）和戴盖乌（G. De Give）在1983年，戴尔（L. Dyer）在1984年，布兰克（E. H. Burack）在1985年，相继提出了较为完整的战略人力资源管理理论并建议人们采用这一理论。他们认为，战略人力资源管理和人事管理的根本区别在于人力资源管理活动计划的制订必须和组织的总体战略计划相联系。

这一时期最有影响的战略人力资源管理理论是由比尔等人于1984年在其《管理人力资本》一书中提出的。他们认为，应在组织中统一管理个体的不同方面，人力资源管理综合了组织行为学、劳工关系以及人事行政管理等学科的特点；他们还指出，人力资源管理的研究领域已经扩展为对影响组织和员工之间关系的所有管理决策和活动的研究。"比尔等人认为，在决定人力资源管理政策时应从4个方面加以选择：(1) 员工影响；(2) 人力资源流动，包括组织内和组织外的流动；(3) 报酬制度；(4) 工作系统。在比尔等人的理论中，主要是强调组织在战略计划中的员工投入和一致性，以及加强不同政策之间的联系，从而形成一个紧密团结的整体。和传统的人事管理特征相比较，比尔等人的理论更注重成本效应和竞争力，甚至将它们看成是人力资源管理仅有的几个产出"[①]。

1989年9月1日，具有41年历史的美国人事管理学会正式更名为人力资源管理协会。大学的相关专业以及企业的相关机构纷纷将人事管理更名为人力资源管理。1990年1月，其出版发行的杂志《人事管理者》和《人事新闻》分别更名为《人力资源》和《人力资源通讯》。

20世纪90年代，战略人力资源管理理论令人瞩目的发展标志着人力资源

---

① 李佑颐，赵曙明，刘洪. 人力资源管理研究述评. 南京大学学报（哲学·人文科学·社会科学），2001 (4).

管理学迈入了成熟阶段。这一时期，经济发展的剧烈波动和全球竞争的日趋严峻使组织必须面对迅速变化的环境做出相应的调整，组织再造的浪潮贯穿整个时代。为了适应这种环境的变化，人力资源管理必须从战略的高度不断变革以促进组织战略的实施，在这种情况下，组织的战略人力资源管理决策影响逐渐扩大。为了突出人力资源管理的战略性，学者们越来越多的使用战略人力资源管理（SHRM）代替人力资源管理，关于战略人力资源管理的讨论也方兴未艾。

1992年，莱特（P. M. Wright）和麦克马安（G. C. Mcmahan）对战略人力资源管理进行了界定：战略人力资源管理是使组织达成自身目标的有计划的人力资源调度和活动的模式。并根据这一界定，指出战略人力资源管理在职能和关注焦点两方面与人力资源管理有所不同，并表示正是这两点主要的区别体现了战略人力资源管理的进步之处。

同年，舒勒把战略人力资源管理分成人力资源管理的哲学、政策、项目、实践和过程5个不同的组成部分。他认为，在每个部分中都包含着战略人力资源管理所要实施的内容，它们之间通过组织的层次相互联系，并成为一个整体。

1995年，胡斯里德（M. Huselid）提出了被后人称为具有"通用性"的战略人力资源管理的研究方法，该方法假定存在确定的最佳人力资源管理工作，有助于改善企业的财务行为。

1996年至1997年，美国管理学权威杂志《管理学术杂志》《工业关系》《国际人力资源管理》分别就战略人力资源管理的相关研究发行了专刊。这一时期，除了战略人力资源管理理论之外，还有很多学者的观点对人力资源管理理论产生了相当大的影响。美国管理学家彼得·圣吉所著的《第五项修炼》提出实现组织不断创新、个人和组织发展的理论和方法，于1992年荣获世界企业学会（World Business）最高荣誉的开拓者奖（Pathfinder Award）。《第五项修炼》指出21世纪人力资源管理必须有效组织系统学习，培养系统学习观，整合个人的持续学习，并以建立和完善学习型组织作为其工作的重要领域。威廉·罗斯威尔和亨利·斯内多尔于1993年在《人力资源开发作用与能力》一书中，将全球化列为影响人力资源开发与管理的13个因素之一。戴维·沃尔里奇在2000年出版的《人力资源教程》一书中认为，组织要想在全球化的竞争中保持竞争优势并取得成功,人力资源管理必须克服全球化、降低成本、以能力为本、技术创新等8种挑战。

第三节 对中西方人才开发演进历史的评析

一、对中国人才开发历史的评析

中国古代就形成了一套完整的人才理念,涉及内容广泛,包括人才概念、标准、人才分类、人才内在素质要素、人才作用,人才鉴别、选拔、任用、考核、待遇、奖惩以及人才成长和培养,等等。几千年的文明史积累了丰富的人才思想和用人方策,是一份珍贵的文化遗产,在世界古代文明史上是独一无二的。

1. 有关人才的重要性方面

人才兴邦,庸才误国。在中国古代统治者的政治管理思想中,人治思想占有十分重要的地位。一方面重视人心向背,一方面重视人才归离。得人才是治理国家的核心,要得人才,先得民心,众心所归,方能群才荟萃。《周礼·夏官·大司马》说"进贤兴功,以作邦国",强调引进人才建功立业,可以使国家振兴,这是对人才在维护政权有效性方面的阐述。唐太宗的名言"为政之要,唯在得人"就把"得人"看作是"为政"的关键。康熙更是将人才提到治国的首要位置,认为"政治之道,首重人才"。古人在总结历史经验与教训中认识到,历代王朝的兴亡盛衰,都同人才的任用有密切关系。用人得当,贤者、能者在位,国家便兴旺发达;用人不当,邪恶、不肖者当道,国家便会趋于衰亡。荀况指出:"治生于君子,乱于小人。"

2. 有关如何选拔人才方面

中国古代每个历史时期的社会问题不同,决定其人才研究的重点不同,但人才标准、选拔方式及学校育才始终是研究的重要内容,其中德才关系更是成为历代政治家、思想家、教育家研究的重中之重。汉代王符指出:"德不称其任,其祸必酷,能不称其位,其殃必大。"强调人员的品行和能力必须与其职位相符,否则会带来严重的后果。

3. 有关如何用好人才方面

选贤任能,用材有道。我国古代不论是在政府机构的设置,还是在官吏的选拔、任免、考核、奖惩、监督等方面都形成了一套比较完备的制度。政府的机构设置比较完备，分工与责任比较明确，每一个部门各司其职，各守其责，同时又相互连接成为一个稳定的整体，成为实现中国封建国家职能的重要工具。同时，在人才选拔与任用方面特别是通过考试选拔人才方面，形成了比较完备的制度，积累了丰富的经验。我国古代的人事任用制度，适应不同社会形态和朝代的需要，先后经历了贤能制、禅让制、世袭制、察举制、九品中正制、科举制等多种阶段。这些阶段的人才选拔制度各有特点，但基本上都是围绕着任人唯贤、任人唯亲这两种用人思想和用人路线之间的斗争而发展变化的。例如世袭制是任人唯亲的思想路线的典型体现而贤能制、禅让制和早期的科举制则主要体现了任人唯贤的思想。其中，历史最长、对国内外影响最大的是科举取士制度，梁启超评价说，"此实为我先民前年之一大发明"。从今人的角度看，科举制实际上可以看作古代专制制度下中国人在政治方面最大的制度创新。

尽管古代中国人认识到人才与国家治乱兴亡的密切关系，也留下了许多脍炙人口的识才用才佳话，但由于阶级和历史条件的限制，中国古代人才研究也存在很大的缺陷和弊病。古代中国从商鞅变法开始就建立了文武职位分类的人事管理体制，直到隋朝正式建立了"以三省六部制为核心，以任用、考核、监察、俸禄为内容的人事制度"，但这只是基于科举制的针对封建精英人物的人事管理制度。中国的人才问题从来都没有得到真正的解决，历史上排斥人才、压制人才、残害人才的事例层出不穷。同时，正宗儒家的天才论和重德主义"圣贤观"成为封建社会的理想人才观，并占据统治地位，压抑了古代人才的全面发展和作用的发挥。

"究其根源，实在是封建专制统治的本性使然。从人才管理角度看，古代中国的人才问题突出表现在四个方面：其一是思想的钳制。在正统之外，一切创新都有可能被视为离经叛道，遭到扼杀；其二是工具主义的人才观；其三是单一的人才评价体系，统治者是至高无上的人才评价主体；其四是官本位的人才激励体制。专制体系垄断了权力资源和主要的社会财富，官僚成为凌驾于平民之上的特权阶层。整个社会以官僚等级为本位的利益分配格局，使谋官求禄成为人才实现个人抱负、获得社会尊重的首要选择，是中国人才发展面临的主要弊病之一。"①

二、对西方人才开发历史的评析

在奴隶社会，奴隶主把奴隶看成是会说话的工具，当作牲口一样进行管理，根本不考虑人的思维能力和独立人格。在封建社会，经济活动的主要组织形式是家庭手工作坊，各个行会负责管理相关行业的生产方法和产品质量，制定加入行会的条件，开始出现了针对工人的一些浅层次的管理，但缺乏思想支撑。本章第二节介绍西方国家人才开发内容时没有按照时间序列从古代欧洲开始写作，而是直接按照不同学派对人才开发的观点进行总结，其原因就是古代西方关于人才开发管理的论述较少。

但是到了18世纪末到19世纪末，工业革命席卷了欧洲和美洲。随着大工业的发展，社会生产、生活方式发生了很大变化。西方不同学派专家关于人才开发的研究虽然只有200多年历史，但是西方管理已经实现了两次飞跃。从经验管理到科学管理是企业管理的第一次飞跃；从科学管理到文化管理是企业管理的第二次飞跃。在这两次飞跃中，西方管理学取得了丰硕成果，奠定了现代企业管理理论的基石，并被公认为是具有普遍意义的现代科学管理理论。在人才开发方面，除了上述西方人才开发不同学派取得的研究成果，西方管理成果中关于人性的4种假设和5种激励理论在东西方人才开发研究中都被广泛接受。

（一）西方人才开发中的4种人性假设

人力资源管理的首要对象是人，而每个人的需求存在差别，企业管理者如何看待人是现代管理的核心。在对人的管理中，人性假设显得尤为重要。人性是一定社会生产关系的产物，不同的人对人性有不同的认识，人力资源管理中的人性就是管理者对职工需要和劳动态度的看法。因此，掌握关于人性的假设或学说，对从事人力资源管理尤其必要。

西方的人性假设主要有4种，即经济人、社会人、自我实现人和复杂人。

1. 经济人假设

这是早期的管理思想，来源是亚当·斯密《国富论》中的一段话：我们

---

① 中国人事科学研究院. 2005中国人才报告构建和谐社会历史进程中的人才开发. 北京：人民出版社，2005.

每天所需要的食物和饮料,不是出自屠户、酿酒家和面包师的恩惠,而是出于他们自利的打算。我们不说唤起他们利他心的话,而说唤起他们利己心的话,我们不说我们自己需要,而说对他们有好处之处。西尼尔定量地确立了个人经济利益最大化公理,约翰·穆勒在此基础上总结出"经济人假设",最后帕累托将"经济人"这个专有名词引入经济学。该理论认为:①企业中的人的行为目的是追求自身的利益,工作的动机是为了获取经济报酬,人总是企图用最小投入获取满意的报酬;②人总是被动地在组织的操作、激励和控制下从事工作;③大多数人生来懒惰、缺乏理性和以自我为中心,对组织的目标不关心,不能克制自己,容易受他人的影响;④组织必须设法控制人的感情和采用物质手段调动人,强调用"胡萝卜加大棒"来进行管理,既有严格的管理制度强制性地对人进行控制,同时采用工资、奖金等物质激励手段。这种理论也被称为 X 理论,最典型的代表人物是泰罗,其设计的差别计件工资制就是该理论的具体应用。

2. 社会人假设

"社会人"假设的理论基础是人际关系学说,这一学说是由霍桑试验的主持者梅奥提出来的,之后又经英国塔维斯托克学院煤矿研究所再度验证。后者发现,在煤矿采用先进技术长壁开采法后,生产力理应提高,但由于破坏了原来工人之间的社会组合,生产反而下降了。后吸收社会科学的知识,重新调整了生产组织,生产就上升。这两项研究的共同结论是:人除了物质外,还有社会需要,人们要从社会关系中寻找乐趣。该理论认为:①人是社会人,其动机不只是追求金钱,而是人的全部社会需求,即除物质因素外,还有社会、心理因素;②由于工作标准化、合理化的结果,使工作本身失去乐趣和意义,人们在工作上的社会关系中去寻找乐趣;③工作效率高低主要取决于员工的士气,而员工的士气随管理人员满足他们社会需求的程度、企业内部人际关系、员工的家庭和生活的影响而改变;④企业内部非正式组织有更大的影响力。所以,社会人的假设要求管理者在调动员工积极性时,必须满足员工的社会和心理需要;除注意工作目标的完成外,更要注意员工工作过程中的各种需要,并设法给予满足;应创造条件满足员工团队的归属感及社会需求,同时注重团队对个人的影响和团队的奖励制度。

3. 自我实现人的假设

也称自动人假设，或Y理论。该理论是1957年美国的心理学教授麦格雷戈在总结马斯洛的需要层次理论和阿吉里斯的"不成熟—成熟"理论基础上提出的。该理论认为：①人的需要从低级向高级发展，自我实现是人的最高级需要。②人一般是勤奋的，人因工作变得成熟和能够自我管理、自我控制。③人是有责任感的，在适当条件下人能将自己的目标和组织的目标统一起来。④人具有创造力和想象力，现代企业中人的能力只得到了部分发挥。自我实现人的假设要求管理者安排给员工的工作尽可能有挑战性和富有意义，使员工工作之后能引以为自豪，满足自尊；把重视人的因素落实在实际工作上和为员工创造良好工作条件上。

4. 复杂人假设

该理论是20世纪70年代由组织心理学家埃德加·加因等经过长期研究提出的。他们认为经济人、社会人、自我实现人三个假设出于当时特定的环境时代背景，没有考虑人的个性差异，没有考虑需求的差异和客观环境对人的影响。因此，这些假设仅适用于特定的时期。他们认为：①人不但复杂，而且需求变动大，在不同的组织环境、时间、地点会有不同的需求；②人是否愿意为组织作出贡献，取决于他自身需求状况以及他与组织的相互关系；③人可以依自身的需求、能力而对不同的管理方式做出不同的反应，没有一套适合于任何人、任何时代的万能管理方法。所以管理方法和技巧必须随时、随地、随人、随环境不断变化，强调管理者必备的最重要的能力体现在鉴别情境、分析差异、诊断人力资源管理等问题上。

中西方对人性的研究观点还有很多种，例如文化人、生态人、效用人、H人等。有的提出人的需要可分为存在、关系、成长，有的提出现代人的需要可分为权力、归属和成就等。其中，较有影响力的是H人假设，该假设认为人是善恶的综合体，且善恶是可以转化的，转化是有原因的，影响转化的主要原因有欲望、虚荣、比较、情感和权力等。

（二）西方人才开发中的5种激励理论

在人才开发中，西方出现了5种较有影响的激励理论。

1. 需要层次理论

需要层次理论是美国著名的心理学家和行为学家亚伯拉罕·马斯洛（Abraham Maslow）于1943年在《人的动机理论》一文中首次提出的。马斯洛把人的需要分成五个层次：生理需要、安全需要、社会需要、尊重需要和自我实现需要。当一种需要基本上得到满足后，下一个需要就会成为主导需要，而那些获得基本满足的需要也不再具有激励作用。所以，根据马斯洛的需要理论，首先要知道激励对象所处的需要层次，才能通过满足这些需要以及更高层次的需要来实现激励的效率。[①]

2. 激励—保健理论

激励—保健理论是由美国心理学家弗雷德里克·赫兹伯格（Frederick Herzberg）于1959年在其出版的《工作的激励》一书提出的。他认为，企业中影响人的积极性的因素可按其激励功能不同，分为保健因素和激励因素。保健因素的满足可以防止不满情绪，但不能产生激励效果。而只有当激励因素得到满足时，才能产生更大程度激励。在赫兹伯格看来，满意的对立面不是不满意，而应该是没有满意，不满意的对立面是没有不满意。[②]

3. 期望理论

期望理论是由美国心理学家维克多·弗鲁姆（Victor H. Vroom）于1964年在《工作与绩效》一书中提出来的。他认为，只有当人们预期到某一行为能给个人带来既定结果，且这种结果对其具有吸引力时，个人才会采取这一特定行为。包括三种联系的判断：努力—绩效的联系，即个体感觉到通过一定努力达到工作绩效的可能性；绩效—奖励的联系，即个体对于达到一定工作绩效后即可获得理想奖赏结果的信任程度；吸引力，即如果工作完成，个体所获得的潜在结果或奖赏对个体的重要程度。弗鲁姆认为，只有在效价和期望值都处于最佳状态时，激励力量才会最大。[③]

4. 公平理论

公平理论是美国心理学家亚当斯（J. S. Adams）于1976年提出的。这个理论侧重研究工资报酬分配的合理性、公平性等对员工积极性的影响。公平理论指出：员工的工作动机，不仅受其所得的绝对报酬的影响，而且受其相对报酬的影响。个人总是将自己的付出和所得与参照对象（他人、制度、自己）比较，如果感到收入低于应得报酬，则工作积极性将降低；如果认为收

[①] 汪中求. 细节决定成败. 北京：新华出版社，2007：2.
[②] 张洁. 论我国高校青年教师激励管理——以双因素理论为视角. 黑龙江高教研究，2007（12）.
[③] 黄舒. 国有企业员工薪酬激励和约束机制研究. 企业经济，2006（12）.

入等于或高于应得报酬，则会心情舒畅而激励他们努力工作。①

5. 目标设定理论

目标设定理论最早是由心理学教授洛克（E. A. Locke）于1967年提出来的，是目标管理在激励方面的具体应用，主张具有一定难度且具体的目标一旦被接受，将会比较容易的目标更能激发高水平的工作绩效，即敲定目标必须有一定的挑战性与可实现性。②

本书上节论述的西方人才开发的成果大部分都采用关于人性的4种假设和5种激励理论这样的研究方式，是基于实证的研究，建立在统计和数学的基础上，因此被称为科学管理。总之，西方人才开发在200多年中取得了很多科学研究成果，具有重要的理论和实践意义。

三、为什么人才学会在中国创立

现代管理学的所有学科都出现在西方国家，中国式管理虽然经过中国管理学专家学者多年的努力，也一直没有得到国际社会的认可。30多年来，受强大的西方科学架构和价值体系、市场经济、实用主义的冲击，中国的很多学科建设是步西方科学后尘的论证式重复引进、翻译。在世界现有的3 000余门学科中，由中国人自己创立的学科比如人才学只有30门左右，其生命力和影响力都很小，而西方既没有和中国一样的人才学科，也没有完全认可中国的人才学科是一种科学，人才学处境十分尴尬。岳文厚认为："人才学的发展问题主要表现在：人才学的理论基础不够雄厚，理论体系尚不完整，重大基本问题的研究深度尚显不够，研究方法千篇一律，教材和著述体系如出一辙，人才学的教学队伍与学科建设停滞，人才学淹没在教育学与管理学之中，人才的科学化和学科化进程且行且止。现在，人才学的学科定位仍不十分清晰，政界、商界和社会各界对人才学还存在比较多的偏见和误解。在社会诸多领域，对人才的开发和使用，与科学人才观的要求还有差距。在教育实践中，未能形成被广泛认同的人才开发、培养模式，人才学科建设仍然处于初始

---

① 赵春霞. 公平理论在企业管理中的应用. 商场现代化, 2008（12）.
② 李艾丽莎. 目标设定理论与人力资源管理. 重庆大学学报（社会科学版）, 2006（4）.

阶段。"①

为此，为什么现代管理学中只有人才学会率先在中国创立，是一个值得深究的问题。只有从理论和逻辑上弄明白人才学不仅适用于中国的国情，同时具有普遍性，可以适用于其他的国家和不同的文化，才能证明人才学是一门科学，而不仅仅是属于中国的一种独特文化现象；才能证明人才学和现代广为接受的西方人力资源管理学可以互相继承、融合和发展，成为现代科学管理的一部分。

比较中西方人才开发演进的历史和内容，人才学率先在中国创立，具有深刻的政治渊源、文化渊源和现实背景，具体如下：

1. 从政治渊源来看，人才问题一直是中国统治阶级最关注的问题

中国古代所谈的人才，主要是围绕治国理民的政治人才为中心展开的，研究对象局限于政治、军事和文化人才，科技人才、商业人才、女性人才被排斥于研究对象之外。中国长达2 000多年的封建帝制，导致皇帝是国家的独裁统治者，皇帝非常关心如何选拔维护自己统治的政治、军事和文化人才，这对于其独裁统治具有重要意义。从皇帝的视角看，社会上所有人都是其臣民，"率土之滨，莫非王臣"，皇帝意志就是王法，可以任意生杀掠夺臣民百姓。因此，为了维护自己的统治，中国的统治阶级一直有重视人才的传统，而对于人才的开发也是从国家的宏观层面上如何选拔优秀人才维护自己统治方面进行研究。现代中国的人才学从宏观研究角度继承了中国传统人才研究的成果，而在微观方面主要是吸收消化现代西方的人才研究成果。

西方所研究的人才和中国所研究的人才有很大不同，西方研究人才主要是从人才个体如何成才角度进行研究，而不是从国家角度进行宏观研究，这是由西方政治制度决定的。西方一直实行的是民主制而不是集权统治。西方的民主制经历了从氏族民主制、奴隶民主制、封建贵族民主制到资产阶级民主制的过程，一直保持了许多民主形式。在古希腊罗马的氏族民主制解体后，西方没有建立类似中国古代独裁的奴隶制和封建制度，而是实行了民主制度。古希腊、罗马共和国就实行民主政治制度，其国家机关由元老院、民众大会和高级官吏组成。民主制度极大提高了公民的参政意识、责任意识、集团观

---

① 岳文厚. 让人才学惠及人类科学发展——繁荣与发展中国人才学的实证思考. 中国人才，2012（8）：9～10.

念、爱国主义,"当他们受着压迫的时候,就好像为主人工作的人们一样,他们是宁肯做个怯懦鬼的,但是当他们被解放的时候,每个人都尽心竭力为自己做事情了"①。随后,西方古代希腊、罗马民主制度得到了很好的继承和发展。中世纪西方的政治体制架构,就由立法、司法、行政组成。英国的内阁在中世纪就产生了,检察与审批分离的制度也产生于中世纪。民主制度导致国家不需要自上而下来组织全社会的人才开发,每个人都很关注自己的发展,都会进行自我开发,开放的参政议政等途径也给人才提供了展示的机会和舞台,一个人可以靠自己的才能成为人才,而不需要像中国独裁的封建帝制一样,一个人是不是人才很大程度上是由当权者决定的,除了政府提供的科举机会,个人很少有展示才能的机会和舞台。这就导致西方的人才研究、天才研究等更多是关注人才的自我开发,而不是被国家、集体开发。

因此,从政治渊源来看,主要关注宏观人才研究的人才学在中国创立,是由中国政治传统需要决定的。

2. 从文化渊源来看,中国现代的人才学主要属于定性研究和文化研究

中国传统文化的特点是习惯思辨和定性研究,所以中国自古以来就有很多的思想家、政治家、文学家,比如孔子、老子、孙子,却很少有科学家。尤其是统治阶级也不重视科学,导致中国虽然是第一个发明圆周率的国家,但是现代数学的创立却和中国没有什么关系。中国虽然发明了火药,却只是用来搞搞焰火,现代大炮等武器也和中国没有什么关系。而西方的研究一直重视定量研究和逻辑推理。公元前300年,著名数学家欧几里得就写出纯数学的《几何原本》。从古希腊、古罗马开始,西方发展起来的逻辑学、科学就一直注重定量研究的科学方法,对人才的关注不是关注政治人才而是关注科学人才。而近代所有的西方管理科学,也继承了定量研究和逻辑推理的特点,在实证的基础上建立了体系庞大的知识体系,包括组织行为学、企业战略、人力资源管理等。不擅长定量研究的中国文化,因此无法诞生讲求精确、严格逻辑推理、以数学表达为基础的各种现代科学学科,但是主要属于定性研究和文化研究的人才学在中国创立,却完全符合中国定性化研究的文化渊源。

3. 从现实背景来看,中国急需人才学来唤醒国家和社会对人才的关注和

---

① 希罗多德. 希罗多德历史(上下). 王以铸,译. 北京:商务印书馆,1959:545.

支持，通过人才开发来促进国家发展壮大。

新中国成立后，我国以苏联经济为模式，实行中央集权、高度集中统一的计划经济体制，人事管理工作的历程和本质是创立、运行和发展一套与之相适应的、以计划为核心、以行政管理为手段的人事行政管理的制度和模式。经过创立、起步和发展，逐步形成了"国家包揽，行政隶属，身份差别，终身固定"的管理体制。与计划经济体制相适应，实行"统包统配"的就业制度，企业没有用人自主权，不能自行招聘所需人员。人员只进不出，没有形成正常的退出机制。在企业内部，对于工人的工作没有考核，大家干好干坏一个样，干多干少一个样。工资分配中存在严重的平均主义，与工作业绩和工作岗位缺乏关系。人事管理还停留在简单的档案管理和资料统计阶段。"文化大革命"更使得传统人事管理制度百病丛生。1966—1976年，这十年是"文化大革命"时期，我国劳动人事制度遭到严重破坏，中央和地方各级劳动人事部门陆续被撤销，各种人事制度被全盘否定，宏观失控，微观混乱，整个劳动人事管理处于混乱状态之中。[1] 在知识分子阶级属性及与之相应的社会地位问题上，中央政策却始终摇摆不定，很多知识分子被打成右派、臭老九，被剥夺了从事知识工作的机会，广大人才被严重压制和打击，根本没有人才施展才能的机会和平台。为此，当1979年7月，贵州省科技情报所雷祯孝、蒲克两人撰写的《应当建立一门"人才学"》一文在《人民教育》发表后，引起了社会很大的震动，其中《试论人才成功的内在因素》一文发表后，在全国引起了强烈的反响和共鸣。文章中提出关于人才"自我设计"的理论，由于同传统观念发生了冲撞，在当时就受到了质疑和批判，但同时也引起社会上被耽误了的一代青年人的强烈共鸣。他们错过了上大学等受教育的机会，但他们年轻、有激情、不甘心平庸，渴望为我们正在觉醒的民族贡献力量，渴望实现自身的价值，渴望成为各行各业的专门人才。正是中国的社会现状，急需呼唤从国家层面上开始重视人才，开发人才，通过人才来推动改革开放，实现富国强民和民族复兴。因此，人才学应运而生，这是由中国特殊国情决定的。当人才学吸收引进了国外有关人才开发、人力资源开发的最新理论后，人才学变成国家人才战略层面非常有价值和操作意义的科学，对于个人成才

---

[1] 高桂平，王勇. 人力资源管理概论. 武汉：武汉理工大学出版社，2008：8.

也提供了很多有益的指导。对于长期只注重个人和企业人才开发的西方人力资源管理理论来讲，提供了新的借鉴视角和启示。而西方国家一直不遗余力推行的各种国家人才战略和吸引全球人才的举措，也是人才学最好的实践和证明，不过西方没有上升到人才学科的地位罢了。

本章复习思考题

1. 论述天才理论、成功学、社会学、经济学、管理学关于人才开发的研究成果和观点。
2. 评析中西方人才开发演进历史。
3. 论述西方人才开发中的4种人性假设和5种激励理论。
4. 为什么人才学会在中国创立？

第四章 人才开发实施

本章教学目标与方法建议

本章教学目标是了解人才开发实施的相关理论基础,重点要掌握人才开发模型与实施模式、人才开发体系的构建与运行机制。

本章建议采用和人力资源开发相比较的学习方法,通过对比学习,理解人才开发和人力资源开发的区别和联系。

【导入案例】

电子政务与公务员能力建设[①]

当今信息技术的迅猛发展引发了一场与工业革命深度相当的信息革命,改变着整个社会的根基,把人类带入了一个"信息社会"。而政府的行政管理方式也随之改变,电子政务便在此背景下应运而生。与传统政务相比,电子政务通过电子和网络手段,将政府活动从单一的实体管理环境延伸到一个虚拟的管理环境之中,这样就在客观上要求公务员必须具备在虚拟的政府管理环境中开展工作的能力。随着政府管理的虚拟空间的不断扩大,以及政府虚拟管理空间与实体管理空间的相互作用,公务员原有的管理环境中的能力因素及其作用方式外延扩充,这就对行政管理活动的具体操作者——公务员的能力提出了新的挑战。

在传统政务中,政府管理偏重于对社会的监管和控制,传统官僚制或科层制形成的金字塔形行政管理体制疏远了政府与群众之间的距离。随着电子

[①] 节选自:电子政务与公务员能力建设. 淮南市人民政府网, http://www.hngov.cn/smxs/forumview.php? fid=125&tid=38271.

政务的推行，政府组织把各部门的工作都放在网上来办理，以此来节约公众的时间，强化了对公众服务的职能，缩小了政府与群众之间的距离。与此相适应，就需要公务员具有较强的服务公众的能力、组织协调能力与创新能力。另一方面，公务员是电子政务的主要应用者，他们目前的计算机水平和电子政务的应用意识也参差不齐，这在很大程度上会降低我国电子政务的效率。

北京市科委、北京市人事局和美国兰德信息公司联合调查组曾对北京市公务员的科学素养进行调查，结果显示：北京市公务员总体科技素养得分仅为60.8分，刚刚及格，与"优秀"（85分以上）和"良好"（75～85分）存在较大的距离。在计算机和网络技术应用方面，只有9.7%的人知道计算机软件是指"保证计算机所有资源高效地工作的程序"，大部分公务员都知道"网络"是目前媒体甚为关注的一个热门话题，但不经常上网的公务员达36.8%，而从未上过网的达45.7%[1]。由此可见，大多数公务员缺乏或不具备运用电子政务的技能。

因此，发展电子政务就必须加强对公务员相应技能的培训，以此来提高政府对公众的服务水平，提高政府的工作效率。

第一节　人才开发实施的基础

一、人才开发实施的内涵与目的

（一）人才开发实施的内涵

人才开发实施是为充分、科学、合理地发挥人才对社会经济发展的积极作用而进行的资源配置、素质提高、能力利用、开发规划及效益优先等一系列活动相结合的有机整体。

这一定义可以理解为：

其一，充分、科学、合理是指数量上达到充分利用，消灭不合理的人才闲置状况；运用科学的理论和方法来开发人才，并使这一活动走上正常化轨道；对人才的使用要注重当前效益与长期效益相结合；进行正向开发，真正发挥人才对社会经济发展的积极作用。

---

[1] 宋斌，鲍静，谢昕. 政府部门人力资源开发. 北京：清华大学出版社，2005：120.

其二，资源配置是指把人才配置到合适的岗位上，使得"能者在其位，贤者在其职"。

其三，素质提高指的是通过教育和培训等手段，全面提高人才各方面的素质，包括科学文化知识、劳动技能、职业道德及身体素质等。

其四，能力利用则指通过配置、流动、激励等手段，使人才能位匹配、结构优化、人尽其能。

其五，开发规划是指根据人才资源开发理论和政策，评价人才的开发状况，预测和平衡人才供求关系。

其六，效益优先是指人才开发活动是一项优先考虑投入产出效益的活动，以较小的投入产生较大的效益。

（二）人才开发实施的目的

1. 提高人才个体的能力与水平

人才能力通过开展有效的培训与开发实践得以提高。随着时代的发展与我国改革开放的不断深入，个人本身的业务内容及其处理方法也在不断的更新过程中，个人原有的知识和能力会逐渐不适应工作岗位的需要，这时对人才进行"能力型"培训就成为提高其具体运行性能力的有效手段。

2. 开发人才的潜能

能力，既指一个人在当前发展阶段上已经具有的现实的能力，也包括一个人在现有条件下，经过进一步的学习和训练达到更高水平的可能性，这种可能性就叫作"潜能"。所谓潜能，从字面上理解是指人的潜在能力，也就是存在但却未被开发与利用的能力，即"隐藏于人脑潜意识中的能量"[1]，每个人都有潜能，人的潜能有如一座待开发的金矿，蕴藏量无穷，价值无限。对人才进行开发，就要通过开展各种内在或外在的、正向或逆向的培训课程，采用灵活多样的授课方法与技术手段，提供宽松活跃的培训氛围，刺激人才个体潜意识的发出，从而达到潜能开发的目的。

3. 促进组织能力的提升

从本质上看，组织是一个能力的集合体。组织的基本要素，无论是有形的物质资源还是无形的规则资源，对组织而言只是表面的和载体性质的构成

---

[1] 李宝元. 战略性投资：现代组织学习型人力资源开发全鉴. 北京：经济科学出版社，2005：88.

要素。唯有蕴藏在物质资源和规则资源背后的人才,才是组织活的优势。① 因此,组织能力的大小取决于人才队伍的整体能力与水平,而人才队伍整体能力与水平的提高依赖于组织培训与开发实践的有效展开。由于培训与开发工作直接面向每个人才个体,人才能力的差异就决定了培训的实践要因材施教,因势利导,帮助受训者找到适合他自己的学习方法和学习进度,使每个人的能力都能得到有效、正确的发挥,从而使人才队伍的整体功能大于个体能力的简单相加之和,促进组织能力的提升。

二、人才开发的类型

(一) 人才开发的类型

一般地讲,人才开发包括以下类型(见表4—1):

表4—1　　　　　　　　　人才开发的类型

类型	内容
配置性开发	择优选择、录用或聘用合格的人才资源,并配置到合适的岗位上去
提高性开发	即培训和教育人才资源,提高其素质和能力
利用性开发	合理使用现有的人才资源,充分利用有关人力资源开发的"思想库"或"脑外"资源
流动性开发	充分利用劳动力市场和人才市场的功能,使人才资源流向最有利于其施展才能的单位或岗位
整合性开发	优化人才资源的群体结构,使人才资源的群体功能大于其个体功能的简单相加,即1+1>2
储备性开发	适当地储备各种类型的人才资源,以随时满足企业可持续发展的基本需要
自我开发	人才资源应主动地进行自我开发,不断提高自身素质。以适应社会经济发展的需要,为社会创造财富

(二) 人才开发的内容

1. 人才资源的数量开发

人才资源数量开发,即宏观上调控人才资源供求总量,实现充分利用;在微观上合理配置,人尽其能。由于人才资源开发具有预见性,因此可以依

---

① 萧鸣政. 党政领导人才素质标准与开发战略. 北京:人民出版社,2010.

据对未来人才资源供求的预测,在供求大体平衡原则的指导下,通过采取相应的措施,使未来人才资源的供给在结构、层次、知识水平上与需求相一致,从而避免出现人才供求结构失衡的局面。

2. 人才资源的素质开发

素质上的提高既是人才资源个体发展的目标,也是企业发展的目标。它包括人才资源素质的全面提高。提高素质的主要途径是教育培训,包括职业教育和各种培训班,也包括基础教育、普通教育和高等教育。

3. 人才资源的能力开发

合理利用、充分发挥人才资源的现有能力是人才资源开发活动的关键环节,其他各环节的效果只有通过能力开发这一环节才能得到检验。合理开发人才资源能力的主要手段有配置、流动、激励等:①人才资源配置性开发,包括个体能位匹配、群体配置优化两方面。②人才资源激励性开发,采用物质的、精神的或信息的激励手段,调动人才资源积极性,将其能力充分发挥出来。③人才资源流动性开发,通过合理流向、流量和流速,使人才资源人尽其能。

三、人才开发运行机制

(一) 人才开发机制构成要素

人才开发作为一种经济活动,其实施系统由五个基本要素组成,即人才开发的主体、客体、介质、环境和效益。其中,人才开发主体和客体是对立统一的,人才开发主体借助于开发介质作用于开发客体,使客体向着主体所期望的方向发展。抓住这三个要素就基本掌握了人才开发活动。但是,任何一项活动都离不开一定的社会、经济和自然环境,环境的好坏直接影响着人才开发活动。人才开发效益则是人才开发活动的核心,通过分析和评价人才开发活动,及时调整各个要素内部和彼此之间的关系,力求效益最大化。

1. 人才开发主体

人才开发主体是人才资源开发活动的执行者,企业作为开发主体,既要提高人才资源素质,又要充分发挥其潜力,提高人才资源的使用效益。

2. 人才开发客体

人才开发客体是人才资源开发活动的接受者,其最大的特点是具有主观能动性和双重性。主观能动性使其区别于其他客观活动着的自然物客体。双重性的特点,指人才资源既是开发的主体,同时也是开发的对象或客体,这一特点决定了人才资源开发的复杂性。

3. 人才开发介质

人才开发的介质,指连接人才资源开发主体和客体的媒体,包括软件介质和硬件介质。软件介质主要包括指导人才资源开发的理论、人才资源开发规划及政策、人才资源的制度体系等。硬件介质则主要包括:教育设施、医疗卫生保健设施、办公自动化设施等,更广义地说,还包括机器设备以及传递各种人才资源开发信息的信息网络设施。

4. 人才开发环境

人才资源开发活动的环境包括:社会环境、自然环境、工作环境等。其中,工作环境直接影响着人才资源积极性的提高及能力的发挥程度。

5. 人才开发效益

人才资源开发效益指人才资源开发活动的投入与产出之比值。如果某项人才资源开发活动的投入产出比值大,说明该人才资源开发活动效益好,可以沿着原有的开发模式进行下去;反之,说明该项人才资源开发活动效益差,需要找出效益差的原因,并提出针对性措施及时加以改进,力争人才资源开发活动高效运行。人才资源开发的效益是人才资源开发活动的落脚点,只有效益好的人才资源开发活动才是成功的。

(二)人才开发运行机制内涵

人才开发运行机制是指有关人才资源开发各要素及其相互作用有机结合,推动人才得到充分、科学和合理的开发,并使开发活动良性运行、协调发展的内部结构和外部功能,例如彼此间的依赖制约关系、运行系统、机构和制度等。

所谓良性人才开发实施机制,是指各种人才资源开发要素及其活动得到最佳组合,彼此协调,相互促进,取得最优的开发效益。具体表现在如下两个方面:一是各种人才资源开发活动互为出发点,互为行动的依据。人才资源规划要考虑现有的软硬件环境,教育培训的可能性以及人才资源的能力发挥程度。人才资源素质的开发活动应以人才资源规划为指南,力求完成和超额完成规划要求,同时也应充分考虑现实社会经济发展对人才资源能力的要求，有针对性地提高人才资源的基本素质。二是各种人才资源开发活动相互弥补、彼此促进。人才资源规划是人才资源开发的方向，但绝不是说不能超越计划。对合理的计划应完成，但在实际执行计划的过程中，对计划不周全的地方应及时进行弥补、彼此促进等。

第二节 人才开发模型与实施模式

一、人才开发的模型

（一）人才能力标准的确定

进入新世纪，经济的全球化和环境的瞬息万变促使组织重新思考组织内部资源，开发人才，培育组织的核心能力，从而实现组织的可持续发展。以十六大对人才的能力要求和核心能力观为依据，对人才需具备的能力按照不同的标准进行分类。

标准一：按照能力对于组织核心能力的支持程度的强弱，可以将人才的能力划分为强力支持组织核心能力的关键能力和与组织核心能力弱相关的基本能力。

从核心能力的角度出发，这些能力包括：人才的决策能力、沟通能力、知人善任能力、知识运用能力等。

为了保证组织的正常运转，人才需具备的必要的基本知识、能力和品性是：事业心、工作态度、学习能力、沟通能力、表达能力、管理能力、政策执行能力、专业技术能力、建设能力、前瞻能力、社会与科技知识应用能力及外语能力等。

标准二：按照知识是否具有可言传性，可以将人才所具备的知识划分为显性知识和隐性知识。

显性知识是指易于被转变为话语、被记录下来和以手册及教科书等方式传播的能力。隐性知识是指在默契中形成，只有通过实践，即边干边学才能恰当地获得的能力。这类能力通常不易被转化为话语。

结合以上两种分类，根据支持核心能力的强弱程度以及知识的可言传性两个维度，将知识与能力划分为四种类型（见图4—1）：

（1）核心知识与能力（隐性/核心能力支持度强）；

第四章 人才开发实施

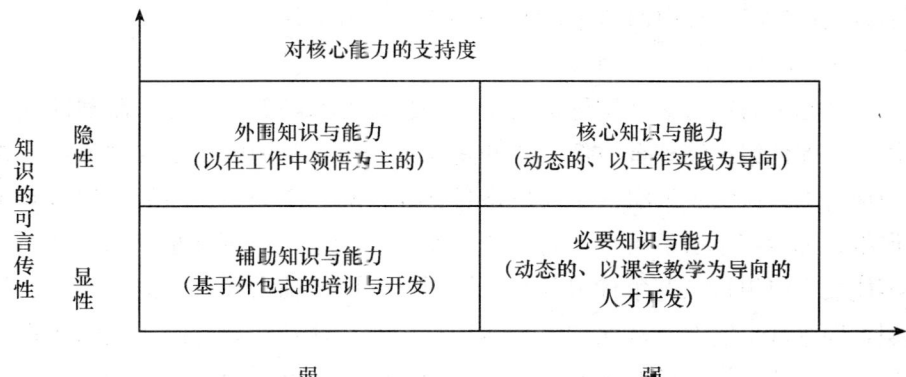

图 4—1 人才开发的基本模型①

（2）必要知识与能力（显性/核心能力支持度强）；
（3）外围知识与能力（隐性/核心能力支持度弱）；
（4）辅助知识与能力（显性/核心能力支持度弱）。

（二）人才开发模型与开发方式

战略人力资源管理的权变观认为，进行人才资源开发没有绝对的放之四海而皆准的一成不变的方式，相对于特别的知识和能力类型，应当采取与之相对应的人才开发方式。

1. 核心知识与能力的开发

核心知识与能力的开发应成为人才开发的重点。对于核心知识与技能的开发，宜采用动态的、以工作为导向的开发方式。核心知识和能力是人才在工作中逐渐形成的由个体所领悟的难以显性化的知识，要对这种知识进行开发，不能离开具体的工作环境和工作实践，宜采用"干中学"的方式，被开发者通过观察和体会以及不断地试验，掌握核心知识。"师徒式"人才开发法并非只能运用于车间基层，也可以被运用到组织学习高级知识、专业知识和特殊知识。当然，在这个过程中，理论与实践的联系也很重要。在以工作为导向的学习中，理论的获得需要与实践协调一致。由"干中学"到"学中学"，这样，组织才能对不断变化的外界环境作出迅速反应，保持组织创新的活动，从而实现持续的竞争优势。因此，对核心知识进行开发，不但要求应

---

① 改编自萧鸣政. 党政领导人才素质标准与开发战略. 北京：人民出版社，2010.

该是以工作实践为导向的学习，而且应该是动态的学习。

2. 辅助知识与能力的开发

辅助知识与能力的开发可采用基于外包式的培训开发方法。激烈的外部环境压力促使组织管理者降低人才开发成本，将有限的资金投入到最需要投入的项目上，以实现组织的主要战略目标和任务。辅助知识与能力通常对于任何组织都适用，虽然可以为每一个组织提供价值，但可移植性强，因而也就不能成为组织持续竞争优势的来源。同时，由于辅助知识与能力是显性的知识，即其理论能够通过课本等载体进行传播。这种知识有助于组织实现其目的。对于这一类型的知识和能力，基于组织人才开发资金的有限，组织宜将培训成本与收益进行衡量，适当地以外包培训的方式（如培训机构等）进行人才开发。

3. 必要知识与能力的开发

必要知识与能力的开发应采用动态的、以课堂教学为导向的开发方法。必要知识与能力对于组织核心能力的提升具有重要作用，必要知识与能力具有显性特征，应采用传统的以课堂教学为导向的培训。"因材施教"充分体现着以课堂教学为导向的培训开发方式在传播知识与技能方面所具有的优势。这种方法适合于将显性的知识和能力集中地、时间紧凑地传授给被开发者，使被开发者能够在短时间内接受大量的信息。另外，由于核心能力需要不断更新，针对必要知识与能力的人才开发也因此应该是动态的人才开发。

4. 外围知识与能力的开发

外围知识的开发应采用以在工作中领悟为主的个体开发方法。外围知识的特点，一是对组织核心能力的支持程度低，二是隐性知识。由于知识和技能不是以显性方式存在，故组织不愿意对其投入过多资金。这种隐性知识和技能也是需要在工作实践与具体工作情景下不断学习的，但是与针对核心知识与技能的人才开发方法相比，外围知识与技能的开发主体主要是人才个体，是以在工作中领悟为主的个体开发。在这种开发方式中，人才通过发现学习、观察学习等方法进行个体层面的人才开发。

二、人才开发的模式

（一）人才开发模式的含义

人才开发的模式，就是对人才开发实际工作中的内外部要素及其实施过程进行抽象和概括，并为组织人才开发工作提供借鉴范式，架构人才开发的操作模式。

在人才开发实施模式中，组织根据实际情况对组织内人才开发进行总体规划和管理，每个单独的开发项目之间、单独的开发项目与人才开发总体规划之间都是相互联系的有机体，同时每个项目的选择都是在系统的支持下进行的，对人才开发项目的实施和管理在系统中处于有机、动态的循环中。

（二）人才开发模式的选择

人才开发模式的选择，一般有以下三种观点：

1. 开发形式论

根据人才培训与开发过程中所采用的形式定义开发模式，例如在岗培训与开发、脱岗培训与开发、半脱岗培训与开发等形式。

2. 开发方法论

将人才培训与开发过程中主要采用的培训方法等同于培训模式。常见的培训与开发方法包括：研修型开发、能力本位型开发、持续发展型开发等。当前许多有关培训与开发的应用，都集中于各种开发方法的学习效果及如何优化组合各种培训与开发方法的使用。

3. 开发流程论

它着眼于人才培训与开发过程的运作程序，是对整个人才培训与开发过程中各不同要素的有机整合。由于培训与开发工作的整体性、动态性和系统性，它包括如人才培训开发需求分析与规划、制定培训与开发计划、培训与开发实施、培训与开发效果评估以及培训与开发的外部保障机制等各个过程的应用。

三、人才开发模式的实施特点

人才开发实施模式的应用有利于组织的人才开发工作有步骤、有计划地实施，实现人才开发工作的系统化和计划化，进而更好地与人才职业生涯发展相连接，提高组织人才资源的职业能力、拓展其发展空间、满足其自我发展的需要，在提高人才个体绩效的同时更好地实现组织的目标。

（一）人才开发机制有机化

人才培训模式是一个系统过程，包括人才开发需求分析、人才开发计划的设计与实施、人才开发效果评估等一系列环节。进行人才开发的实际运行时，各环节不是相互孤立的而是紧密相关的，如人才培训开发的形式是根据培训对象和开发需求来确定的。人才开发机制运作的有机化不仅表现在机制的内部各环节，在开发机制的外环节上同样也体现有机化的特性，主要体现在培训结果与受训对象的晋升及考核的有机结合。

（二）人才开发内容实效化

在人才开发的内容上，各个组织在重视理论知识培训的同时也很重视技术性、管理性等实践知识的培训与开发。培训开发的内容不仅要求学员对传统文化知识进行研修，注重职业道德和行为规范的培训，还针对各不同职位强调管理和协调能力的培养；人才培训开发的内容还涉及工作环境、管理等方面的知识，也常常安排受训对象进行实践学习；培训开发的内容既有技术性、管理性、应用性方面的知识，还安排学员到政府部门或企业实习，使学员在较短的时间内获得较丰富的工作经验。

（三）人才开发形式多元化

人才培训形式一般都是根据开发内容的需要采用较为灵活的方式，如研修中采用讨论、演习的方式进行；根据开发对象的特殊性和培训需求的不同，创造性地采用敏感性培训、工作循环培训、游戏和模拟培训等。很多组织紧跟时代步伐，投入大量资金进行了网络化建设，大力发展电子学习。电子学习突破了时空的限制，有效地提高了人才开发效果。

（四）人才开发机构职业化

经过多年发展，培训机构呈现出职业化和多元化的特点，从中央到地方的不同级别与不同专业的两个维度形成了庞大的培训机构网络。此外，还有社会力量参与，如科研机构和高等院校等。培训机构的职业化是提升培训师资的载体。培训师资具有灵活性的特点，一般培训机构的教师都是采用临时聘用制，没有固定师资。在师资力量的组成方面，大部分是组织或企业的在职人员，他们一般都是具有丰富经验的该职位的佼佼者，同时还有一部分教师是社会培训界的知名人士或是高校在该领域有深远研究的教授等。

（五）人才开发经费预算化

人才资本投资是回报率最高的投资，而培训是人才资本投资的主要形式。既然是投资，就必定涉及经费的使用，没有经费的保障，培训就是一场空忙。

许多组织将培训经费纳入财务预算，设置专款专用，能够为人才开发工作的顺利展开奠定坚实的物质基础，也能减少人才开发经费在组织资金缺乏的情况下而常常被随意挪作他用的现象。

第三节 人才开发体系的构建与运行

一、人才开发体系的内涵与特点

（一）人才开发体系的内涵

人才开发体系的构建，是组织根据经济、社会等的发展需要，按照职位的要求，有计划、有组织开展的旨在提高人才理论知识水平、专业技术素质和管理能力的教育、培养、训练活动。人才开发体系就是与人才开发活动相互关联的有机统一体。它由无数个子系统构成，并且各子系统之间相互影响、相互作用，通过各子系统的协调运作，促进整个人才开发体系的良好运行，从而使人才在组织的持续变革中保持相应的职务执行能力，进而在提高组织的工作效率方面发挥其应有的作用。

人才开发体系的构建，要以"能力"作为开展人才培训活动的根本价值取向，以提高人才的实际工作能力、开发人才的潜能为目标，通过设置针对性强、实用性高的培训课程，采用灵活多样的培训方法与技术，以多元化的培训主体为依托，以规范化的音训机制为保障等有力措施，满足工作岗位与人才自身对能力发展的需要，促进组织效率的提高。

对人才进行培训与开发，是提高人才能力和开发人才潜能的有效途径。因此，构建以"能力"为导向的人才开发体系，即"能力型"人才开发，应该以提高人才个体的实际工作能力作为开发的根本价值理念，关注开发效果的针对性和实用性，关注开发的产出和收益。

（二）人才开发体系的特点

基于人才开发体系的内涵分析，其特点体现为：

1. 关注的核心是人才个体能力的培养和开发

构建"能力型"人才培训体系，是基于这一理论假设：每个人才都是有能力的个体，他们想在具体的工作岗位中实现自身的价值。因此，他们有开发自身能力的理想与愿望。为了满足人才的这种理想与愿望，组织必须提供有效的学习资源、适当的学习机会和条件,保证其自身愿望的实现。基于这种理论假设,"能力型"培训就是为了开发人才的专门技能和能力,强化已有的能力或培训新的能力,充分挖掘和完善人才的潜在能力,使人才在培训与开发实践中开拓自我、超越自我。在整个培训过程中,关注的是每个人才个体能力的培育和开发。

2. 实施的基础是对人才现有能力的确认与划分

对人才进行现有能力的确认与划分,就是通过科学的测评和考核手段,对人才能力进行评等分级,从而形成一套由低到高的能力等级序列。人才培训与开发的目的就是增强人才在工作岗位上的实际操作能力。通过对人才的能力级别进行科学的划分与分类,进而在培训实践中,针对不同能力级别的人才确立不同的培训目标,设计不同的培训方案,采用不同的培训方法与手段,增强培训的有效性。同时,通过对人才能力级别的确认,能够使人才看到自己努力的方向,使培训更能产生激励的作用。

3. 追求的目标是提高人才开发后的职业操作能力

能力和所要参与的实践活动是联系在一起的,只有通过具体的社会实践才能了解人的能力和发展人的能力。"能力型"人才培训活动的展开,是一项有针对性的实践活动,它是根据人才在现有工作岗位上的能力适配而开展的。因此,在培训与开发方案的设计上,要充分考虑到受训者自身的能力需求、工作岗位的要求、工作任务的要求三者的统一,从而保证人才在受训后,及时将所学到的知识应用到具体工作实践中。这不仅是一个自我能力的提高与完善过程,也是检验培训是否有效的科学依据。

二、人才开发体系的构建要求

(一)以科学的能力指标体系为基础

"能力指标体系"是根据每个职位的职责而制定的能力标准,是对适应和满足职位职责要求的各种知识、技术和能力的系统性说明。科学的能力指标体系是确定培训内容、选择培训方式、提高培训效果的基础。"能力指标体系"的建设应符合两方面的要求:

1. 强调层次性

人才的能力要求都与人才所在职位的要求相吻合,并且采取由低到高的顺序排列；然后根据不同能力级别的人才制定不同的能力指标体系。例如对于初级管理人才，要求具备根据工作目标进行计划和组织的能力，协同团队工作的能力，与他人合作的能力，参与和适应变革的能力，管理自己行为的能力，收集、分析和使用与本职工作相关信息的能力，有效地使用设备的能力，计算能力，文字表达能力；对于中层管理人才，除具有上述能力外，还必须具备领导和辅导他人的能力、管理资源的能力、适应并推行变革的能力、管理自己行为的能力、研究分析和使用信息的能力；对于高级管理人才，能力指标体系更进一步，要求必须具备管理变革的能力、民主决策的能力和领导力。根据能力指标体系的要求，开展有效的人才培训与开发活动。

2. 突出核心性

无论哪一层次、哪一级别的人才都应该把某项能力作为其必须掌握的"核心能力"。例如，对于公务员类人才的核心能力要求，我国于2003年底出台《国家公务员通用能力标准框架（试行）》，以党和政府对公务员队伍的素质要求为依据，从政治思想、行政管理工作、自身发展、心理调适等方面着眼，提出了公务员必须具备的9种通用能力：政治鉴别能力、依法行政能力、公共服务能力、调查研究能力、学习能力、沟通协调能力、创新能力、应对突发事件能力和心理调适能力。对公务员类人才的培训与开发就要以此为基本指南，相应地确立开发内容与培训方法。

随着时代的发展，能力指标体系的内容也是不断延伸的。对内涵要素的扩展要根据实际工作的需要，既符合人才所处职位的特点，同时又要具有鲜明的时代特色。

（二）以多元化的培训主体为依托

开展"能力型"人才培训与开发，应重视培训主体的能力建设。高水平的培训主体是有效开展能力型人才培训的关键。因此，人才培训与开发需积极吸纳多元化的培训主体，培养人才的多方面能力。培训主体的多元化主要体现为：

1. 培训机构的多元化

随着组织工作职能内容的丰富，知识更新速度的加快，单靠组织本身的培训机构已经无法满足对人才能力培训的要求，于是各种各样的组织培训中心、各大专院校和社会化的优质培训机构一起，共同构成了人才培训与开发的主体网络。各类培训主体各司其职,满足了人才能力发展的要求。近年来,政府又逐渐放宽了对培训机构的限制,广泛吸引私立培训机构进入人才培训市场,共同构成一个完整的人才培训主体网络,有力地承担起人才培训的任务。

2. 师资力量的优化配置

开展人才培训与开发的专家来源广泛,这些教师一般是来自高等教学和研究机构的专家以及社会知名人士。他们在组织内部或外部的实践经验都是一流的。教师是根据人才开发的能力需求而聘请的,教师的结构根据人才的能力需求设定,没有固定的教师队伍。组织对于培训教师采用多种聘用方式,与教师签订短期或中期合同。组织在选择教师时,比较注意教师来源的多样化,保持一定数量的大学教授和社会各界知名人士的比例,这样可以避免能力的相同,有利于受训人才能力的全面发展和提高。

从近些年我国人才培训与开发的改革实践来看,人才的培训与开发是一种社会行为,人才培训与开发应该由社会来承担。通过竞争机制使有能力的高校、私营培训机构参与到人才的培训与开发工作中,从而使不同层次、不同能力级别的人才能力需求得到满足。

(三)以实践性的开发内容为特色

注重实践是人才培训的首要原则,培训应树立"教育重点解决为什么的问题,培训重点解决怎么做的问题"的观念,既重视基础理论的学习与教育,更重视以实践为基础、以问题为中心的学习与教育。强调运用现有的知识,特别是新知识来解决实际问题,重点培养人才分析问题与解决问题的能力。例如,人才培训既注重讲授,更注重实习、案例分析、情景模拟、分组讨论、交流、专题调研、参观、考察实践等。

人才培训与开发的实践中,通过确立以"能力"为指向,明确了人才的发展和人才能力的提高是实施所有培训开发活动的根本目标,减少或避免了人才开发政策行为短期化的倾向。同时,根据以"能力"为指向建立起来的培训开发体系推动了人才队伍整体能力的发展,从而体现了人才在社会和组织中的重要贡献,为组织的可持续发展提供了源源不断的人力支持。

(四)以系统化的运行机制为保证

1. 人才开发体系是一个相互作用的整体

人才培训开发体系内部包含多个方面的内容和程序，它们之间相互连接、相互影响，从而形成一个相互协调的系统。

人才开发需求分析阶段，包括组织分析、任务分析、人员分析三者的有机结合，以科学的能力指标体系和对人才现有能力的确认为基础，它为开发方案的设计奠定了基础；开发方案的设计要围绕开发需求分析的结果来进行，使设计出的方案适合培训对象，针对要解决的问题，突出人才能力的"差别性"与"特殊性"，便于实现所要达到的目的；培训开发的实施阶段，是对培训设计的现实执行，它是"培训需求"与"培训设计"的实现过程；开发效果的评估就是说明培训实施的有效性及其对生产率的贡献，为培训系统的改进提供了有效的信息；开发成果的转化是将培训开发中所学到的知识与技能应用到实际工作当中去的过程，它是在具体的工作岗位中实现能力的阶段。为了实现培训系统的有效运转，各个模块和程序之间要相互匹配，通过匹配来促进开发资源的有效利用。

2. 人才培训体系受外部环境的影响

在外部经济社会环境的影响下，国家的政策法规、科技的发展水平都会在一定程度上促进或阻碍人才开发体系的构建。同时，人才开发要与人才管理的其他环节相匹配。不同类型或层次的人才参加培训开发活动后，对于能力提高得快的要给予奖励，否则要给予惩罚。即人才开发要与对人才的考核、奖励挂钩，这既是对人才开发的有效激励，也是组织人才管理体系中一个必不可少的环节。

三、人才开发体系的运行机制

（一）人才开发需求的分析机制

开发需求是人才现有的能力和工作岗位需要的能力之间的差距，它是解决"能力型"人才开发针对性的关键。也就是说，开发本身不是目的，目的是要通过开发帮助人才解决实际工作中暴露出来的问题，弥补人才在履行工作职责过程中表现出来的技术和能力上的欠缺，同时改善人才自身的行为表现，促进组织事业的发展。通过开发需求分析，可以确立开发目标并确定人才的能力及绩效是否达到了组织的目标。人才开发的需求分析涉及三个要素，即组织分析、人员分析和任务分析。

（1）组织分析。针对人才所在的行政组织的特点，依据组织的发展战略、资源等情况，与组织职能的转变相结合，分析和找出组织中存在的问题与问题产生的根源，以确定是否需要培训或需要培训的具体部门和人员。

（2）人员分析。将人才的实际工作能力对照工作岗位所需要的能力标准，找到差距，从而确定培训的内容与方法。在这一环节中，要将人才个体的职业生涯计划纳入到分析的范围内。随着现代人力资源开发理论的发展，员工的职业生涯计划已经不完全是个人的理想与行为，当人们将管理作为组织目标与个人实现的和谐匹配的过程时，它就成了组织人力资源开发的组成部分。将人才个体的职业发展计划纳入到人才开发的需求环节之中，能更好地了解人才的认知、期望与职业偏好，能提高人才主动参加培训的意识，从而使人才开发计划更有针对性和实用性。

（3）任务分析。针对某项具体的工作要求，查找人才是否具备与之相匹配的能力结构。通过对任务的复杂程度、任务内容与形式、工作饱和程度的分析，使培训的需求分析更加科学。

对以上三个要素的分析，可以为人才开发方案的设计提供有价值的信息与数据，避免培训开发的资源被浪费，为人才开发的其他环节打下基础。

（二）人才开发计划的实施机制

人才实施机制是人才资源开发机制的重要组成部分，由相互联系、互相作用的多种要素组成，这些要素通过一定的机理，有机地整合成一套结构化的动态体系。人才实施机制的运行需要重点关注两个问题：一是要研究教育培训内在的发展规律，包括培训与开发体系的结构、组成要素以及各要素之间的有机联系及相互作用；二是要研究培训与人才发展之间的关系及相互作用，要把培训与员工职业生涯发展有机结合，分析存在的问题及产生问题的原因，并按照育才的客观规律采取相应的措施等。人才实施机制的组成要素主要包括人才开发体系和职业生涯管理体系。

1. 人才开发体系

人才开发体系是人才实施机制的重要组成要素，是指组织内实施培训的组织机构、职责、方法、程序、过程和资源等构成的整体。培训体系涉及的主要内容包括：培训理念、培训管理体制、培训管理制度、培训机构、培训课程和教材、培训者队伍、需求分析、设计与策划、组织与实施、考核与评估等。企业建设适合组织发展的培训体系，应遵循以下原则：以企业战略为导向，全员参与，继承、借鉴与创新相结合，循序渐进、稳步推进，坚持持续改进，组织与人才共同发展等。

人才开发体系建设对提高人才素质和能力，促进组织发展具有重要意义。组织实施人才培训是依据人才需求与组织发展需要，对人才的潜能开发与职业发展进行系统设计与规划的过程，目的在于提升人才的素质和能力，实现人才与组织的共同成长。通过人才培训与开发，向人才传授更为广泛的技能，以适应不断变化的客户需求与组织发展的需要；利用培训开发来强化人才对组织的认同，提高人才的忠诚度，培养人才的客户服务意识，增强人才的适应性和灵活性。

2. 职业生涯管理体系

职业生涯规划是组织与个人针对决定个人职业选择的主观和客观因素进行分析和测定，对职业生涯目标进行开发、实施以及监督的动态过程。职业生涯规划是针对人才的才能和特性设计的成长通道，注重人才在职业生涯中的个性化需求，有利于各类人才立足于岗位发展、岗位成才，全面提升自身职业价值、职业品味和职业贡献。职业生涯管理帮助员工制定职业生涯规划，并在帮助员工职业生涯发展方面开展一系列有效的活动，是组织人力资源管理的重要内容。职业生涯管理的目的：一是建立一种促进优秀人才成长的机制，把人才个人发展与企业发展紧密结合；二是创造一个高效的工作环境，使人尽其才、才尽其用，倡导员工尽心尽力为企业作贡献，组织为人才搭建展示个人才华的舞台；三是提高员工工作的积极性与主动性，达到留住人才、凝聚人才、促进人才全面发展的目的。

职业生涯管理包括职前、职中和职后管理三部分。职中管理针对的是人才从进入组织工作到离开组织的全过程，是职业生涯管理中最主要也是最重要的部分。由于时间跨度非常大，在这一时期，人才个人年龄、身份、经验等因素都会发生显著变化，职业生涯发展需求也随之不断变化，组织有必要根据不同的职业发展阶段采取不同的职业生涯管理方法。构建人才职业生涯管理体系，为人才提供多重成长通道，使其职业生涯发展日趋开阔、专业化，以期达到实现人才职业生涯目标与发展目标的整合。通过职业生涯规划，组织为人才设置了组织内部的职业发展阶梯，引导人才制定渐进式的发展目标。

通过职业生涯管理，不断完善育才机制，促进人才不断成熟与发展，促进组织人才队伍逐渐稳定与成熟，促进人才与组织共同成长。

（三）人才开发成果的转化机制

能力是人才在工作实践活动中形成和发展起来的，所以人才开发的关键在于将培训的成果进行及时转化。也就是说，能及时地将在培训中学到的知识与技能转化为现实中的生产力，与之相配套的就是在人才管理中实行"能级制"。所谓能级，简单地说，就是能力等级。具体到组织中，就是通过科学的测评和考核手段，对人才能力进行评等分级，并最终形成一套由低到高的能力等级序列。

对人才进行开发是依据具体能力指标体系展开的。因此，将人才开发的成果进行有效转化，就要把他们安排到所适应的能级岗位上，充分展示其才能。"能级制"强调人才的能力是可以量化的而且是动态的，这就为人才开发提供了客观的依据。在用人制度上，坚持把有能力、有业绩的人才放到重要的、合适的工作岗位上去，充分利用和发挥每个人的能力与兴趣爱好；在分配制度上，要求根据人才的能力与贡献分配工资与收入；在选拔任用制度上，坚持把有能绩且重能绩的人安排在领导和管理的岗位上。通过建立一系列的机制保证人才的成果做到及时有效的转化。

（四）人才开发效果的评估机制

人才开发评估是指收集人才开发成果以衡量开发是否有效的过程。对人才开发效果的评估就是衡量开发效果是否有效的过程。能力导向的人才开发体系侧重的是人才实际工作能力的提高，而能力的实现在开发过程结束后的相当一段时间才能体现出来。因此，对人才开发的效果评估需要从以下三个方面进行分析：

1. 人才开发的有效性

评价人才开发的效果是否有效，依据在开发实践活动结束后，被开发者从开发中所获得的收益。对于人才所在的组织而言，收益意味着组织效率的提高和组织能力的提升；对于人才自身而言，收益指的是知识的增长和工作能力的提高。

2. 人才开发的高效率与低成本

对人才进行开发，应该把"高效率与低成本"作为评估的一个参考要素。

对人才开发效率与成本的评估。需要将工作效率的提高纳入到评估体系中来。因为将"能力"作为人才开发的价值导向就是为了提高人才的实际工作能力，从而促进工作的绩效。因此，需要对绩效考核中的相关指数进行认真分析。而开发的成本则是指在人才开发活动中投入的人力和财力之总和。在某些情况下，一定的开发主体在投入了一定的人力和财力后，其产出的"效率"不一定能在短时间内被认定，这就为人才开发效果的评估带来了困难。

3. 人才开发的支持度

这是指开发实践活动结束后，人才将所学到的知识与技能应用到工作岗位中受认可的程度。人才的能力要求就是组织或部门对人才的能力要求，对人才开发效果的评估就要来自于组织部门对人才工作表现的评价。对于这个问题，可采用调查问卷的方式、重点对象访谈的方式、360度全面评价的方式，通过采用量化及定性的数据和资料，对人才能力状况进行综合评估。

四、人才开发实践的关键任务

从人才资源开发的角度讲，人才培训与开发是一个动态的、系统的过程，它必须根据社会的发展与工作岗位的变化来不断调整培训的目标、内容、方法与手段。而且，由于人才能力发展的持续性与层次性，必须在能力发展的不同阶段设计有针对性的培训方案，保证人才能力的持续、快速提高。

（一）加强人才开发需求的差异分析

我国原有的人才管理主要是采用主管机构制订计划、实施机构执行计划、受训人员服从计划的管理模式。其核心是开发计划而不是开发需求。近年来，人才开发主管部门和实施部门为使人才开发计划的制订更加符合实际需求，做了很多有益的探索，根据时代发展和工作岗位需要进行了很多变革，这种人才开发计划的制定力图真实地反映出开发对象的需求。

一是要充分考虑人才的个性化需求。人才作为组织活动主体，自身的能力水平是否满足工作岗位的需要只有自己最清楚。对于能力失衡的环节需要通过人才培训与开发来完善其能力结构，提高人才的能力与水平。因此，在制订培训开发计划时，优先考虑人才个体的培训需求是十分必要的。组织人事部门在制订培训计划时应充分考虑人才个体的学习和职业发展需求，使人才的培训开发计划具有针对性与实用性。

二是要充分考虑能力需求的差异性。不仅不同的组织、不同的工作岗位对人才能力的需求是不一样的，而且人才个体在其职业生涯的不同阶段对能力的需求也存在着差异性。这种差异性决定了培训与开发的内容、方法与技术的差异性。但是，在我国公务员培训的课堂内，常常看到不同文化程度、不同工作性质的人才统一接受相同内容的培训。这样的培训计划使公务员的主观参与性不强，违背了制订培训计划的初衷。

（二）优化人才开发的操作技术

从人才开发培训的目的出发，开发对象的选派应避免盲目性，避免只要人才级别相同，不论岗位如何、能力状况和需求如何，都采用同一种开发培训模式的误区。随着我国人才开发培训体制与机制的不断完善，人才开发培训将形成主管部门宏观调控，办学单位提供培训菜单，由人才自主选择、主管领导批准的供有所需、需有所求的能力培训模式。这不仅有利于提高人才开发培训的针对性和实用性，而且有利于提高人才参训的积极性和主动性，促使人才培训逐步走上法制化和规范化的轨道。

1. 制定人才开发指标

能力指标体系的制定是"能力型"人才开发培训得以展开的基础和关键。根据不同组织和岗位的人才能力标准，制定规范的核心能力模块，使人才能力的培训开发具有针对性，推进人才能力建设的深化。能力要素是指每一个能力模块所包含的具体能力要求，是能力架构的细化，需对每一能力要素中具体行为标准作出明确规定。人才能力要素的行为标准是对各项能力要求的行为化表述，是能力评估的依据，也是设置能力导向型的开发培训课程的客观依据。

2. 强化人才开发需求分析

需求分析是提高人才开发针对性和实效性的关键环节。进一步明确组织发展战略对人才资源与培训工作提出的要求，突出培训需求的战略导向，要把组织需求、岗位需求和个人需求有机结合，把培训需求分析作为制定育才计划的科学依据和首要环节。大多数组织都成立了由组织领导和业务部门负责人组成的培训工作委员会，应进一步发挥教育培训工作委员会的作用，加强对培训需求分析工作的指导。加快培养一批熟练掌握培训需求分析方法和工具的专业人员，使培训需求分析工作逐步科学化、规范化。

3. 优化人才开发计划的设计与规划

以需求分析确定的能力差距或问题清单为依据,围绕组织迫切需要解决的关键问题设计和策划培训开发项目,增强人才开发的针对性和实效性。组织人事部门、培训机构和业务主管部门等应共同进行培训项目设计与策划工作,聘请有丰富理论和实践经验的专家组成专家指导小组,参与培训项目设计与策划工作,优化培训设计方案,对培训全过程进行指导。

4. 确定连续性的人才开发内容

人才开发既要促进人才知识的更新和延续,又要促进人才能力的提升。现代组织人才开发培训的内容应符合人才能力提高的层次性,把人才能力提升的开发培训当成是人才终身教育的一个阶段,建立"终身学习"的理念。人才开发培训的持续性适应人才能力发展的连续性与层次的递进性,促进人才能力由低级向高级转化。因此,人才开发培训内容的设计必须把长远目标与现实需要结合起来,对人才能力培训进行统筹规划。一方面,要着眼于未来发展对人才能力素质提出的较高要求,着眼于全面提高人才的整体能力,突出学科体系和课程体系中能力培养的含金量,使课程体系的创新和完善紧密围绕提高人才能力这个中心来进行;另一方面,要从实际出发增强人才开发培训的针对性和实用性,针对现实急需和人才能力水平存在的薄弱环节,突出阶段性重点,加大人才核心能力和急需能力课程的研发力度,争取使人才的能力素质在短期内有一个质的飞跃。

5. 采取多样化的人才开发形式

根据成人教育的特点和人才能力需求的具体情况,采取"启发式""研讨式""角色模拟""管理游戏""拓展训练""工作轮换"等现代化的教学方法和手段,提升开发培训的灵活性。

6. 细化人才开发的组织与实施

在人才开发方案确定后,要根据人才开发项目的要求,编制详细的人才培训开发实施计划,一经批准就要严格按实施计划落实。在人才培训开发项目的组织与实施过程中应推行项目管理制度,实行项目化运作,加强开发全过程的质量监控,使人才开发的组织与实施工作科学有序。

(三)强化对开发成果转化的激励

人才开发活动的实施流程一般都包括了开发需求分析、开发计划设计、开发活动实施、开发效果评估四个阶段。就人才资源开发的角度而言还有极为重要的一环——如何将人才开发的成果转化为实践。人才开发的目的就是要提高人才的实际工作能力。开发成果的转化就是指人才将在开发过程中学到的知识、技能和行为应用到实际工作当中去的过程。开发成果的转化受很多种因素的影响，其中"运用所学能力的机会"与"能力实现的激励机制"这两个因素更为重要。

1. 人才运用所学能力的机会

指受训者得到的或受训者自己努力寻找的、在开发项目中运用所培训的新知识、新技能以及新行为的机会。受训者在开发培训中应用所学能力的途径之一便是安排他们去从事需要运用所学内容的工作，比如解决一些问题、承担一些任务等。在这一环节中，上级的管理者起着关键性的作用。例如，管理者要安排人才到最适合其能力发挥的工作岗位，扩大人才对所学能力应用的广度、提高所执行任务的难度与关键程度。这不仅是对人才开发效果的检验，也是对人才自身能力是否提高的有效检验。

2. 人才开发成果转化为现实工作能力的程度

若经过一段时间的工作实践之后，参加培训的人才与没有参加培训的人才相比，或人才参加开发培训后与参加开发培训之前相比，能力提高得很快，那么相应地，要对此进行表彰与奖励。相反，就要进行批评与惩罚。这就意味着对人才的评估不应仅就开发来论开发，而要与下一阶段人才管理的其他环节相配合，包括人才的奖励晋升制度、考核制度以及增加的管理职能与职责等相互呼应，也就是要将系统的观点纳入到整个人才开发的活动当中。

（四）加强人才开发效果的评估

从经济学意义上分析，人才资本可视为一种特殊的资本形态，其本身可以再投资，从而形成资本的积累和再增值。人才开发培训的本质就是对人才资本的再投资。随着时代的发展，组织对人才资本的再投资不再局限为增加人才开发培训的成本支出，而是有了新的理念，重要的措施如强化投资内容、强化投资主体、强化投资特点等。

对人才资本的再投资是一种"经济行为"，要讲求成本与收益观。对人才进行的开发培训，只有当开发培训的实际收益大于其投入时，才是必需的和有益的。将收益观引入人才开发，树立投资与收益相对称的思想来规划开发项目、实施培训方案，是避免培训资源浪费和无效现象、避免开发风险的重要措施。同时，对于人才亟须提高的能力或是某岗位迫切的能力需求，加大资源的投入，可以实现资源的优化配置和开发收益的大幅提升。

本章复习思考题

1. 人才开发实施的内涵与目的是什么？
2. 人才开发实施包括哪些类型？
3. 人才培训与开发体系的内涵和特点是什么？
4. 人才开发体系的构建有哪些方面的要求？
5. 人才开发体系的运行机制包括哪些方面？

第五章 人才开发方法

本章教学目标与方法建议

本章教学目标是了解人才开发概论的相关理论基础,人才开发的目标领域与层次,人才开发项目的设计原则,人才开发项目的内容构成,组织人才开发的含义和特点,人才开发的方式与方法,组织人才培训的方法。重点要掌握人才开发项目的设计,人才培训项目的实施与管理,人才开发项目的规划与设计。

本章建议采用和人力资源开发方法相比较的学习方法,借鉴成熟的人力资源开发经验和方法、工具,来完善和创新人才开发方法。

【导入案例】

谁应该参加培训?

这是在行政管理部办公室里的一场对话:

主任:小李,上次培训部要我提报一位员工参加一个行政管理方面的课程,是在外地的封闭式培训,上课地点在一个风景区,安排在周四到周六这三天。你这两个月的工作都完成得很不错,我就把这个机会给你,让你去参加培训。

小李:那太好了,主任。是什么课程啊?我正好对最近一些前沿的管理方法很感兴趣。

主任:我也不清楚,反正培训部给我们一个名额,你去参加就是了。

小王:主任,我也希望能有机会接受这类培训。

主任:可以啊,不过你这段时间的工作安排得很紧,哪儿还有时间去参加培训。等你忙过这阵子,我也会让你参加。

第五章 人才开发方法

人才培训的目的是为了提升工作人员的能力,为有需要的人员安排适当的培训。但在上述实例中,该办公室主任却把培训当作福利或奖励,并未用心重视工作人员在培训上的需求和实际作用。看谁有空就让谁去参加培训,派闲人出培训公差。这种人员轮流派训的方式,看似人人平等享有培训的机会,实际上却成为一种形式化的参与。这样的结果不但浪费了人才培训的资源,甚至会产生负面影响,让真正需要培训的人员失去学习提高的机会,对参训的人员也不见得会产生有效的激励作用。

第一节 人才开发概论

一、人才开发的意义和作用

(一)人才开发的意义

人才在构建和谐社会、推动经济和社会发展方面的作用非常明显,人才开发是经济和社会发展的基础和动力来源。诺贝尔经济学奖获得者贝克尔曾说,如果说科技是现代经济腾飞的发动机,人才就是这个发动机得以运转的"燃料"。

人才开发与经济发展有着高度相关性。统计分析表明,从人才投入与物质投入的效益对比看,我国全社会教育经费投入每增长1%,可以拉动经济增长0.98%,而全社会固定资产投资每增长1%,只能拉动经济增长0.44%[①]。可见,人才开发的投入对经济增长的拉动作用比物质资源的投入拉动作用大。从经济发展实践考察,人才资源开发与经济增长之间存在互为因果的双重关系,人力资源的水平差异已成为经济增长的"瓶颈"之一。从经济发展的前景分析,不同区域和组织都面临着人才资源短缺和发展竞争的双重压力,人才资源的替代性和智力的无限可开发性越来越受到重视。我国经济结构多重复合性的变化,也对人才资源结构的调整、改善、优化提出了更迫切的要求。

2003年,我国召开了新中国成立以来首次人才工作会议,并下发了《中共中央 国务院关于进一步加强人才工作的决定》,《决定》指出:"必须坚持人才资源的开发与经济社会发展相协调",要求把人才工作作为制定国民经济

---

① 李章军. 人民日报,2005—10—31:(10).

和社会发展规划的重要内容,建立健全人才资源开发宏观调控体系。随着知识经济的出现和推行科学发展观的要求,适应经济社会发展对人才资源总量、结构和素质的需求,有效盘活人才资源存量,大幅度提高人才资源增量,不断提升人才资源素质,调整和优化人才资源结构,紧密配合国家重大发展战略的实施,开发和配置人才资源。

科学化的人才开发过程包括以下三个方面:① 首先,要测度人才强国战略的实现程度,即评估人才开发对社会、经济等各方面发展的影响。通过经济效能、科技效能、社会效能和政治效能进行定性和定量的分析,从而评定人才的综合实力和贡献度。其次,要评估人才开发工作的成效。人才开发工作的成效体现在对人才发展的促进作用上。所以,开发指标体系应体现人才在数量、地域、结构、质量等方面是否得到科学合理的配置。最后,通过评估人才开发战略起到引导作用,利用评估指标来引导人才资源的开发和使用向健康合理的方向发展。

(二) 人才开发的指导思想

一是确立"以人为本"的评价理念。从对人才的全面分析与评价出发,确立人才布局与经济社会时空均衡、和谐发展的理念。人才开发、人才管理以及人才评价等工作的进行,应着眼于经济发展与人才开发在一定时空上的有机协调,并使其与资源环境的承载能力相适应。

二是注重人才开发评价及人才工作评价与人才实际工作状况匹配的真实有效。从经济社会和组织发展的实际出发进行评价,在此基础上提出人才开发的建议和对策,以促进经济社会与人才开发战略的同步推进。

三是强调厘清人才实际状况、引导人才开发战略的指导功能。强调人才开发评价对人才工作的指导功能。通过对人才开发状况的客观评价,有助于明确政府和组织履行人才开发及管理职责的领域,增强人才开发战略规划的针对性,突出人才管理机构的重点任务;加强人才规划的引导性和前瞻性,发挥人才开发对经济社会和组织发展的长期调节和指导作用。

---

① 吴江. 把握更好实施人才强国战略的关键. 中国人事报,2008—03—11:(1).

二、人才开发的目标与层次

(一) 人才开发的目标类别

在实施人才培训和选择培训技术时,首要的任务是给所要设计的培训项目进行目标定位。这项工作包含两个方面的含义:一方面是确定培训项目的目标和类别;另一方面是在此基础上选择培训方式和方法。

人才培训应达到的全部目标分为三个领域:由知识掌握与理解及智力发展诸目标组成的认知领域;由兴趣、态度、价值观和正确判断力、适应性的发展诸目标组成的情感领域;由各种技能和运动技能诸目标组成的精神运动领域。这三大领域的目标可以分别进行细分,从而形成目标层次体系。课程设计应当明确在各自领域达到最终目标的过程中顺次达到的目标系列,进而形成不同的培训项目类别。

(二) 人才开发的类别和层次

现代人才培训的类别按其性质分为五个层次,即知识培训、技能培训、态度培训、观念培训、心理培训。

1. 知识培训——知识更新

其主要任务是对参训者所拥有的知识进行更新。课程设计的主要任务是知识的传授和学习,要解决的是"知"的问题。终身教育理念普遍得到认同已成为时代的重要特征。知识培训仍然是最基本的培训类型。由于知识培训和普通教育的差别不大,因而也是人们最熟悉的,课程设计相对也比较容易。

2. 技能培训——能力补充

其主要任务是对参训者所具有的能力加以补充。课程设计的主要目标是解决"会"的问题。现代培训就是要不断地加强人的能力补充,使现代人越来越具有把知识及时转化为能力的本领,使人才所拥有的能力越来越全面。这类培训目前是培训实践的热点,对其课程的设计也有很多的尝试。

3. 思维培训——思维变革

其主要任务是使参训者固有的思维模式得以创新,课程设计的主要目的是解决"创"的问题。思维能力不仅是人的学习继承能力,也是一种可以重新整合的能力。思维培训就是要重视对人的思维模式的训练,使获得创新思维成为教育培训的一种全新内容。

4. 观念培训——观念转变

其主要任务是使参训者持有的与外界环境不适应的观念得到改变。课程设计的主要目标是解决"适"的问题。不论是对组织还是对个人而言，那些成功的措施和观念很快会变得过时，转变观念、适应环境往往成为人们取得成功的关键。课程设计本身也面临着转变观念的要求。

5. 心理培训——潜能开发

其主要任务是开发参训者的潜能。课程设计的主要目标是解决"悟"的问题。课程设计的主要思想是通过心理的调整，引导参训者利用显能去开发潜能。

这五个层次的培训是由表层逐步深入且相互联系的，不同性质的培训，其深度也是不同的。由于知识以及科技融合的趋势对人才的素质提出了新的要求，由对专业性人才的需求转变为对复合型人才的需求，由注重知识和技能转变为更注重态度、观念和心理，因此，培训目标也要实现相应的转变。在传统的重视知识和技能培训的基础上，加强态度培训、观念培训和心理培训；由传统的注重培训目标的单一性和专业化转变为重视培训目标的综合性和多样化。由于每一个培训计划的性质不同，培训的内容也不相同，应该针对不同的计划设计不同的培训项目，形成完整的课程体系。

三、人才开发方法的选择

（一）优选人才开发方法的要求

每一种类型的人才开发，其方法都有长处、短处并且有一定的适用领域。优选人才开发的技术，也就是要选择最适合人才开发要求的方式与方法。优选培训与开发技术应考虑以下几点要求：

（1）针对性。选择培训开发技术要有针对性，即针对人才个体的工作岗位和任务来选择。

（2）适应性。培训开发的方式方法要与组织人才开发的目的及目标相适应。

（3）适配性。选用的培训开发方式与组织选派的被开发者群体特征相适配。

（4）可行性。人才培训开发技术的选择还取决于培训开发的资源与可能性（设备、花销、场地、时间等）。

(5) 延续性。人才开发技术的选择要与组织发展状况和培训文化特征相适应。

(二) 根据培训要求优选培训方法

人才开发的技术和方法是为了有效地实现人才开发目标而挑选出的培训手段和技法。它必须与培训需求、培训课程、培训目标相适应，同时应该符合被开发者的要求。

从培训方法与培训内容、培训目标的相关关系出发，对企业培训中的培训方法可做如下分类：

(1) 与事实和概念的培训相适应的开发技术，包括讲义法、项目指导法、演示法、参观等。

(2) 与解决问题能力的培训相适应的培训方法，如案例分析法、文件筐法、课题研究法和商务游戏法等。

(3) 与创造性培训相适应的培训方法，如头脑风暴法、形象训练法和等价变换的思考方法等。

(4) 与技能培训相适应的培训方法，如实习或练习、工作传授法、个人指导法和模拟训练等。

(5) 与态度、价值观以及陶冶人格情操教育相适应的培训方法，如面谈法、集体讨论法、集体决策法、角色扮演法、悟性训练和管理方格理论培训等。

(6) 与职业生涯发展相适应的开发方法，如自我开发的支持、OJT以及将集中培训运用在工作中的跟踪培训等。

第二节 人才开发项目的设计技术

一、人才开发的目标领域与层次

组织在实施人才开发项目设计时，首要的任务是进行项目定位。这个工作包含两个方面的含义：一方面是要确定培训项目的类别；另一方面是对培训层次的定位，由此决定培训项目的目标，培训技术和方法的选择也要以此为依据。

人才开发项目应达到的目标可分为三个领域，一是由知识掌握与理解与智力发展诸目标组成的认知领域；二是由兴趣、态度、价值观和正确判断力、适应性的发展诸目标组成的情感领域；三是由各种技能和运动技能诸目标组成的技能领域。这三大领域的目标各自又可以进行细分，从而形成目标层次体系。人才培训项目设计应当明确在各自的领域达到最终目标的过程中顺次达到的目标系列，进而形成不同的培训课程体系与培训技术体系。

现代人才培训按其性质分为五个层次，即知识培训、技能培训、态度培训、观念培训、心理培训。这五个层次的培训是由表层逐步深入且相互联系的，不同性质的培训，其深度也是不同的。由于知识以及科技融合的趋势对人才的素质提出了新的要求，由对专业性人才的需求转变为对复合型人才的需求；由注重知识和技能转变为更注重态度、观念和心理。培训目标也要实现相应的转变：在传统的重视知识和技能培训的基础上，加强态度培训、观念培训和心理培训；由传统的注重培训目标的单一性和专业化转变为重视培训目标的综合性和多样化。

二、人才开发项目的设计原则

人才培训项目设计的原则可以概括为"满足需求，重点突出，立足当前，讲求实用，考虑长远，提高素质"，同时还要考虑激励性、职业发展性等。

1. 因材施教原则

在组织中，从普通员工到最高决策者，所从事的工作不同，创造的绩效不同，能力和应当达到的工作标准也不相同。所以，设计员工培训项目应充分考虑他们各自的特点，做到因材施教。也就是说，要针对员工的不同文化水平、不同职务、不同要求以及其他差异区别对待。

2. 激励性原则

培训的对象是组织的员工，这要求把培训也看作是某种激励的手段。现代组织一般把培训作为一种激励的手段，员工也会对那些重视培训的组织情有独钟。因为员工在接受培训的同时，将感受到组织对他们的重视，这样有利于提高自我价值的认识，也有利于增加职业发展的机会。

3. 实践性原则

在实施培训项目的过程中，应千方百计创造实践的条件。培训的最终目的就是要把工作干得更好。因此，不能仅仅依靠简单的课堂教学，更要为接受培训的员工提供实践或操作的机会，使他们通过实践，真正地掌握要领，在无压力的情况下达到操作的技能标准，较快地提高工作能力，从而促进培训项目成果在实践工作中的转化。

4. 反馈及强化性原则

在培训项目实施的过程中要注意对培训效果的反馈和强化。反馈的作用在于巩固学习技能、及时纠正错误和偏差，反馈的信息越及时、准确，培训的效果就越好。强化是结合反馈对接受培训人员的奖励或惩罚。这种强化不仅应在培训结束后马上进行，如奖励接受培训效果好并取得优异成绩的人员，还应在培训之后的上岗工作中对培训的效果给予强化，如奖励那些由于培训提高了工作能力并取得明显绩效的员工。

5. 目标性原则

为受训者设置明确且具有一定难度的培训目标，可以提高培训效果。培训项目目标设置得太难或太容易都会失去培训的价值。所以，目标设置要合理、适度，同时与每个人的具体工作相联系，使接受培训的人员感受到培训的目标来自于工作又高于工作，是自我提高和发展的高层延续。

6. 延续性原则

培训的效果一定要延续到今后的工作中去。这一原则尤其要强调，组织对于那些已经接受培训的员工如何使用，以及如何发挥他们已经掌握的技能，最有效的办法是给他们更多的工作机会、更理想的工作条件。而对其中确有工作能力、真正优秀的员工应委以重任，直至为他们提供晋升的机会。

7. 职业发展性原则

这也是培训在员工身上所体现出来的延续性原则。员工在培训中所学习和掌握的知识、能力和技能应有利于个人职业的发展。作为一项培训的基本原则，它同时也是调动员工参加培训积极性的有效法宝。

三、人才开发项目的内容构成

培训项目主要有以下几部分：

1. 培训方案的确定

在培训需求分析的基础上，罗列出各种人才培训需求的优先顺序，并根据组织的资源状况优先满足那些排列在前面的需求。明确培训项目的人才目标群体及其规模，考虑他们在组织中的作用，目前的工作状况和知识技能态度水平，然后进行后续的目标设定和课程安排等。确定培训目标群体的培训目标，要考虑到个体的差异性和培训的互动性，并针对培训预期达到的结果、完成任务的条件、达到目的的标准（即完成任务的速度和工作规范）给予明确、清晰的描述。

2. 培训内容的开发

培训内容的开发要结合上述培训项目设计原则，设计课程、内容、培训方式和方法等。

3. 实施过程的设计

充分考虑实施过程中的各个环节和阶段，合理安排培训进度，把培训内容以问题或能力为中心分解成多个学习单元，按照各个单元之间的相互关系和难易程度确定讲授的顺序、详细程度和各自需要的时间，形成一个完备的培训进度表。

合理选择教学方式，根据教师期望对培训的控制程度和受训者的参与程度并结合培训内容，确定以什么方式更能达到效果。

全面分析培训环境，培训时的环境应尽量与实际工作环境相一致，以保证培训结果在具体工作中能够得到很好的应用。

4. 评估手段的选择

如何考核培训项目的成败，如何进行中间效果的评估，如何评估培训结束时受训者的学习效果，如何考察在工作中的运用情况。这些在设计培训项目规划的时候也是必不可少的一部分，培训项目评估的目的、手段和具体实施影响着整个培训项目。

5. 培训资源的准备

培训需要的资源，包括人、财、物、时间、空间和信息等的准备与使用。资源分析实际上也是可行性分析，以此确定培训能否展开，是采取组织内部培训还是外部委托的方式培训，又或者是与外部机构进行合作培训。

6. 培训成本的预算

培训的目的是提升组织竞争力，因而培训项目的投资回报是衡量培训项目成功与否的重要指标。

培训项目规划总是需要得到高层管理者的批准，而高层管理者除了关心规划是否完善可行外，更关注培训项目的成本效益分析。因此，进行成本预算是得到高层批准的必需环节，同时，成本效益也是对培训实施过程中各项支出的一个参考。

四、人才开发项目的设计

（一）明确需求导向的培训目的

目标是期望的成果。这些成果可能是个人的、部门的或整个组织的努力方向。组织在做培训的时候就必须明确自己的目的。这里的培训目标不是一个大而空的概念或口号，而是可以真正指导培训者和受训人员的方向甚至是计划。所以在进行详细的培训需求分析之前，应设定好培训的预期目的，并且通过具体的培训目标加以衡量。

人才培训以组织目标的实现为目的，分析组织在一定时期内的培训需求，培训计划随组织的发展变化而不断调整，真正服务于组织发展的需要，明确组织到底培训什么？是目前员工技能的提升，还是未来组织发展的需要。系统的培训计划要根据基于组织战略的人力资源计划来制定，培训需求分析就是为实现组织战略目标对人才的要求应运而生的。所以，组织在制定员工培训计划的时候，既要考虑短期目标，又要考虑未来的长期目标，并将二者有机结合起来。因此，要正确认识智力投资和人才开发的长期性和持续性，抛弃那种急功近利的培训观念，坚持人才培训的长期性和战略性。

（二）基于人才开发的需求调查

通过需求分析确认差距和根源，也就是明确组织能力、员工素质技能与业务目标的差距；明确差距的根源及解决方法；明确通过培训可以解决的差距，即培训解决问题的能力。

基于需求分析调查可为培训计划的制定提供依据：

（1）培训结果要达到什么样的标准。培训的总目标是宏观的、抽象的，需要不断分层次细化，使其具体化、具有可操作性。要达到培训目标，就要求员工通过培训掌握一些知识和技能，即员工通过培训后了解什么、能够干什么、有哪些改变等。

（2）将培训目标具体化、数量化、指标化和标准化。在设定培训目标时，要用最清晰的、标准的、有指导性的语句。对合格、熟练、优秀一类的词语必须加以量化。具体化、数量化、指标化和标准化是制定培训目标时不可或缺的要求。

有了明确的培训总体目标和各层次的具体目标，对于培训者来说，就确定了教学实施计划，从而指导他们积极地为实现目的而教学；对于受训人员来说，明确了学习目的之所在，朝着既定的目标不懈努力，才能达到事半功倍的效果。

（三）培训需求分析结果的整合

培训是为了达到统一的科学技术规范、标准化作业，通过目标计划设定、知识和信息传递、技能熟练演练、作业达成测评、结果交流公告等现代信息化的流程，让员工通过一定的教育训练技术手段，达到预期的水平。在做培训之前，要进行对培训岗位需求的分析；而在做系统的培训之前，这一需求的分析就必须落实到纸面上，因此需要撰写培训需求报告。

做好培训需求调查与分析包括两个方面：做好组织层面的培训需求调查分析和做好员工层面的培训需求调查分析。

对于组织层面的培训需求调查与分析，要使得最终选择的培训内容既能着眼于当前所需新知识、新技术的传授，又能着眼于企业未来的发展。

对于员工层面的培训需求调查与分析，更多地以问卷调查法和面谈法为主，调查中应该包括的信息有理想工作绩效、实际工作绩效、受训人员对工作的各方面感受、受训人员自认为产生绩效问题的可能原因及解决问题的可能途径。通过理想工作绩效与实际工作绩效的对比，岗位应有知识、技能、态度与员工现有知识、技能、态度的对比，找出差距所在和造成差距的原因，最终形成一份详细的调查报告，交由最终负责培训的培训师。

得到所有的结果之后，对结果进行审核（审核其可靠性）、分类（对不同问题、不同结果进行分类）、编码（对分类的结果进行编码）、统计（对于可数字化的结果进行统计、加总）、制表、画百分比（使得结果更为清晰、直接）、再次审核（检查整合的过程中是否存在操作性的错误）、打印、提交、存档等。

综合了组织和员工两个层面的需求后，将组织的战略发展与员工的个人素质提升相结合，根据调查所得结果再形成一份可行性分析报告，提出真正有针对性的解决问题的培训方案,并确保培训需求的分析报告是在整理所有的培训需求后得到的。

最后,就是总结反馈,这一步骤也是很多组织培训时易"省略"的环节,似乎交了报告就一了百了,而不顾调研的真正目的是否达到。

(四)界定清晰的培训目标

在做好培训需求的分析之后,要明确培训的目标。培训目标并不是一个空泛的概念,而是有一定要求的。

(1)培训目标应解决员工培训要达到什么样标准的问题。培训的总目标是宏观的、抽象的,需要不断分层次细化,使其具体化、具有可操作性。要达到培训目标,就要求员工通过培训掌握一些知识和技能,即员工通过培训后了解什么、能够干什么、有哪些改变等。

(2)将培训目标具体化、数量化、指标化和标准化。在设定培训目标时,要用最清晰的、标准的、有指导性的语句。对合格、熟练、优秀一类的词语必须加以量化。具体化、数量化、指标化和标准化是制定培训目标时不可或缺的要求。

(3)培训的目标要能有效地指导培训者和受训人员。培训资源可分为内部资源和外部资源,内部资源包括:组织的领导、具备特殊知识和技能的员工;外部资源是指:专业培训人员、学校、公开研讨会或学术讲座等。在众多的培训资源中,选择何种资源,最终要由培训内容及可利用的资源来决定。

由于组织期望的培训结果只有一个,因此,培训目标就必须清晰地让不同的培训者都意识到自己要做什么,要达到一个什么样的目标。培训者只有在准确的培训目标指导下,才能知道自己的培训要在哪个方面进行(是操作能力还是思维方法),才能知道自己培训的标准是什么(是让学员都了解就可以了还是要全部在有考核的情况下熟练掌握)等。在此基础上,量化的目标和具体的流程,才能真正起到指导培训的作用,才不会使培训变成徒劳无功的过程。同时,受训人员在知道自己的培训目标后,会自发地把握好自己的度,使自己在最短的时间内用最有效的方式与培训者配合,达到培训的目标。

(五)制订项目计划和培训方案

组织在进行培训之前,应针对拟培训的部门和岗位制订科学的培训计划。在具体操作中,组织应定期对人力资源状况进行全面清查,即进行人员需求预测和供给预测，在此基础上做出合乎要求的计划。通过供给预测，了解现有人力资源数量、质量、结构、预期可能出现的岗位空缺状况等；通过需求预测，了解产品市场需求、工作时间变化、员工的稳定性等。在这两种预测的基础上，从基础知识、专业技能、管理思维等方面对员工进行系列培训，以确保满足组织未来用人需求，实现培训的目标。

培训项目计划直接来源于培训需求，因而，培训项目的目标应服务于员工的培训需求，但又不同于培训需求。一般情况下，组织是按照培训需求的关键点组织相应的培训项目，一个培训项目通常只能承担某一特定的培训需求工作，企图通过一次培训活动实现多个培训需求是相当困难的。因此，在拟定培训项目目标时，一方面要明确指出受训者在接受培训之后所应掌握的知识和技能；另一方面，也是更关键的一点，应该指明受训者在接受培训之后，应达到的组织期望的业绩。

培训方案是对某一个或少数几个培训需求要点的操作性细化方案，反映了组织对该培训项目的基本意图与期望。培训项目明确地表达了组织对受训者接受相关培训之后，在行为表现和业绩方面应该达到的成果。一个完整的培训方案包括三个基本要求：

（1）培训目标对受训者传达的意图。项目目标要明确、具体地阐述清楚受训者在接受培训后，能够做什么、在什么条件下去做，以及做到什么程度。包括：①受训者在培训后应该表现出的行为；②受训者经过培训后应该实现的工作业绩；③评价培训后产生业绩的标准。

（2）组织对受训者的希望。包括：①组织希望受训者在培训完成后能够做什么；②组织希望受训者在哪些特定的情况下表现出这些行为；③组织希望受训者的业绩达到什么标准。

（3）受训者如何将培训项目要求与自身情况结合。确定培训项目目标并准确表达出来是一项十分重要的任务。培训项目能否真正对受训者的绩效产生影响，与培训项目的目标设置息息相关。

明确各培训项目信息。培训项目信息包括：明确方案涉及的培训项目；评估现有的培训资源，包括人员、资金、课目、师资等；确定培训重点项目和常规项目，确定培训工作的重点；确定培训需进行的课程开发、师资培养、建设系统，确定培训计划和培训预算。

(六) 培训项目计划的沟通和确认

首先，要获得与培训相关的部门、管理者和员工的支持，以便落实培训计划。其次，要说明报告的内容。例如培训的出发点、培训要解决的问题、培训的方案和行动计划、希望得到的支持等。良好的计划是成功的一半。当培训计划是在为组织发展提供帮助，是在为管理者提高整体绩效时，培训将发挥出最大的作用。部门级的培训计划要与各部门经理进行讨论。要严格控制培训预算，但培训内容可以增加，当然主要是通过内部培训的方式解决。另外，培训经理要向部门经理讲清楚，部门经理级培训由培训经理协助部门进行，而不是由培训经理全权负责。否则，在培训实施过程中容易出现管理纠纷。

五、人才培训项目的实施与管理

(一) 人才开发的组织管理理念

人才开发组织管理者的人才观念与培训技术选择有着密切的联系。对应每一种培训观念，分别都有一套对培训目的、学习者、教员以及培训方法的界定和解释。

现代组织对人才培训的理解、对人才培训的设计与实施，都和传统的人才培训有所不同，"人才开发"是一种全新的概念，它与组织的发展结合在一起，其"培训设计"是与组织发展战略的制定同步进行的。培训策略的选择主要就是营造一个让人才可能在实际经验中自己教育自己的环境，而且这个环境是管理者和领导者可以控制的；培训方法是以自我学习为主，管理者与员工互动、员工与员工之间互动、大家经验共享的模式；人才培训的时间是组织发展的全过程；培训设计的"课堂"就是这个学习型组织活动的整个空间连同它所在的环境。

制定培训策略还要充分考虑组织特征和学习者风格。培训项目的接受者是成年人，他们有自己的经验和学习经历，有自己惯用的学习方法，有与岗位工作紧密联系的学习需求，因此，培训项目的执行要尽量遵循成年人的认知规律，注意选择那些能调动他们学习积极性的培训策略和方式方法，以提高学习的效果。学习型组织作为未来企业成功的模式，具有崭新的学习观念，其培训战略的制定可以归结为四个原则：第一，系统地从过去和当前的培训项目与经验中学习；第二，鼓励使用数量化的测量标准和衡量基准进行培训信息反馈和改进；第三，视参与者的支持为培训的一部分和进步依据；第四，促进各个培训参与主体之间的联系，实现资源共享。

（二）人才开发项目的管理内容

人才开发项目的计划管理，是根据组织近期、中期和远期的发展目标，对人才培训需求进行预测，然后制定培训活动方案的过程。它是一个系统工程，包括确定组织目标、分析现阶段差距、确定培训范围、拟定培训内容、选择培训方式、确认培训时间以及培训计划的调整方式和组织管理等工作。

人才开发项目的实施管理，就是根据已确定的教育培训计划和组织对人才的开发需求，着手培训课程的设计、培训讲师的确定、培训场所的准备、相关辅助材料及开课等组织工作。

人才开发项目的评估管理，是提高人才开发有效性的基础工作。一方面，人才开发评估的结果是人力资源部门向上级汇报的重要资料之一，让组织领导层和业务管理者认识到人才开发能帮助业务部门产生绩效，是培训获得重视、认可、支持的重要方式；另一方面，科学的人才开发评估对于了解人才培训投资的效果，界定培训对组织的贡献，证明人才培训所做出的成绩非常重要。

第三节 组织层面的人才开发

一、组织人才开发的含义和特点

（一）组织人才开发的含义

组织内的人才开发是指组织通过对人才个体的职业定位与职业历练提供人才素质的开发形式，主要包括职业生涯规划、工作设计、工作专业化、工作轮换化、工作扩大化、工作丰富化等。[①]

人才的职业开发是一个持续的过程，在该过程中，人才个体通过一系列的阶段不断发展自己，在每一个阶段中拥有相对独立的主题和工作任务。组织人才的职业开发是人才知识经验和领导能力开发的一项重要方法。因此，

---

① 萧鸣政. 人力资源开发. 北京：高等教育出版社，2002：132.

组织需要依据素质标准的要求，帮助人才识别自己的需求，认知自己的优势和劣势，建立变化的愿景，制定相应的职业生涯规划与行动计划，然后根据计划帮助人才行动起来，不断使得他们达到人才与岗位、人才与组织的匹配。

（二）组织人才开发的定位

以能力为本位进行人才开发的目标定位与人才开发的方法选择，这是一种注重提高人才素质能力和开发结果的技术。这是组织人才开发的新阶段，即人才开发围绕组织和个人的共同发展，将能力作为人才开发目标，能够有效地挖掘人才的内在潜能，也能够有利地消除人际关系等消极因素在人才开发与管理中的影响。在以能力为本位的人才开发理念指导下，实施人才开发的分类管理，依据不同的开发目的和开发类别进行人才的职业开发。

以能力为本位的人才开发在长期的人才工作实践中已经取得了巨大的成效。一方面，它着眼于提高开发对象的实际能力，有效的开发技术能够运用到实际工作中，并结合了组织职位分类中工作评价因素和品位分类中人员素质因素，是职位所需资格条件、技能与人才所具有的资格条件、技能的结合体。此外，能力本位的开发技术对人才开发者同样提出了要求，即必须转变角色意识，应鼓励开发对象积极性和创造性的发挥。另一方面，以能力为本位的人才开发技术也强调开发效果的反馈，强调人才开发效果评价与开发过程同样重要。

（三）组织人才开发的特点

1. 人才开发的针对性

人才开发的基本目的，是在人才开发技术方面重视将培训内容与工作实践相结合。"学以致用"一直是人才开发所追求的主旨。培训开发的内容必须与现任职务或预计以后将担任的职务密切相关；另外，还着重强调学员的组织协调能力、危机管理能力、指挥领导能力等方面能力的培养。

在开发对象方面实行分类培训。分类培训开发的分类依据是职位的高低和职务的不同。常见的分类主要是任职前的培训、在职的培训及晋升的培训。职前培训的目的是要求学员能够尽快地适应和熟悉新的工作环境、新的业务技能；在职培训目的是适应新形势的变化和新的社会需求；晋升培训的目的则是使学员能够胜任更高级的职务或职位而进行的培训，这类开发旨在挖掘人的潜能。对人才的分类培训与开发是针对不同类别的对象进行的，能够克服各级别学员培训开发内容雷同的缺陷,更能改变人才开发者的角色,有利于提高人才培训与开发的效果。

2. 人才开发的体验性

人才开发的技术应用强调体验性,即个人通过亲身参与培训开发活动获得体验,并在培训师的指导下与团队成员共同交流,分享个人体验,提升认识的培训方式。亲历性开发强调学员必须通过自己的亲身体验才能掌握一种技能或专有知识,并且这种知识和技能一旦掌握就很难忘记。

与传统教育以理论讲授为主、学员仅仅被动接受的模式不同,体验性的人才开发技术特点是,学员是学习的主体,学员的经验是学习的重要资源,学员在模拟的情景当中,结合过去的知识、常识、经验,在培训师的带领下,由学员自己加以总结、提升、整合,并最终运用到日常工作生活中去。体验性培训弥补了传统教学模式的不足与缺陷,它以受训者为中心,充分发挥其主观能动性和积极性,使他们更乐于也更易于投入到学习中去,获得有益的体验和感悟。体验性培训不仅仅将培训的重点放在知识和技能的传授上,而是通过一系列的活动、体会和感悟,最终帮助受训者形成积极的品质和心态。而且体验性培训符合成人学习的特点,有助于人才资本的形成。

体验性人才开发的应用过程,强调的是每个人经过亲身体验从中吸取经验,从而改变自身素质和态度。这种素质和态度的转变就是培训要达到的最终目的。很多管理理论都是从心理学到实践的应用,体验性人才培训开发把体验和心理学结合起来,使得亲历或体验作为人才开发的一个载体,在实践中把知识、理论和技能传递给体验者以达到培训开发的目的。体验性培训形式十分广泛,主要有户外体验式培训、沙盘模拟、行动式学习和教练等。亲历性开发技术不只是一种知识训练或者技巧训练,它更着重于"激发人的潜能",注重一种态度训练。

3. 人才开发的开放性

与"封闭式"培训相比,人才开发的特点还表现在,它倡导电子学习方式(E-leaning)。电子学习于20世纪90年代,先在惠普、摩托罗拉等一些西方发达企业广泛采用。由于具有低成本、学习时间灵活、资源共享和可重复使用等方面的优势,电子学习很快被广泛地应用到各类组织和部门。在追求高效率的培训理念下,组织利用较好的信息化基础优势发展电子学习,把高科技融入人才资源管理，进行在线培训。这是人才开发中做的最为成功的地方之一。网上培训对人才资源开发更加有效，培训效益和信息量倍增，培训支出反而下降。在当前组织面临着财务压力巨大、服务职能增强、开发任务不断加重等问题的情况下，采用低成本且高效率的电子培训是任何组织都应学习和借鉴之举。

二、人才开发的方式与方法

（一）人才开发的常用方式

1. 职务模拟

职务模拟就是假设一种特定的工作情景，由若干个受训者组成小组，代表不同的组织或个人，扮演各种特定的角色。他们要针对特定的条件、环境及工作任务进行分析、决策和运作。这种岗位或职务模拟培训旨在让受训者身临其境，以提高自身的适应能力、处理问题的能力和实际工作能力。这种职务模拟运作仿真性高，同时也生动有效。

2. 分层选拔

即根据不同层级的人才对知识与业务的不同要求，实行不同的培训。在分层选拔过程中，工作能力强、有效率的员工都有获得提升、加薪的同等机会，而能力差的员工被淘汰。这种选拔方式充分调动了全体员工的积极性，使人才永远有一种新鲜感、价值感、压力感、挑战性，并创造性地为组织工作。并且在分级选拔中，组织可以特意安排每一级别的人才进行管理知识的特定训练与考核，使培训"对症下药"。这样，既提高了高层次人才的判断决策能力、统帅能力以及领导管理能力，又丰富了中层人才的管理知识和本职工作岗位的专业知识与技术能力。

3. 工作轮换

工作轮换是一种在职培训，旨在拓宽人才或潜在人才的知识面和技能领域。通过各种不同工作岗位的职务轮换，使受训者全面掌握组织各种职位的管理知识和艺术。工作轮换的表现形式比较多。比如各种主管人员之间、副职与副职之间、正职与副职之间、各种不同的管理岗位之间等都可进行不定期的岗位轮换。这种开发一方面使受训人熟悉各管理职位的工作，另一方面又能让其在新的岗位发挥潜能，提高管理技能。

4. 案例评点

人才开发最为关键的是决策能力的培训,而案例评点培训正是提高中高级人才决策艺术以及分析和解决问题能力的有效开发模式。在案例评点培训中,要注重案例的遴选,需注意三个条件:一是案例要有真实性,是社会经济生活中确实存在的事例,切忌为哗众取宠而虚构案例;二是案例要有结合性,授课者应结合教学内容和培养目标选用案例;三是案例要有启迪性,启迪人才阐述自己的看法,分析问题并提出解决问题的方案。在探讨中,教员引导发言,鼓励交锋,提倡创新,控制课堂局面。这样,既贯穿了学员的实践经验,又体现了学员的思想理论水平,还能碰撞出新的智慧火花。

5. 论辩教学

论辩式课堂教学模式的基本程式体现在:教员首先讲清某课程的基本原理和内容,然后结合学员实际采用设疑法提问。学员再根据若干提问预习教材和有关资料,进行发言准备。随后,学员可采用圆桌会议形式,也可采用讲台上演讲形式,各抒己见,深化认识。最后,教员进行总结和升华。这种培训模式可以变"一言堂"为"群言堂"。师生之间、学员之间可以交流管理经验、方法、信息和思想,学员也可以吸纳教员讲解的系统知识和内容,充分调动学员学习的主动性和积极性,同时也可以提高管理人员解决实际问题的能力。学员为了参与辩论,就得进行充分准备,就得有经过独立思考得出的结论和方案。辩与论的精彩展开过程中很重要的是辩与论的逻辑性,辩论的胜与负不在于结论是否正确,且有些主题的辩论本身就没有正确的答案,因此,辩论是逻辑力的训练,是推理训练。辩论培养管理人员严谨的逻辑思辨力和判断力。

(二) 人才开发的技术与方法

1. 评价中心技术

评价中心技术,是一种可以既用于测评人才素质,也可以用于人才素质开发的方法。该技术主要是通过模拟一些典型的与实际的工作情境,例如无领导小组讨论与有领导小组讨论等,让被开发人员置身其中,对各种问题作出相应的分析并解决问题。这种问题解决方式,一方面有助于提高被开发人员的素质,另一方面也能够考察与评价被开发人员的领导与授权等相关技能。管理游戏、公文处理、角色扮演、有领导小组讨论、无领导小组讨论等是较为常见的人才开发评价中心技术。

2. 职务轮换技术

职务轮换，是指让人才分别到不同的相关职务上任职，以进行素质开发的一种管理活动。职务轮换有两种方式：一种是平面式或平行式轮换，它主要是扩大知识面；另一种为螺旋式轮换，既可扩大知识面，也能提高人才的能力水平。这种方法可以使员工更全面了解组织不同的工作内容，获得各种不同的经验，为其今后在较高层次上任职打好基础。这也是完善人力资源管理体系，培养、激励和保留优秀员工，培养高素质、复合型人才的一种重要措施。本方法既适用于新员工培训，能使其更快地适应企业环境；也适用于优秀的中层管理人员和基层人员的培训，可推动其成为组织的骨干人才。

美国学者库克（Kuck）研究出了一种库克曲线，具体如图5—1所示。

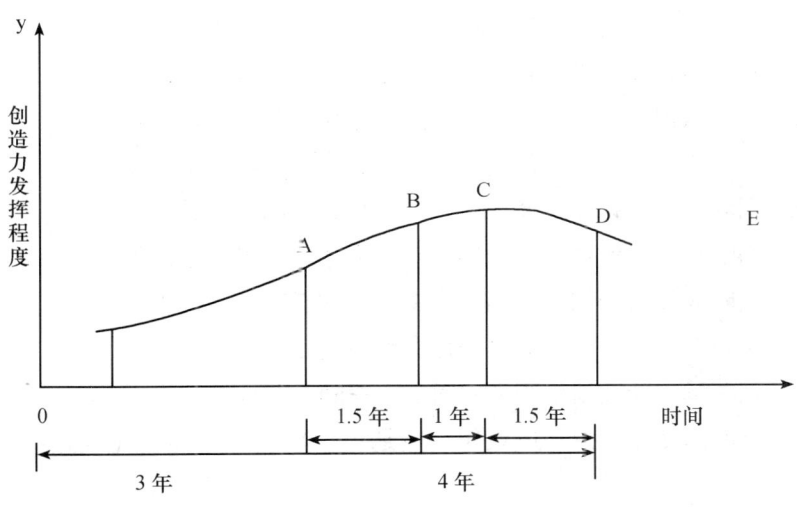

图5—1 库克创造力曲线

该曲线根据对研究生参加工作后创造力发挥情况所作的统计绘制而成。该曲线依次显示研究生在3~4年的学习期间创造力增长情况；研究生毕业后参加工作初期的1.5年内，第一次承担任务非常有挑战性、新鲜感，新环境的激励使其创造力快速增长；在1.5年左右为创造力发展峰值区，这一峰值水平可以保持1年左右，是出成果的黄金时期；随后进入衰退期，创造力开始下降，持续时间为0.5~1.5年；最后进入衰退稳定期，创造力继续下降并稳定在一个固定值。如果不改变环境和工作内容，创造力将在低水平上徘徊不前。为激发研究人员的创造力，应及时变换工作部门和研究课题进行人才交流。①

从库克的研究中可以得到启示，职务轮换有利于党政领导人才创新能力的开发。因此，建议党政领导人才在某一岗位工作4年左右时，进行职务轮换锻炼。

3. 辅导与绩效管理技术

人才开发管理者的主要职责之一，就是确保管理者有效完成工作任务。绩效管理是一个强调员工目标设置、辅导、报酬和个体开发的循环过程。为了开发人才的知识和领导能力等素质，需要综合运用辅导与绩效管理技术，不断促进其素质水平的提升，进而提高其工作绩效。

辅导指的是管理者或监督者习惯于鼓励员工接受责任，帮助他们取得优秀绩效，把员工当作实现组织目标的合作者的一个过程。②

辅导技术在人才开发实践中的操作步骤为：

第一步，识别出人才工作中的不满意绩效。具体工作是：

(1) 判断人才是否知道他的绩效不满意；

(2) 判断人才是否知道他被期望完成什么样的工作；

(3) 判断影响工作绩效的障碍是否是人才本人可以控制的；

(4) 判断人才是否知道他们应该怎么完成必须完成的工作；

(5) 判断有效的绩效后面是否存在消极的后果；

(6) 判断没有什么绩效结果后面是否跟随着积极的效果；

(7) 判断即使人才想完成工作，但是否存在人才不能够完成这些工作的因素。

第二步，在辅导分析之后进行辅导讨论。其步骤可以为：

(1) 使人才就存在的问题达成一致意见；

(2) 相互讨论解决存在的问题的替代方法；

(3) 相互就解决问题应该采取哪些行动达成一致意见；

(4) 测评采取行动后的结果；

(5) 如果采取行动后取得了成就，需要对成就进行认可和鼓励。

---

① 李霞，高韧. 浅析职务轮换制. 管理现代化，2003 (1).
② 萧鸣政. 人力资源开发学. 北京：高等教育出版社，2002：232.

第三步，巩固辅导后的效果。为了保证辅导的有效性，辅导人员应该善于沟通、示范和教学，而且具有耐心和智慧，善于在被开发者与自己之间建立起一种信任的氛围，善于适度地给被开发者授权，赏识与表扬做得好的行为。

通过辅导，可以不断提高人才的知识经验、思维方式和领导能力等素质，帮助被开发者不断适应工作职责和工作环境的要求，促进其工作绩效的提升，进而达到组织人才开发的目标。

4. 身心保健技术与方法

人才素质标准中的身体素质要求主要体现为消化系统、睡眠休息情况、疾病情况、精力充沛、相貌端正等方面。人才素质标准中的心理素质要求为气质、性格、意志、心理健康状态、思维特点等。随着职业竞争和工作压力的加大，人才的身体和心理健康状况需要引起组织的高度重视。很多人才健康状况堪忧，这与其工作任务重、加班加点多、长期伏案工作、生活习惯单一、日常活动量小等密不可分。缺少户外活动和体育锻炼也是重要原因。

为了提高人才的身体素质，建议采取下列措施：一是定期开展身体健康检查，使他们全身心地投入到工作和愉快的生活中去；二是落实年休假制度，分期分批地安排好人才的年休假；三是注意饮食健康。自觉选择健康的行为和生活方式，消除或减少危险因素和影响；四是加强身体健康培训和教育，培养人才对健身的兴趣、习惯和从事健身活动的能力。增强维护自身健康的责任感和自觉性，提高自我保健和预防疾病的能力；五是出台与健身工作相关的政策文件，规定接受体质监测、选择一种以上健身项目坚持长期锻炼，使其成为人才的"必修"内容。

当人才遇到某些心理问题时，应及时采取相应措施开展心理健康咨询与服务，建议采取下列措施：一是正确认识心理健康问题；二是建立人才心理健康评估体系；三是培养人才健康的心理素质；四是建立多种渠道提升人才的心理健康水平；五是对于已经存在心理问题的人才给予足够的理解和帮助。

人才培训的方式总体上可分为在岗培训方式、脱产培训方式和综合培训方式三类。

三、组织人才培训的方法

（一）在岗培训方式与方法

在岗培训是指人才在不离开工作岗位或工作场所的情况下参加的培训。总的来说，在岗培训具有操作简便、成本低廉、成效显著的特点。在岗培训的方式主要有：

1. 岗位辅导

岗位辅导即传统的"师傅带徒弟"，组织安排具有丰富工作经验的人员（主要是直接上级或资深员工）充当"师傅"，对受训员工在工作现场进行一对一或一对多的辅导。一方面是"师傅"进行讲解、示范和指导，另一方面是受训员工进行体会、演练和改进。岗位辅导能帮助受训者迅速掌握相关的工作技能。这种培训的优点在于成本低、实用。使这种培训卓有成效的关键，是要有一批合格的"师傅"，他们必须敬业、态度积极、有技能、有知识，懂得如何传授、如何激励受训员工等。这种方法适用于操作性强、程序清晰的培训内容。培训对象一般为中、下层员工，多用于新员工的试用期培训和转岗员工的上岗培训。

2. 小组学习

小组学习是指为达到共同的学习目标，学习者以小组形式参与学习，并与其他学习者保持融洽及相互合作的态度，共享信息和资源，共同承担学习责任，最终完成学习任务。与个别化学习相比，小组学习有利于充分发挥每个人的主动性和积极性以及团体合作精神。该方法适用于团体协作和思维能力培训。

3. 企业教练

企业教练法通过聆听和发问反映出受训者的心态，并向受训者提出与工作相关的（包括主观方面和客观方面）的意见，使对方认清自己的目标、价值观和角色，并调整心态、清晰目标、专注行动，最终创造更大的成果。这种培训方法衍生于体育界的教练，是20世纪最具革命性的管理理念，已成为当今欧美企业界提高生产力的最新、最有效的管理方法之一。此方法适用于人力资源开发建设创意型企业文化以及个人和团队素质培训。

（二）脱产培训方式与方法

脱产培训就是员工暂时脱离工作岗位，在组织外部参加的培训。这种培训需要专门安排时间，对正常工作会有一定的影响。为保证达到预期的培训目标和效果，在策划和组织脱产培训时，要耗费较多的培训经费和资源。

脱产培训方法主要有：

1. 讲授法

讲授法是传统的培训方法，是一种将大量知识通过语言表达，使抽象知识变得具体形象、浅显易懂，一次性传播给众多听课者的教学方法。培训教师借助于语言媒介将知识信息直接传递给学员，让学员进行接受性的学习，避免了学员认识过程中许多不必要的曲折，能够使学员在短时间内获得大量系统的科学知识。它包括三种具体方式：讲述、讲解、讲演。课堂讲授法常用于理论性知识培训，用于向群体学员介绍或传授某一个单一课题的内容，如对本企业一种新政策或新制度的介绍与演讲、引进新设备或技术的普及讲座等。

2. 情境化培训

情境化培训就是在教学过程中，依据教学内容，设计安排一个或多个与现实问题相关的情境，其中蕴涵了与学习有关的问题悬念，引导学员独立思考，激发学员对教学内容的强烈求知欲望，以最佳的学习状态进行学习。该方法适用于新知识的学习，尤其是某些情境或事件的处理办法与技巧等。

3. 抛锚式培训

抛锚式培训就是使学员在一个完整、真实的问题背景中，产生学习的需要，并通过镶嵌式教学以及学习共同体中成员间的互动、交流，即合作学习，凭借自己的主动学习、生成学习，亲身体验，从识别目标到提出和达到目标的全过程。这种培训策略要求建立在有感染力的真实事件或真实问题的基础上。确定这类真实事件或问题被形象地比喻为"抛锚"，因为一旦这类事件或问题被确定了，整个教学内容和教学进程也就被确定了，就像轮船被锚固定了一样。抛锚式培训是使学员适应日常生活，学会独立识别问题、提出问题、解决真实问题的一个十分重要的途径。

4. 实战模拟

实战模拟就是假设一种特定的工作情景，由若干个受训组织或小组，代表不同的组织或个人，扮演各种特定的角色，他们要针对特定的条件、环境及工作任务进行分析、决策和运作。这种职业模拟培训旨在让受训者身临其境，提高自身的适应能力和实际工作能力。实战模拟不仅适用于刚刚走上工作岗位而缺乏经验的新手，也适用于对某项新任务来说缺乏能力的在职人员。它是职前实务训练中被广泛采用的一种方法。

5. 网上培训

网上培训又称为"E—learning"，它打破时间、地域的限制，是利用多媒体通信网进行远距离教学的集语音、图像、数据、档案资料、程序、教学软件、兴趣讨论组、新闻组于一体的交互式学习模式。按照实际信息交流的时效性，网上培训分为同步培训和非同步培训两种形式。该方法适用于培养员工各方面的知识和技能。培训对象为全体员工。全球五百强企业中已有接近60%的企业开始以 E—learning 作为教育训练的主要辅助工具。

(三) 综合培训方式与方法

综合训练方法是既适用于在岗培训，也适用于脱产培训的培训方式。这类方法的特点是综合性较强，可灵活运用，而且对场地和资源的要求不会很高。

综合训练方法主要有以下几种：

1. 演示法

演示法是运用一定的实物和教具，通过实地示范性操作，使受训者通过观察获得感性知识，明白某种工作是如何完成的一种教学方法。演示法包括：实物或模型演示、实验演示、文字演示、图片演示、幻灯投影演示、电影电视演示、多媒体演示等。这种方法不仅适用于操作性比较强的培训内容，也适用于概念、原理、规律等比较理性的知识的普及。

2. 测试法

测试是提问的另一种形式。测试法通过提供一系列问题要求学员回答，以检查学员学习的情况和行为的变化等有用的反馈信息。测试更多是以书面的形式出现。测试常用来了解受训员工的基本情况、接受能力等，可在培训前或培训中穿插进行。

3. 假想构成法

假想构成法是让人们先对事物及其特性做出假想，然后通过假想提出新方案的方法。此方法帮助人们冲破习惯性思考，摆脱旧的思维定式，开拓创新设想，寻找解决问题的对策。假想构成法适用于提高员工的创造力，同时也作为开发新产品和预测技术发展的手段。目前此方法已被广泛应用于组织的人才培训中。

4. 脑力激荡法

脑力激荡法由美国创造学家A.F.奥斯本于1939年首次提出，是一种创造能力的集体训练法。它通过把一个组的全体成员都组织在一起，以会议形式，让与会者自由地交换想法或点子，以此激发与会者大胆提出新观念，创造性地解决问题。脑力激荡法可分为直接脑力激荡法（通常简称为脑力激荡法）和质疑脑力激荡法（也称反脑力激荡法）。后者是对前者提出的设想、方案逐一质疑，分析其现实可行性的方法。此方法适用于员工的激励、思维创新培训，培训对象可根据需要从各阶层人员中选择适合的人选。

5. 角色扮演法

角色扮演法是提供给学员某种情境，要求一些成员担任各个角色并出场表演，其余学员观看表演，注意与培训目标有关的行为。表演结束后进行情况汇报，扮演者、观察者联系情感体验来讨论表现出的行为。角色扮演法可以分为两类：一类是结构性的，角色扮演的条件和问题是预先设计好的，是从普遍的管理问题中抽取出的特例；另一类是自发性角色扮演，是学员在学习过程中学会发现新的行为模式，减少人际交往中的拘束感和过强的自我意识。角色扮演法可以在决策、管理技能、访谈等培训中使用，适用于新员工、岗位轮换和职位晋升的员工的培训，主要目的是使员工尽快适应新岗位和新环境。

6. 案例分析法

案例分析法是指把实际工作中出现的问题作为案例，向参加者展示真实性背景，提供大量背景材料，由参加者依据背景材料来分析问题并提出解决问题的方法，从而培养学员的分析能力、判断能力、解决问题及执行业务和能力。

此方法针对某一具有典型性的事例进行分析和解答，始终要有个主题，即"你将怎么做？"而且参加者的答案必须是切实可行的和最好的。案例分析法的重点是对过去所发生的事情作诊断或解决的方法。它比较适合静态地解决问题。新员工、管理者、经营干部、后备人员等阶层员工均适用，也适用于学习解决问题的技巧或教授解决问题的程序。

四、人才开发项目的规划与设计[①]

(一) 人才的职业开发

人才的职业开发,是指组织通过确定、评价关键岗位的高潜能的内部人才,对其进行系统开发和培养,以便为组织未来的组织战略和管理发展提供人力资本方面的储备和保障。一般包括继任计划或接班人计划。

人才职业开发的主要任务是为组织储备未来的人才,它关注组织经验的延续和继任人员未来的发展,对组织现状及未来发展意义重大。继任者计划依据开发方式和开发重点的不同,可以分为领导人才开发计划和管理人才开发计划。领导人才的开发计划侧重对其战略意识、影响力和价值观方面的考查,关注开发者的深层次特征;而管理人才处于组织的中低层,其开发计划应注重从其绩效、技能和能力方面进行考核,侧重于对继任人才进行选拔和培养的技术。组织的可持续发展除了需要注重培养高层领导岗位的继任人才,还需要系统地培育一大批招之能战、战而能胜的中高层管理岗位的接班人。

(二) 人才职业胜任力分析

人才的胜任能力包括六个方面,分述如下:

(1) 认同组织文化和发展战略。作为继任者,首先应认同自己的组织文化并成为该文化的积极倡导者、忠实履行者和维护者。其次,继任者应善于在组织文化的土壤中培植出组织的共同愿景,并对共同愿景的演进保持一种前瞻的维护姿态。实践中,继任者不论处在何种职位上,都对组织发展有强烈的责任感和使命感,具有奉献精神并激励他人仿效,站在全局考量组织战略和理念,对组织文化有深刻领悟并内化为信念和价值准则。

(2) 具备组织领导才能和成就动机。继任者应该具备卓越的领导才能,善于配置组织的人力和物力资源,采取有效方式凝聚众人达成共同目标;在面对问题时勇于承担责任,这有利于增强自身感召力和组织权威,从而提高领导效能。继任者还应有强烈的成就意识,能够以积极的行为达成期望的目标。

(3) 擅长人际协调和化解冲突。管理实践中最常见的行为是与人沟通,

[①] 陈胜军. 培训与开发. 北京:中国市场出版社,2005.

继任者应该具备出色的人际协调能力。多元化管理中不可缺少的是上下沟通和平行沟通，继任者只有善于运用合理的方式达成清晰、有效的沟通，才能减少或避免对方的抵触和反对情绪，有助于达成组织目标。

（4）拥有核心知识技能和优秀业绩。这是继任者能够引领组织或部门实现良性循环的业务能力指标。作为继任者应该拥有推动组织发展的核心知识或技能，并对组织发展有深刻的洞察力和预见性。同时，继任者在工作中应该有出色表现，业绩完成的方式和对结果的评估与组织经济效益和社会效益一致；其所在的团队具有比较优势和整合功能，能创造更多的价值，并成为组织绩效体系中的支撑力量。

（5）持续的自我开发能力。对人力资源的开发包括组织开发和自我开发两个方面。继任者应该具有自我开发的敏感性和规划性，能够客观全面地评估自己，善于从工作过程中总结自己的优势和不足，判断分析相应结果的环境因素和人员因素；拥有开放心态并不断拓展它的应用范围；继任者应该保持学习的热情，构建与岗位匹配并能持续增长的知识、能力体系。

（6）保持高忠诚度和归属感。是否具有对企业的忠诚意识和强烈的归属感与责任感，是对继任者适应性的重要考量指标。继任者应该不断调适自己的价值观以契合组织的核心价值，同时应具有基于个人和组织互动促生关系为导向的价值评价体系，勇于面对困难和承担责任，使对组织的强烈归属感和责任意识成为群体行为选择的驱动因素。

（三）人才开发计划的实施流程

1. 评估关键岗位，确定继任需求

不同的组织战略和核心能力决定了组织中有不同的关键岗位与核心人才。组织战略和核心能力只有转化为对关键岗位的职责，才能保证核心能力的构建和战略目标的实现。通过岗位评估来确定关键岗位、识别核心人才。组织发掘和培养顶尖人才的目的是确保合适的人在合适的位置上做对的事，因此通过岗位评估来确定关键岗位、识别核心人才是制订和实施核心人才继任计划的首要环节。核心人才继任计划的目的是发现并追踪高潜力人员，为关键岗位培养合格的继任者。因此，继任需求就要从数量和质量两个方面来确定：在数量方面，评估企业现有继任候选人的需要量、现有量、短缺量；在质量方面，评估继任候选人的素质现状。评估后将继任需求信息汇总形成核心人才继任需求表，其基本内容包括：核心部门和关键岗位名称，核心人才继任者需要量、现有量、短缺量，核心人才继任者素质状况评估，从而为核心人才计划的实施和控制阶段的调整留下余地。

2. 确定核心人才素质特征，构筑素质模型

不同的组织目标和核心能力对组织核心人才的知识结构、能力要求和技术水平等素质特征的要求是不同的，组织要把对组织的核心能力和战略目标的追求转化为对核心人才素质特征的要求，才能确保合适的人在合适的位置上，以合适的能力做合适的事情。此外，要确定素质类别相应的定义和典型的行为表现。在结合组织发展要求和文化特点的基础上，通过对优秀与一般业绩人员的行为特点的对比提取胜任素质特征，并予以准确的定义，列举出典型的行为表现。不同种类核心人才的素质类别及其权重、相应的定义和典型的行为表现是不同的。

3. 选拔继任计划候选人

其一，确定组织核心人才继任计划选拔候选人的步骤。进行人才储备，建立人才综合数据库。组织储备人才大致有四类：具有适应面窄的单一能力人才、具有适应面宽的单一能力的人才、具有多方面能力的人才和具有潜在发展能力的人才。通过绩效评估以及评价中心等能力测试手段定期充实人才信息。人才数据库除提供关于候选者的姓名、职务、学历、专业、工作经验和研究成果等常规性描述外，其个性特征、兴趣爱好、社会关系、处事风格、特殊需求、价值观、工作态度或敬业精神等，也应尽可能详细地揽入库中。日积月累的人才数据库可以为核心人才继任计划提供大量准确的候选人信息。

其二，以素质模型为依据，识别人才发展潜力，为继任计划挑选候选人。继任候选人的筛选关键在于人才发展潜力的识别。素质的内在特征，如动机、自我评价、社会角色等，决定着人们的行为与工作绩效，是鉴别性素质，可以有效地区别高绩效与低绩效人员；而且这些特征是内在的、难以测量的，不太容易通过外在的影响来改变和发展。候选人发展潜力的识别应该以内在的素质作为主要评估因素，具体可以从对企业文化和发展战略的认同度、成就与权力需求、个性特征、持续自我开发能力和对企业的忠诚度及归属感等方面来识别。

4. 培养核心人才继任者

以素质模型为基础对每个候选人量身定做培训方案。以素质模型为基础对候选人的素质进行综合测评，分析得出继任者的胜任素质排序。根据综合测试结果确定各项胜任素质的培训需求程度，为培训课程体系设计提供依据，使候选人培训做到有目的性、有针对性。此外，核心人才具有很强的自我成长意识，因此在制订培训计划时，核心员工的期望也是应该考虑的因素。在培训过程中，候选人在岗位胜任力方面的优缺点也会在培训过程中暴露出来，组织通过进行定期或不定期考核，将评价结果及时总结、反馈，帮助他们及时调整培养方案，来对继任者培养进程进行控制。在组织外部环境或内部战略发生变化时，应对核心人才培养计划进行相应的调整。在确定候选人确实无法胜任相关职位或候选人离职的情况下应更换候选人。

5. 确定核心人才继任者

核心人才继任者确定一直存在两种方式：相马与赛马。"相马"即按照特定的评估标准，对候选人素质进行测评和排序，综合测评成绩最优者成为继任者。"相马"之法的关键在于伯乐，现代伯乐可以引入"人—机"系统，尽量减少人才选拔中的主观因素，实现由制度选才。在继任者选拔中可以引入素质模型，把个人评价分解为具体指标，如思想品格、心理素质、专业知识、业务能力、工作态度、组织协调能力、创新能力、开拓市场能力、健康情况等，将之与关键岗位素质进行匹配。另外一种观点是"赛马"，即通过公开竞争、优胜劣汰的"跑马比赛"的方式来确定继任者。

6. 人才开发计划的实施与反馈

岗位继任不是一蹴而就的，必须采用渐进的方式，选择适当的时机，逐步实现关键岗位的权力、职责业务和职位的交接。继任计划并非随着交接完成而结束。交接后组织要将继任计划的实施效果列入组织督查范围，定期检查，跟踪问效。通过督查工作查找薄弱环节，分析原因，制定改进方法，不断优化程序，对较好的做法与经验及时总结推广。

（四）以团队为核心的继任人才开发

继任人才的职业开发模式可以建立在工作团队的构建基础之上，由受训的人才个体、工作团队和组织决策层三个层次构成。在这一开发主体系统中，工作团队居于核心位置，在组织培训开发活动中享有充分主动权。团队有权根据自身内外环境的特点和组织未来的发展战略来制定人才开发目标和计划，并执行或者委托组织内外专业机构执行开发计划。团队的受训个体通过发挥自身的主动性、能动性和积极性来促进组织开发各环节的运作。组织决策层通过控制规则团队的预算、变更规则团队领导、重新分派团队任务、协调团队与环境之间的关系、提供信息等方式，来影响、监督、控制工作团队的培训与开发活动。

工作团队的人才开发形式是在组织开发活动中的具体体现，具有如下特点：

（1）培训工作团队具有更多的工作自主权。人才开发目标和培训计划的制定，开发需求分析，开发方案的设计，以及开发项目的具体实施与开发效果的评估，均由团队担当，决策层起监督、控制、协调、引导作用。

（2）注重个体自我开发。通过信息共享、民主参与和充分激励等方式，充分启发、调动、发挥受训人员的积极性、能动性、创造性，有利于个人的发展和团队培训任务、目标的顺利实现，也有利于整个组织的进步。

（3）三位一体。个体学习、团队培训、组织开发三位一体，便于培训与组织领导者开发目标协调一致，产生人才培训与开发的高效益。

五、人才开发机构的管理职能与措施

（一）人才开发机构的管理职能

组织高层人才开发一般是由组织统一规划并委托有关高校和培训组织实施；中层人才开发一般是由组织内部机构进行规划并组织实施；基层人才主要是组织人才培训中心和基层部门规划和实施。技能培训和业务培训是由职能部门和技术主管部门组织实施。如果人才开发管理和实施体系不能适应人才开发的需要，就需要进行人才管理和实施体系创新，进而提高人才开发的绩效。

在人才开发实施职能的划分上，应根据组织人才开发的特点，由组织总部和组织人事部、人才培训中心共同参与人才开发需求分析和培训开发计划的制订，人才开发计划报组织决策层批准后，由人事部和人才培训中心组织实施。

（二）人才开发的基础管理措施

1. 完善人才信息数据库

建立有针对性的人才信息数据库，建立人才的基本信息和个人档案，实现与全国人才信息库的对接，有助于人才主管部门统筹掌握人才的基本情况，为人才引进、人才流动、人才选拔等提供市场化的数据信息。

2. 进行职位分析和人岗匹配

职位分析和人岗匹配工作的目的在于"正确的人做正确的事"。职位分析是一切人才资源管理活动的基础，同样也是建立人才素质标准的参照。

3. 构建人才素质标准体系

素质标准针对个体的素质进行研究分析，素质标准的建立描绘出了人才所必需的基本素质、能力、知识体系等内容，给出了重点支持的素质项目，因此素质标准可以有效地将组织发展战略与人才开发目标紧密结合起来，素质标准体现出了组织对于个体素质的要求。

（三）人才开发的配套机制建设

1. 优化人才考评机制

在考评机制方面，需要明确人才素质标准，完善考评指标，提高考评之后的辅导工作质量，加大考评结果的应用等。建立基于素质标准的人才考评指标体系，对德、能、勤、绩、廉诸要素进行考核和综合反映，确保人才考评的客观性、准确性、公正性和可操作性，并把考评结果作为决定人才升降去留的重要依据，形成正确的用人导向，充分发挥考评结果对人才的激励和鞭策作用。让被考评者有机会及时征询反馈意见，共同认识考评结果，研究如何进行必要的改变，确定相应的改善计划，更新个人发展计划。

2. 创新人才选拔任用机制

在人才的选拔任用方面，逐步建立以素质标准为标杆的人才选拔机制，同时还可借助竞争上岗、优胜劣汰机制的配合，适当地引入和推行人才去基层单位挂职锻炼、轮岗锻炼等灵活的用人方式。在一些岗位实行公开招聘，通过人员素质测评进行人才选拔和甄选，实行人才任期制，制定任期内任务书并与业绩考核挂钩。

3. 完善人才交流机制

人才的交流机制对于其成长作用很大，需要采取多种方式对人才进行多岗位交流锻炼。例如可以采取选派优秀人才到企业交流锻炼，提高经济管理能力，或者通过上挂下派等方式提高人才在多种工作岗位的工作能力。

4. 完善职业生涯规划机制

职业生涯规划是指一个人对其一生中所承担职务相继历程的预期和计划，包括一个人的学习，对一项职业或组织的生产性贡献和最终退休。对于个体来说，职业生涯规划好坏必将影响整个生命历程。对组织来说，后备人才培养需要一个长期的过程，组织应未雨绸缪做好人才储备计划。

本章复习思考题

1. 人才开发项目设计的要求是什么？
2. 人才培训有哪些方式和方法？
3. 人才开发体系的内涵和特点是什么？
4. 如何实施组织内部人才开发的职务轮换？
5. 组织内的人才开发有哪些特点？
6. 如何制订组织的继任人才开发计划？

第六章 人才开发评价

本章教学目标与方法建议

本章主要是了解人才评价的基本要素，人才开发评价的特点和应用范畴，人才评价技术的管理应用。掌握人才开发评价中基于价值、基于绩效等五种不同视角的具体评价方法。

在本章学习中，主要通过对人才开发评价相关问题的学习，掌握人才开发评价各种具体方法背后的逻辑，以便在实践中灵活应用各种人才评价方法，有效、准确地完成人才评价工作。

【导入案例】

国资委关于印发《中央企业综合绩效评价实施细则》的通知（节选）[①]

第二章 评价指标与权重

第六条 企业综合绩效评价指标由二十二个财务绩效定量评价指标和八个管理绩效定性评价指标组成。

第七条 财务绩效定量评价指标由反映企业盈利能力状况、资产质量状况、债务风险状况和经营增长状况等四个方面的八个基本指标和十四个修正指标构成，用于综合评价企业财务会计报表所反映的经营绩效状况（定量评价指标计算公式见附件1）。

第八条 企业盈利能力状况以净资产收益率、总资产报酬率两个基本指

---

① 国务院国资委网站. 国务院国有资产监督管理委员会. 国资发评价〔2006〕157号. http://www.sasac.gov.cn/gzjg/tjpj/xjpj/200610250130.htm.

标和销售（营业）利润率、盈余现金保障倍数、成本费用利润率、资本收益率四个修正指标进行评价，主要反映企业一定经营期间的投入产出水平和盈利质量。

第九条　企业资产质量状况以总资产周转率、应收账款周转率两个基本指标和不良资产比率、流动资产周转率、资产现金回收率三个修正指标进行评价，主要反映企业所占用经济资源的利用效率、资产管理水平与资产的安全性。

第十条　企业债务风险状况以资产负债率、已获利息倍数两个基本指标和速动比率、现金流动负债比率、带息负债比率、或有负债比率四个修正指标进行评价，主要反映企业的债务负担水平、偿债能力及其面临的债务风险。

第十一条　企业经营增长状况以销售（营业）增长率、资本保值增值率两个基本指标和销售（营业）利润增长率、总资产增长率、技术投入比率三个修正指标进行评价，主要反映企业的经营增长水平、资本增值状况及发展后劲。

第十二条　企业管理绩效定性评价指标包括战略管理、发展创新、经营决策、风险控制、基础管理、人力资源、行业影响、社会贡献等八个方面的指标，主要反映企业在一定经营期间所采取的各项管理措施及其管理成效。

（一）战略管理评价主要反映企业所制定战略规划的科学性，战略规划是否符合企业实际，员工对战略规划的认知程度，战略规划的保障措施及其执行力，以及战略规划的实施效果等方面的情况。

（二）发展创新评价主要反映企业在经营管理创新、工艺革新、技术改造、新产品开发、品牌培育、市场拓展、专利申请及核心技术研发等方面的措施及成效。

（三）经营决策评价主要反映企业在决策管理、决策程序、决策方法、决策执行、决策监督、责任追究等方面采取的措施及实施效果，重点反映企业是否存在重大经营决策失误。

（四）风险控制评价主要反映企业在财务风险、市场风险、技术风险、管理风险、信用风险和道德风险等方面的管理与控制措施及效果，包括风险控制标准、风险评估程序、风险防范与化解措施等。

（五）基础管理评价主要反映企业在制度建设、内部控制、重大事项管理、信息化建设、标准化管理等方面的情况，包括财务管理、对外投资、采购与销售、存货管理、质量管理、安全管理、法律事务等。

（六）人力资源评价主要反映企业人才结构、人才培养、人才引进、人才储备、人事调配、员工绩效管理、分配与激励、企业文化建设、员工工作热情等方面的情况。

第一节 人才评价的基本要素

一、人才评价的标准

"我劝天公重抖擞，不拘一格降人才"，100多年前龚自珍的诗句至今令人赞叹。这一思想对我们制定人才评价标准仍具有深刻的启迪。什么样的人算人才？用什么标准去衡量、评价人才？由于人才的复杂性以及由此而来的人才评价的复杂性，确立和贯彻科学的人才评价标准并非易事。确立科学客观的人才评价标准，应该体现"不拘一格"的精神。"格"就是标准，有"格"而不拘"格"，改革人才评价的方式方法，强化人才评价标准的客观性，这是人才工作达到人尽其才、才尽其用的最高境界。

人才评价标准是人才评价的准则和关键。究竟使用什么样的标准才能使人才评价科学、客观、适度？这是一个非常重要的问题，却没有一个放之四海而皆准的评价标准，人才评价的标准因人才所在的地域、单位、岗位的不同而有很大的差异，它既有个性又有共性。一般来说，对人才稳定可见的特征易于建立评价法则和评价标准，而对人才德、智、能、绩的绝大多数状况无法直接测量和鉴别，人才评价只能以可见的行为样本作为"媒介物"，并从中选取关键的成分或要素进行评价。

这些客观人才评价标准的制定或人才评价关键要素的选取应该具有这样一些特点：

一是评价要素的代表性。在人才评价中，对人才个体的评价不可能面面俱到，往往只能通过科学选择的典型样本进行测查，借以推知人才个体的基本特征，由此推论整体行为。因此，在确定评价要素时必须做到两个方面：首先，要保证评价要素的数量足够多，应覆盖德、智、能、绩的各个方面；其次，要保证评价要素的代表性足够大，能反映人才的本质行为。

二是评价标准的客观性。评价标准的编制、评价等级的确定、评价的组织实施和评价结果的解释、反馈、运用等都必须遵循严格统一的科学程序。也就是说，对所有的评价对象而言，评价的内容、条件、过程、解释系统都是相同的，从而保证所有的评价对象在相同的条件下接受评价，减少参评者个人主观偏见的影响，保证评价结果的客观性和准确性。

三是评价结果的有效性和稳定性。评价结果能反映人才真实状况的准确性，具有较高的评价效度和信度保证，能够代表人才评价的实际水平和稳定状况。

二、人才评价的内涵

人才评价，就是依据一定的法则，测量人才的本质行为，然后进行量化分析，从而揭示人才德、智、能、绩的真实水平和状况。

实施人才评价，首先应从量的和质的规定性两个方面考察，质是"人才"的本质属性，质寓于量之中，没有一定数量的表现，也谈不上质。其次，还要从人才的行为表现来考察，人才的行为表现展示人才的内在素质状况及其价值。人才质量是人才素质的综合反映，它反映了人才在质上的规定性，是人才所具有的体质、智力、知识、技能和劳动意愿。它一般体现在劳动者的体质水平、文化水平、专业技术水平和劳动的积极性上，常常用健康状况、受教育状况、劳动者技术等级状况以及劳动态度等指标来进行衡量。

人才的工作行为是人才质和量的统一。人才的工作行为是创造性的劳动，是为实现组织目标而进行的有组织有目的的活动。一切物质和精神活动都是以人才的工作行为为中介的，同一般的工作行为相比，人才的工作行为具有更强烈的动机性。人才工作行为的可测性已被理论和实践所证实，但对人才行为所反映出的质的特性往往无法直接测量和明确区分，需要通过"第三者"如人才的绩效或贡献去测量。

人才评价是对人的德、智、能、绩给出科学结论的过程，从另一个角度可以定义为，根据一定的评价标准，用合理适当的评价方式，在不同的评价范畴内，对人才的质量即行为表现进行描述。据此，人才的评价标准、人才的行为表现、人才的评价方式就构成了人才评价的三要素。其中，人才的质量及行为表现是评价的对象，评价方式是在人才评价中应用的技术或手段，评价标准是人才评价的测量中介，这三个要素构成一个有机整体，而不同的评价范畴区分了人才评价的应用领域。

人才评价成为人才管理工作诸多职能中最关键的因素和最重要的环节。人才工作和人才管理的核心就是人才评价标准的建立，人才管理实践也充分证实，科学、乐观、公正的人才评价标准的建立健全是"知人善任"、"任人唯贤"的基础和前提。

三、人才评价的类型

对人才的评价可采用定量评价和定性评价两种类型。

1. 定量评价

对人才的定量评价是用量化方法对人才德、智、能、绩得分多少的客观描述，侧重从行为的数量特点进行描述，反映了人才本质行为量的特点，具体表现为数字符号的区分与等级。

2. 定性评价

对人才的定性评价主要采用经验判断和观察的方法，侧重从行为性质的方面进行描述，是关于人才德、智、能、绩价值大小的主观判定，它反映了人才本质行为质的特点，具体表现为文字的鉴别与确定。

人才定性评价的一个突出特征就是工作人员与评价人直接接触，评价人从参评人那里得到大量活生生的事实，可以避免定量评价中"见分不见人"的弊端，大大丰富了评价内容，解决了人才评价的"为什么"的问题，因果关系比较明显；同时又密切了上下级关系，达到了感情上的交流，这是定量评价无法代替的。

3. 定量评价和定性评价的结合

在人才评价中，一般是定量评价在先，定性评价是定量评价的继续和深化。人才评价得到的数量结果或多或少地带有某些局限性，只有当我们赋予它一定的意义时，数据才有意义。因此，定性评价对于定量评价中数学模型的建立、数据的采集、结果的处理和解释、误差的矫正与调整都具有重要的意义。定量评价和定性评价统一并互补于统一评价的全过程。在此基础上，综合所有的评价信息，对人才的德、智、能、绩做到统筹兼顾，并按照一定的特征类型，确定人才各要素及其总体得分的顺序和层次。

人才评价无论是量化的描述还是主观的判定，都是以人才的行为和事件为依据，两者是统一在客观行为基础上的，而且能取长补短，达到互补的目的。定量评价是定性评价的基础和量化，定性则是定量的出发点和结果，两者构成人才评价的完整系统，不可偏废。

四、人才评价的方法

客观科学的人才评价是"知人善任"、"任人唯贤"的基础和前提。为了避免传统考核手段的局限性，现代人才评价重视将定性和定量方法相结合，传统方法和科学手段相结合，领导和专家相结合，由此在实践中发展起来各种人才评价形式。

人才评价的应用方法主要有：考试（笔试）、专家评判（面试）、考绩、定量考核、心理测试、情景模拟（评价中心）、系统仿真测评、人工智能专家等。

（一）考试（笔试）

考试是测定人才所了解、掌握各门各类知识的主要方式。一般是根据候选对象将要从事的工作性质、条件要求及职（岗）位职责所必备的理论知识，拟定试题，让被测者进行笔试，试题主要包括基础知识和专业知识两种基本类型。

考试具有三个优点：一是经济性，可对大批应试人员在不同空间、相对时间内实施；二是客观性，考卷可以密封，主考人与被测试者不必直接接触，评卷又有可记录的客观尺度；三是广博性，信息容量大，一份试卷可包容大量的不同类型命题。通过测验可以反映一个人掌握知识的深度和广度。它最明显的优点是机会均等和相对客观，这是其他方法难以替代的。其缺点在于很难考量出实际能力，偏重机械记忆，猜度机会较多，不易发现个人的创造性和推理能力，会在一定程度上影响个人真实水平的发挥。

（二）专家评判（面试）

专家面试有广义和狭义之分。广义的面试是指主考官直接面对考生，考生通过语言表达或实际操作的方式获得评价。面试可以用多种方式进行：如现场评判、会谈、抽签答辩、背景调查、情境模拟测验（公文测验、无领导小组讨论）、评价中心（组内评价、专家评价、多种技术测验、共同评价和实际操作)、心理测验等。狭义的面试是指会谈(面谈)。

面试应用专业权威评价,标准高,看得透彻,评得真切,动态式的考核有利于测出考生的真才实学;还可以借用有关方式(如述职报告、叙谈某些感想和体会)获得各种建议、设想及其为人处世特征等有用信息。面试也会受到一些因素的影响,比如评判环境的心理压力颇大,专家和考生之间的沟通往往被扭曲,而两者间的关系类似"导演"和"演员"的关系,这样就会在一定程度上影响考生水平的自然发挥和评判的真实性;专家评判也有很强的主观性,产生误差和偏见在所难免,考生的一些个性化因素往往随考生所报考职位的工作性质而变化;面谈的环境排列顺序、前后差异的影响、双方的情绪以及专家内心拟定的参照体系等都同评判有直接的关联。以上这些因素会影响评判的信度和效度,不适合测量人才长期形成的个性行为特征,如基本的知识能力、工作能力等。

(三) 考绩

考绩是指通过工作实绩反映人才的能力,是目前考核干部的主要方法。具体来说就是被考核对象撰写述职报告,由与被考核对象工作相关性较大的下级和同级进行民主评议,对有争议的或不够明确的问题,排出重点访谈提纲,作进一步深入调查了解,以便作出正确的评价,写出综合考核报告。具体评价标准有目标管理、工作计划及检查措施等。

通过考绩方法进行人才评价,有利于克服主观片面性和随意性。对工作实绩进行考核,才能比较准确、客观地了解人才、使用人才,因为工作实绩是人才发挥作用优劣的综合表现,只有以绩看德、以绩量才、以绩用人,才能坚持"任人唯贤"的用人标准。考绩也有利于激励人才的责任感,激励他们创新工作、提高管理水平,创造更高的绩效。但也应注意到,实际工作、生活中的考绩是相当复杂的,影响绩效的因素很多,绩效又表现在各个方面,较难准确把握其真实情况,特别是由于各人所处的工作环境不同,又无法控制其变量,因此,考核结果的可比性较差,特别是较难以此对人才的"潜能"作出正确的预测。

(四) 定量考核

考核中引入定量的因素,即将人的素质分解成若干要素,形成一个规范的、标准的评价体系,然后请上级领导、同级员工及本人对照标准打分,经过汇总分析，形成对一个人的比较完整、准确的认识。一般要求设计标准化的量表，这个量表由五个方面组成：使用说明（包括量表简介、使用程序和参照标准）、标准评分用纸、被评者简况附表、原理手册（包括评分法、汇总技术、原理依据等内容）、计算机汇总表。

定量考核一般引入定量因素，便于计算机对其结果的处理，有利于人才管理信息化；方法比较简便，可以大面积进行，易于推广；群众参与的面比较广，从一定意义上说，它是人员考核工作走群众路线的一种体现，可以在一定范围内进行横向比较，有利于每个人得到自我教育和提高。

但定量考核在应用中不能完全摆脱静态考核的局限性，只能考核被测者过去行为和现实表现，难于发现其未来和发展趋势；虽有一定的评价标准，但不能完全摆脱间接和主观的局限性，难以掌握统一的客观尺度，影响结果的可比性，尤其对管理范围大的高层领导考核后进行比较时，系统间评分误差可能较大；参与者的"印象分"及对高层领导者了解不具体，以及事先"串通、打'感情'分、买分"等现象都会造成评分误差；与传统考核相比，不能精细描绘人员的各项素质，不易形成一个具体、生动的综合性文字描述报告。

（五）心理测试

根据"特质理论"，每个人的个性基本结构的单元是特质，特质表示在不同时间和各种情况之下，人的行为的某些类型及其规律性，而心理测试就是基于上述理论，通过对人的一组可观测的样本行为，进行有系统地测量，来推论人的心理特点。第二次世界大战以后，西方各国常用心理测试作为评价和选用员工的一种工具，目前心理测试已发展出多种测验方式。心理测试主要包括人格测验和认知测验两种形式，当今国外最流行的加州心理测验（CPI）及卡特尔的十六种人格因素（16PF）的测验都是人格测验。CPI测验，可测量人的社会活动性（自信心、精神均衡、优越感和总的社会活动能力水平）；社会适应性（成熟性、个人价值、自我控制和责任心）；智力（测量对智力活动的态度和成就性行为的水平）；心理健康程度；常规性（遵循社会规范和期望的行为）；内、外向，男、女性气质等。

认知测验主要包括三种形式：一是智力测验，即测验人表现在认知能力方面的较稳定的心理特质，它主要包括人在外部环境影响下较不易改变的那些认知特点，例如人的观察力、注意力、记忆力、理解力、抽象思维能力、判断推理能力等，在人才选拔时常用到这种形式。二是成就测验，即对一个人已掌握的知识技能水平进行测验，主要反映受测者对一定知识内容的掌握程度和运用。三是介乎智力和成就测验之间的能力倾向测验，它既可以反映一个人不易受环境影响的智力特点，又可以反映一个人较容易受到教育和训练影响的知识技能水平，还可以反映一个人的现有水平，也可以对未来较长期的发展做出预测。因此，能力倾向测验被大量运用于员工的选拔和安置。

但是，心理测验理论所依据的数学工具往往需要硬性条件（如正态、线性假设），而在实际的测验分析中这些条件未能完全满足，测验的效标的可靠性难以把握，每个受测者的测验表现受环境因素及内在因素影响，如测验效应和个人自卫机制的干扰，因而有出现误差的可能性（必须有测谎数据予以控制）。

（六）情境模拟（评价中心）

由于前述的笔试、面试、定量考评、考绩、心理测验等手段较难发现一个人如何分析复杂情况，如何作出正确决策，如何承受压力或者是否善于与人共事等，所以又发展出情境模拟（评价中心）测验方法。它是把被试者置于一个模拟的工作情境中，采用多种评价技术，观察和评价被试者在模拟工作情境下的心理和能力。其目的是测评被试者是否适宜担任某项拟任的工作，预测被试者的能力、潜力与工作绩效的前景，同时察觉被试者的欠缺之处，以确定培养、使用的方法和内容。

评价中心（即情境模拟）的各种测试是分开的、单独的，但实质却是彼此相关而非独立的，即要提供较长时间的紧张压力，让被试者在其中与各种有关的人员打交道，处理事宜，这就能在动态中评价一个人。评价中心的内容是一系列测试手段的结合，是一种集人格测验和能力测验于一体的综合性的测评法，当然情境模拟测试是其中必须采用的方法之一，其最终结果是综合各种测试后而得出的。评价中心模拟测验的主要做法有：

1. 文件筐（也称公文测验）

实施前，先为被试者指定一个假设的社会角色或职位，然后评价员给被试者一筐子文件，这些文件是该假设职位日常工作中须处理的，其中有来自上级和下级的，有组织内部和外部的各种典型问题以及指示或请示，有日常琐事和重要大事。这些都必须在规定时间内处理完毕，评价员观察被试者公文处理的速度、质量以及能否分别轻重缓急，能否有条不紊、恰当地授权下级，是否拘泥于细节或按公文的时间顺序、杂乱无章地处理，从而看出被试者的政策水平、分析能力、判断能力、文字表达能力等个体素质。然后，几位评价员以哪些回答最适合公司需要为标准，共同议定，着重分析被试者处事是否抓住了关键，处理问题是否坚决果断，能否发现更深层次的问题，能否看出各种问题间的内在联系，是否看清了其中人的因素。

2. 无领导小组讨论

这种做法是指在不设组长的情况下，数名被试者讨论一个指定的问题。操作时注意要保持被试者的陌生度，彼此陌生的人相互角色关系不明，有利于个体的自然表现；要保持被试者适当的人数，以保证人与人相互作用频率达到足够的量，使每个人都能获得充分表现自己以及引起别人注意的机会；要选择适当的讨论题目，该题目应当是所有参加者都熟悉、感兴趣，其内容较复杂，需要引入推理和预测并容易引发争议的问题。此法的特点是利用人际交往的特殊情境和群体动力来诱发与控制人的行为，使个体的特性在动态的过程中表现出来。

评价中心有助于制定人才资源管理与开发计划，使被试者得到一次锻炼的机会，也有助于排除人为因素的影响。但这些测验方法目前多是手工操作，各种资料、数据繁多，费时间、难组织，系统特性难体现，准确性有待进一步修正提高。

（七）系统仿真测评

它是使被试者置身于一个由计算机"构成"的近乎实际系统的动态模型之中，让其扮演一定的角色，采用人机对话方式进行"工作"，计算机将根据其在规定的全部时间内的"工作"行为及"实绩"来预测其各种潜能。

测评的功能目标包括：测评管理潜能（含生产经营战略决策、应变决断、综合平衡、现代管理知识应用、信息处理、敢冒可估风险、综合分析、解决问题、资金运用、计划组织、技术管理、激发动机、创造能力、自信心、处理果断性共15种潜能）和测评开发潜能，它有助于被测者接受现代化管理思想的教育，有助于学到现代管理知识，有助于被测者了解自己、增进自知之明。

（八）人工智能专家系统测评

这是模拟专家的思维活动，进行情景式发问和专家级推理、判断，完成人员测评的计算机程序，它是专家面试和情境模拟测验的计算机化。其设计原则是测评历史轨迹、现实表现与预测未来趋势相结合；动态与静态相结合等。系统分成两大部分，即知识测评部分和能力测评部分，对于不同岗位上的人才测评可采用不同的题型组合。

这个系统主要应用于解释、预测、诊断、调试、维修、规划、设计、监督、控制和教育 10 个领域。该系统有四个特点：①因人设问、自动评价，还可以克服专家面试在空间和时间上的限制以及可能出现的感情因素的干扰偏差，更趋公正、客观；②便于完善、自动更新、具有自学的功能，容易补充、修改、扩展；③深入浅出，易于上手；④运行速度快、效率高，测评设定两小时内必须完成，否则系统自行中断，测评完毕可立即查阅或打印出评价结果的报告表，有单项成绩、累计成绩和综合评价成绩。这个系统同样存在缺点，系统设计的业务要求、技术要求较高，系统开发（软件）成本高、难度大；可比照的均值及参照体系（也称常模值）难以确定，且该"常模"也会随地域（开发程度、经济发展水平差异）有所变化，还有较强的时效性，会随时代发展而调整、提高。

根据以上的分析比照，不难看出，无论 8 种形式的哪一种都有其特定的测定内容，适用于某一类型人员的考核、评价或职业选拔；但又都有一定的局限性，即使是现代测评形式，也难以排除"机遇"的干扰，况且测定面毕竟有限，无法对每个人所有的个体素质一一测验，因此，一般情况下，为尽量客观、准确起见，要评价一个人才的整体素质，最好要应用上述三种或三种以上形式，同时对某个应试者进行考核评价，并将各种结果进行综合分析、比较对照、取长补短、补充验证后作出综合评价，以使评价臻于客观、科学、公正。评价方案的设计，考评形式的确定，测评单位（含评价员）的选定以及评价结论的确认等，最终目的均是"知人善任"、"人岗匹配"、"人尽其才、才尽其用"。

无论是应用上述哪种形式进行人才评价，都应做到以下几点：一是应努力营造一个机会均等的公开竞争场所，使每位被试者处于同等条件下，从事共同的活动（工作），并且运用统一的客观量化的标准来对人才进行行为评估

（测评）和行为结果的评价；二是力求突破现行评判能力的局限，摆脱主持人的个体特征给评定结果带来的负面影响；三是测定（量）评价速度要快、效率要高，测量所得结果通常采用统一标准判分；四是设计方案和测定内容的针对性、实用性、可操性要强；五是不管采取什么样的考评形式，都要求评价员、考官或主持人出于公心，公平、公正地进行操作，并主动自觉地排除人为因素的干扰；六是最好采用三种以上形式进行综合分析比照。

第二节 人才开发评价概论

一、人才开发评价的特点

人才开发评价的目的是人才资源部分产权交易的需要，同时也是为了激励人才开发效应的发挥。人才的特殊性决定了人才开发评价工作具有以下四个特点：

（1）人才开发评价的主体是市场。人才价格会随市场供求关系的变化而变化，人才产权交易的过程中，供给方和需求方不能单独决定人才价格。人才价格的确定是双方在市场上讨价还价的博弈过程，是一个市场化的定价过程。在供给者和需求者初次就人才的使用达成协议时，人才评价的对象是单个人力资源所有者的人力资源潜在的使用价值或者是人力资源的期望使用价值的均衡价格。

（2）人才开发的期望效用是评价的前提。人才开发的效用包括潜在的、实际的、期望的效用，人才在特定区域或组织中的开发期望只能根据供求双方对人力资源效用的估计确定。

（3）人才开发评价具有多阶段性和动态性。由于人才价值是动态可变的，人才所有者自身的知识和技能会不断更新，其价值会不断动态变化而具有时效性，因此人才开发评价具有多阶段性和动态性。

（4）人才开发评价具有多种表现形式。人才开发的评价可以采取多种维度和形式，从评价的手段角度，既有显在的绩效形式，又有潜在的素质模式；从评价的对象角度，可分为人才个体评价模型和人才群体评价模型两大类；从评价的内容角度，既有外在的行为评价又有抽象的品德评价；从评价的范畴角度，既有宏观层面的全区域整体人才状况的评价，又有微观层面的组织或企业内部的人才评价。人才开发的多种评价形式相互联系、相互补充，构成完整的人才开发评价体系。

二、人才开发评价的着眼点

人才开发是推动科技进步、促进经济社会和组织发展最重要的手段，进行人才开发评价的视角有多个方面，可以根据人才开发的不同着眼点进行。

其一，可以从微观层面的企业人力资源管理领域进行人才开发评价，如从某一组织或企业的人才应用方面进行人才个体的考核和评价。

其二，可以从宏观领域进行人才整体效应的评价，如着眼于区域经济发展的状况，对本区域内特定经济发展需求下的人才资源开发总体状况和区域人才竞争力开发等方面进行综合评价。

其三，也可以根据人才开发目的来进行评价指标体系的构建，使人才开发评价在组织人才管理工作及区域经济发展中发挥应有的作用。

要进行人才开发状况的评价，构建一个科学的指标体系非常关键。这个体系应该包括三个指标：一是人才本身的发展。用数量、质量、结构等人才发展指标来看人才是否得到全面发展。二是人才效能。人才能否发挥作用，对经济、科技、社会、政治的贡献度大小如何，要用相应的效能指标来衡量。三是环境指标。这个指标反映在整个社会对人才发展的支撑力度上。一个有利于人才脱颖而出的良好的环境，应包括政策环境、人文环境、市场环境和生活环境。这三个指标大体上可以看出一个国家、一个区域、一个组织人才资源的贫富程度。其中人才数量是基础，人才结构是决定其效能发挥的决定性因素。

三、人才开发评价的应用范畴

在知识经济时代的人力资源管理中，人才逐渐成为生产要素中最具有弹性、最具有经济增长潜力、最重要的资源。通过人才评价客观地反映人才资源的实际价值和绩效贡献，可以充分挖掘人力资源的潜力，全面提高工作效率，直接为人才资源开发与管理决策提供科学的参考。

（一）人才评价在人力资源管理中的应用

就一个企业或组织的人才管理而言，设计人才的招聘、选拔、使用、考核、激励、福利管理以及劳动关系等内容，其实质就是一个不断开发新的人才资源和对已有人才的充分使用的过程。人才评价在这些管理的每一个环节上都发挥着重要作用，可以说人才评价是人才开发的起点和基础，贯穿于人才开发与管理的整个过程；而且实施人才评价将有力地促进人才管理的规范化、科学化和现代化。组织借助于科学、客观的人才评价，对不同人才的德、智、能、绩的实际水平有比较客观、清楚的了解，进而达到"人尽其才"、"才尽其用"、"人事相宜"、"合理匹配"的理想的人力资源管理境界。

人才评价在人才开发与管理中扮演着重要的角色，主要体现在以下几方面：

1. 人才评价是人员任用的依据

传统的人才评价带有很强的主观性和随意性，往往导致人才与岗位工作的不相适应，造成人浮于事的不良后果。而使用人才评价技术，可以全面了解人才的素质，从而做到因事择人、人职匹配。在进行外部人才招聘时，可以通过人才评价来掌握应聘者的素质，从而择优录用，做到人尽其才、才尽其用，避免大材小用、小材大用及学非所用的弊病。

2. 人才评价是人才调配及职务升降的依据

人才评价综合采用了多种科学方法和技术，能够根据人才评价的目的和要求对评价对象进行更为客观和准确的鉴定，并将鉴定的结果以定量或定性的方式表达出来，这样可以从客观的角度来评价一个人。尤其是当企业内部需要进行人才调整时，人才评价可以作为调整的重要参考依据，从而实现对人才的合理使用。

3. 人才评价是人才培训开发的依据

当一个人或组织发展到一定阶段后，常常会出现发展缓慢或停滞不前甚至后退的现象，此时就可以采用一定的人才评价技术和方法，对评价对象相应的因素进行评价和鉴别，使组织和个人能够进行反省和自我检查，找出存在的问题、缺陷和不足，以便采取有针对性的措施加以改善，如优化组织结构、改善思维方式、更新知识观念等，使组织和个人清除前进中的障碍和羁绊，实现可持续发展。

4. 人才评价是确定人才报酬的依据

所有人才评价都具有很强的目的性，无论是对评价者还是对参评人员，都不是为评价而评价,而是要根据评价结果作出决策,如是否录用、是否晋升、是否给予奖励等。也就是说,人才评价的结果总是与人们的某种利益或个人的成长发展相关,而通常企业给予人才报酬的多少,就是建立在人才评价结果之上的。

5. 人才评价是沟通和激励的手段

评价能够激励人才进取向上的愿望和动机,使人们自觉自愿地学习和工作,从而不断提高每一个人的素质和工作能力,创造出组织和企业真正期望的绩效。每个人才都有自尊和进取的需要,期望自己在公正恰当的评价中获得好成绩、好结果,这可以促使人才更加发奋努力。从吉利理论的观点来说,获得肯定性评价的行为将会趋于高频率出现,而获得否定性评价的行为将会趋于低频率出现。因此,人才评价能够促使个体素质向着组织要求的方向发展。

(二)人才评价在区域经济发展中的功能

基于人才评价对区域性人才发展状况进行有针对性的战略规划,制定具有区域特色的人才发展与激励策略,这是近年来人才评价领域出现的新兴课题。研究的主要视角包括:一是在区域经济差别基础上如何进行人才的集聚与和开发,评价指标主要包括人才总量和质量、人才结构、人才流动、人才效益、社会文化环境、经济环境等;二是在开放条件下对区域人才的评价,评价指标主要包括人才流动、人才政策、经济环境以及产业结构对人才的影响等;三是分析人才流动的特点、成因及对区域经济的影响,评价指标主要包括人才总量、人才效益以及人才流动、经济环境、社会环境、生活环境等。

随着区域经济发展的日趋开放化和差异化,人才成为区域推行经济社会发展战略的重要一环。提高区域经济竞争力的关键也就逐渐转化为提升人才竞争力,区域经济发展在一定程度上取决于人才的竞争力状况,人才竞争力的提升也同时依附于区域整体综合实力的提高以及区域环境的宜居程度,两者紧密相连。区域实力是人才开发的先决条件和人才培养成长的"土壤"。在这样的背景下,人才开发及评价对区域经济的发展前景和区域性人才高地的建设将产生至关重要的影响。

人才开发评价是衡量区域人才发展程度最主要的手段之一,也是制定人才资源开发战略的重要依据。人才评价的目的不仅仅在于评价区域人才开发状况的优劣，更重要的是引导区域人才开发向正确的方向发展，通过建立人才开发评价指标体系指导各区域营造良好的人才环境，合理配置人才资源，为区域经济和社会发展提供人才保障和支持。

区域经济发展中的人才评价功能体现在以下四个方面：

一是描述功能，对整个区域人才情况进行客观的和整体的反映。区域人才状况的评价过程就是对一个区域人才发展诸多方面的描述，因此，区域人才评价的首要功能就是要能够反映这个地区人才的真实情况，从人才评价的各个维度出发，对区域内的人才总体情况进行概括，对区域人才水平的各个方面进行剖析。

二是评价功能，评估区域人才资源开发的成效。通过数据的搜集整理，采用量化方法，对区域人才的基本状况和发展态势进行统计和分析，形成准确和完整的评价报告，并以此来评估该区域人才状况优劣，为区域人才资源高地的构建提供有针对性的路径和策略。

三是对比功能，体现各地区人才结构的变化状况和发展态势。对比功能主要是选取通用性指标，以便能够运用到不同区域的检测中去，由此可以对比不同区域之间的差异，知己知彼，取长补短。

四是引导功能，改善人才生存发展环境的政策引导。通过人才评价发现阻碍人才开发的劣势，调整人才开发策略，对于区域加强自身对人才的吸引力和不断提升人才素质能力具有重要的指导性。

区域性人才开发评价不仅是一项复杂的系统工程，而且是一个动态发展的概念。通过对区域人才开发体系中的人才环境、人才结构、人才素质、人才开发、人才流动等一系列年度数据的纵向比较，以及通过与有代表性的区域进行的横向比较，反映区域性人才开发战略的进展和成果，在评估实施区域性人才战略的成效方面具有较大的实用价值，并具有监控区域性人才开发战略执行状况的现实意义，为各区域政府提供了具有适用性、可操作性的推进人才战略的衡量参考数据。

第三节 组织管理中的人才开发评价

一、基于价值的人才评价

(一) 人才价值的含义

人才价值，就是指人才主体在社会活动和生产活动中，向客观所表现出的全部价值。人才价值分为四种：一是人才的自身价值，即在自身的基本素质处于相对稳定状态下所固有的、客观的持有价值，主要由德与才的不同量配比结构形式来决定，具有明显的客观性和稳定性。二是人才的使用价值，取决于人才主体是否有输出价值的积极性和合理的价值输出途径以及人才价值输出的难易程度，人才的使用价值主要受到德（政治品德、思想意识、工作态度和心理品质）的影响和制约。三是人才的社会价值，即人才被客观环境和社会所接受、所承认的那一部分有效价值。四是人才的有效价值，即人才在价值输出过程中，除去消耗掉的那部分无效价值后，剩余的实际贡献给社会的那部分有益价值。任何人才都有自己的自身价值、使用价值、社会价值和有效价值。其中，自身价值是基础，使用价值是中介，有效价值是根本，社会价值是关键。因此，评价人才价值应主要考察其有效价值和社会价值。

(二) 对人才价值的评价

人才评价的本质就是人才价值的评估。人才评价是出于人力资源交易的需要，部分产权的交易是人力资源交易的最主要特征，人力资源的需求者为了取得人力资源的使用权和支配权，所付出的代价就是人力资源价格；人力资源价格是人力资源交易的产物。人才价值可分为潜在价值和实际价值。

人才评价的重点在于将人的才能运用到社会生产过程中，经过交换取得的绩效——对组织和企业的贡献。人才价值体现于社会贡献，校正于使用价值，落实于个人薪酬。人才评价通过对人才价值的合理评定，来提高人才实际价值函数中的变量值即努力程度的大小，同时也激励人才所有者进行更多的人力资源投资。

人才价值评价可作为组织人才招聘选拔与薪酬制定的依据，也是在人才评价基础上进行经济激励的重要参照。人才是商品，并且是能够带来价值增值的特殊商品。人才价值评价和各类物质资本定价不同，人才的价值是人才定价的依据,而人才的价值又体现在人力资源对企业和社会的贡献上。

(三)人才价值的评价方法

人才价值的评价主要有两类方法:

1. 直接评价。如市场上买卖双方以市场为基础,谈妥一个市场价格作为评价人才资源价值的货币标准成本法,以模仿无形资产的估价方法来计量现金流法是将未来的收益贴现来估价人才资源价值。

2. 间接评价。可以通过从人才的收益安排入手对人才的价值进行评价的方法。这种人才收益定价法确定的人力资源价格,由于受到外部人才市场的竞争压力以及企业内部治理机构的制约,不会出现长期的人才价值真实的情况,加剧人力资源市场的竞争通过价格信号对不同层次的人才市场供求进行调节,从而能够活跃人力资源市场,影响企业或组织对人才资源的录用及使用。

3. 评价过程。这是一个多阶段的动态过程,组织内的人才价值并非固定不变。一方面,人才会随市场供求关系的变化而变化;另一方面,人才所有者自身的知识和技能也会不断更新,其价值会不断提升增长。因此,人才价格不完全由人才市场供求平衡决定,还取决于人才在组织中的工作业绩,对人才价值的价格表现即薪酬的确定也只能是多次定价。人才的价值评价具有特殊性,在不确定的外部环境下,人才价值评价是在特定环境约束下,综合市场选择与治理评价的复杂过程。市场选择主要反映人才的人力资源禀赋、要素资源稀缺性等方面,最终的人才评价及薪酬方案是组织和企业依据内外部环境条件,包括组织战略、资源特征、营运能力、人才贡献以及外部环境的其他因素等综合评价的结果。

二、基于绩效的人才评价

(一)基于工作绩效状况的评价要素

基于工作绩效状况的人才评价是对特定对象的人才行为表现的价值判断,是一个对人才的绩效状况进行信息收集、处理、沟通、使用和反馈的过程。人才的绩效评估可以是显在的,也可以是潜在的。显在的绩效评估是正式规则下的行为,如组织对个人的绩效考核;潜在的绩效评估则表现为人才的基本能力,表现在其言行中,反映在奖惩上。

评估对象、评估定位、评估指标、评估组织者、评估主体、绩效信息收集、评估结果使用是构成绩效评估的七要素。

绩效评估首先要明确"评估什么",即明晰评估对象及其职能构成、特征、规模与数量等。其次,评估定位是绩效评估的意图和理由,即"为什么评估",是评估活动的预计收益或结果。不同的评估定位在很大程度上决定了评估的效果和影响。第三,评估指标反映的是特定评估对象的评估范围和内容,针对评估对象工作职能的某些方面或全部内容进行设计,并反映评估对象的绩效产生和形成机理。其权重具有调整和平衡的功能,也是绩效评估中较难把握和处理的内容。第四,绩效评估本质上是人的价值判断行为,往往因评估主体的不同而有差异。评估主体在绩效评估中占据重要地位。第五,绩效信息是评估主体进行价值判断的依据,绩效信息是否充分、准确、客观,是决定评估有效性的关键因素。最后,评估结果的使用是绩效评估的最后环节,其方式包括公开公示、奖惩、配置资源、改进绩效、调整评估定位等。

(二)基于工作绩效状况的评价方法

基于绩效的人才评价有很多种方法,通常的绩效评估方法有:书面报告法、量表法、关键事件法、工作标准评定法、强制分布法、排序法、配对比较法、行为锚定等级评价法、平衡记分卡、关键绩效指标、360度绩效考评法、目标管理法和评价中心。这些绩效评估方法既包括对人才过去一段时间内的工作业绩进行评估,以达到行为修正的目的,即历史取向的绩效评估方法,也包括对人才未来的绩效水平做出事先的控制和预估,即未来取向的绩效评估方法。

绩效评估可以准确地评估人才的工作绩效状况和质量,有助于管理者做出最佳人力资源管理与开发决策,使管理者及其下属能够制订计划纠正任何可识别的工作失误。绩效评估提供的资料还可以作为人才提升职务、晋升工资以及进一步培训提高的依据。绩效评估是复杂和敏感的,其本身也存在"绩效"高低问题,它既可以带来正面效果,也可能导致负面影响,是一把"双刃剑"。其正面效果包括以评促建,强化监督与控制,实现组织良性发展等;负面效果则包括因评估误差、实施走样及其他难以预料的影响,导致组织功能混乱和恶性循环等。对绩效评估要采取系统观的视角,循序渐进,稳步推动,真正发挥绩效评估在人才管理中的正面效果。

目前，对人才的考评通常注重对人才整体绩效的考评，包括两部分内容：一是个人能力评估；二是业绩考核，即针对每个岗位的关键绩效指标（KPI）考核。"关键绩效指标"反映的是核心竞争力、管理能力和营运能力等方面的运作情况；"个人能力评估"主要是根据员工所在岗位的"个人能力模型"设定的综合技能的目标和要求，通过对员工在考核期内的行为表现的观察，评判该员工对这些综合技能的掌握程度。明确定义企业特有的能力模型，可以推动企业战略目标的实现，从而使企业赢得竞争优势。

另外，需要注意的是，这两方面考评的结果需按一定比例结合起来。结合的比例可以根据具体岗位有所不同。例如，对业务部门和人员来说，可能更加需要强调业绩考核的结果。因此，他们的最终考评成绩可能是70%来自业绩考核，30%来自个人能力评估，而服务部门和人员的考评可能是50%和50%的组合。

三、基于素质的人才评价

（一）人才素质评价的定义

人才素质评价是指评价主体采用科学的方法，收集被评对象在其主要活动领域和活动过程中的表现信息，从而作出量值或价值判断的过程。它是人才素质开发的起点，在人才培养体系中占有重要的地位。

人才素质的高低是由多方面能力和因素综合反映出来的，因此人才素质评价是一个多指标的综合评价问题。目前，关于多指标综合评价问题的分析方法比较多，但多数方法都存在着人为因素、定性因素等问题，容易导致素质评价结果缺乏公正性。因此，构建一种新的人才素质评价模型非常必要。

构建素质模型的基本思路是，在被评价样本总体外，按照人才素质指标体系，构想一个虚拟的人才素质标准样本，计算被评价样本与标准样本之间的贴近程度，并以此作为人才素质评价标准。与标准样本间贴近程度越高，其素质评价就越高；贴近程度越低，其素质评价就越低。

（二）人才素质评价的方法

除了要有科学合理的评价模型外，还必须遵循一定的基本原则，如客观评价与主观评价相结合，分项评价与综合评价相结合，定性与定量评价相结合，要素与行为评价相结合，精确与模糊评价相结合，静态与动态评价相结合，素质评价与绩效评价相结合，素质评价与资源开发相结合等。同时，也要有合理的方案、严格的组织程序以及客观公正的评判人员，并要借助于现代计算机手段。只有这样，人才素质评价工作才能做到科学民主、公正合理，人才工作才能"人尽其才，才尽其用"。

人才素质评价指标体系设计应综合考虑影响人才价值的各个因素。为了使条目众多、影响不一、标准不同的指标在参与评价后给出直观的定量结果，进行人才素质评价指标体系的因素选择，可舍弃一些不重要的和重复的指标，最终确定不同的人才素质评价指标体系，以适用于评价不同的人才类型。比如评价一般政府工作部门人才素质，该指标体系包括政治品质和思想意识、理论素养和政策水平、原则性和法纪意识、贯彻民主集中制、宗旨观念和群众路线、选人用人、相融性与合作精神、廉洁自律、调查研究能力和工作思路、决策能力、组织指挥能力、驾驭全局和处理复杂矛盾能力、改革精神和创新能力、适应和应变能力、语言文字表达能力、业务水平和知识面、敬业精神、办事效率、工作实绩、发展潜力等方面。在实际工作中，经过专家的反复比较论证，人才素质评价指标体系简化为思想品德、工作能力、勤政廉政、政绩四项组成。

四、基于能力的人才评价

（一）基于能力的人才评价方法的演进

基于"能力"的评价方法的思想最早可追溯到 20 世纪 20 年代。当时在泰勒的科学管理思想影响下，在组织中构建理性、技术性的管理系统成为管理的中心任务。泰勒主张管理层通过"动作和时间分析"研究员工之间业绩差异的原因，确认"什么"形成工人的能力，并将它们标准化，然后根据这些"标准"对工人进行评价及培训，进而实现提高工人操作技能和组织绩效的目的。

现代意义上的"能力评价"开始于 20 世纪 60 年代末，哈佛大学心理学教授 McClelland 认为，传统的学术性考试无法预测工作业绩和生活中的成功，主张抛弃传统形式的评估，重新寻找其他能够预测成功并且不存在偏差的变量。

在以前的人力资源和组织行为研究中，"工作"一直被作为组织的基本构件，人们认为组织由许多不同性质和内容的工作组成，人力资源管理领域中的很多技术就是基于个人拥有特定工作的思想，如"人—职匹配式"的人员选拔和培训方式（Lawler，1994）。以"工作"作为基本管理构件适用于处于稳定环境中的组织，无法满足动荡环境下组织对灵活性的要求，因此，越来越多的企业采用基于"能力"的组织方式，将管理的中心从"工作"转移到个人和他们的"能力"上，这也同现代战略性人力资源和"资源观"的人力资源理论的发展方向一致。正如 Lawler（1994）所说的那样，在很多环境中将人视为"拥有工作的个体"不再是管理和组织人的最好方式，将他们视为"组织工作的资源"可能更合适和有效。

（二）基于能力的人才评价的层次

从层次上看，存在组织层面的能力和员工个人层面的能力。组织层面的能力被两位学者称为核心能力（Prahalad & Hamel，1990），认为它是组织竞争优势的源泉。与组织核心能力对应的是个人能力，它是基于能力的人力资源管理中的核心概念。当前在个体能力概念的界定上仍存在很多争论，对个体能力类型的划分，由于方法和角度不同，在理论上远未达成一致。在实际应用中，基于个人能力的评价是针对员工个人的综合能力和具体工作成绩的评价体系，其主要目的在于将员工个人的成长与公司和部门的发展结合起来，促使员工随着公司的发展而成长，从而达到吸引人才、留住人才，促进企业发展的目的。通常，个人能力评估的整个程序包括"期望"、"行动"、"反馈"、和"评估"四个步骤，评估以年度为一个周期。对项目人员，除了年度评估之外，也可以以项目为周期进行评估。

从基于"工作"的组织转向基于"能力"的组织是管理方法和手段上的根本变化，需要对组织中管理系统的每一方面都进行改变，因此，为人力资源管理理论的发展提供了巨大的空间。基于能力的人力资源管理正在逐渐成为一种新的人力资源管理范式，其所倡导的管理思想和理念正在被越来越多的企事业单位所接受。企事业单位从基于"工作"的组织向基于"能力"的组织转变的一个根本原因是改进企事业单位的绩效和创造竞争优势的需要。

五、区域经济发展中的人才评价

随着城市经济的发展，区域经济的特征日益显露，区域人才竞争力评价成为人才评价研究的一项重要内容，人才工作领域中的实践也引发了在人才评价基础上的区域人才开发战略规划与人才管理机制的变革。

（一）区域经济发展的人才条件评价

区域经济发展的首要条件是人力资本条件，人才又是人力资本的精髓。积极准备人才资源条件，特别是其中的高层次人才条件，充分开发人才资源应是区域发展的首要问题。围绕这一核心问题对人才总体的主要特色、成长因素进行分析，是人才评价的重要内容。

基于区域经济发展的人才条件评价，主要有以下指标：①人才总体的多元化；②人才总体文化素质的兼容化、融合化；③人才总体流动的高活力化；④人才总体专业结构的主体化；⑤人才总体智能结构的国际通用化、复合化；⑥社会总体人才资源素质的优良化；⑦人才总体领导管理层的高素质化。

（二）区域人才开发的社会因素评价

无论是人才个体的涵养与成长，还是社会人才总体的吸纳与开发，均是社会诸要素相互作用的综合效应。影响评价区域人才总体开发的社会因素有：①政治氛围；②社会境遇；③社会竞争；④市场机制；⑤基础设施；⑥教育培训；⑦社会氛围。

上述分析说明，区域人才评价应是人才、地理、经济、环境等诸要素整体互动、协调发展的结果。其中，生产力—经济因素归根结底起决定性作用，其他人文因素直接地起作用，自然因素往往通过社会经济因素间接地起作用，最终均通过人才系统自身的内在因素能动地发生作用。为此，区域人才发展战略规划的制定，应从社会、经济、政治、人文、地理等方面着眼，充分发挥对人才涵养、开发、储备、吸引、留驻、激励等全方位管理的合力效应，以期借助人才资本力量促进区域经济和社会发展有更大的飞跃。

第四节　人才评价技术的管理应用

一、人才评价技术的发展

（一）西方人才测评技术的发展

第二次世界大战后，西方各国科学技术的迅速发展和经济的起飞，对人才资源开发提出了紧迫要求，特别是随着公务员考试、晋升、培训制度的深入推进和私营部门人才选拔的实践，完善和开发新的人才测评技术成为急需。在这种背景下，人才测评新技术不断得到发展，从教育测量学、心理学、行为科学、管理学等方面入手，对人的知识水平、能力、个性特征、职业倾向和发展潜力等方面素质进行综合测评，形成一系列测评方法。

在测评内容上，西方经历了"通才型"和"专业型"阶段，目前，随着社会政治、经济、科技和文化方面越来越表现出"知识爆炸"的信息时代特征，各国出现了越来越趋向一致的"T"型（即通才＋专业化）趋势，同时，各国也越来越重视对人员的综合素质如人格、智力、气质、价值观及潜能等的测评。

在人才测评方式上，最早试行全国统一测评制的当数美国的公务考绩，就是规定一种统一的考核要素和标准，也称为统一考绩制度。1920年，美国总统首次下令实行统一考绩制度。1934年，政府规定考核内容共分16项指标，包括工作的速度、创造力、组织能力和领袖才能等。1943年，增订为31项。这种制度的弊病在于考核要素定得过死，而且评定结果受主观因素的影响大，难以被考核者接受。后来兴起工作考绩制度，按职位的内容，通过工作分析，制定各类职位所需的工作质量、数量、效率和智能等要素及标准，以此作为测评的准绳，使不同职务的测评要素和标准形成系列。

20世纪60年代以后，许多大公司开始运用评价中心技术，使得测评对象不仅仅是以普通员工为主，而是扩展到中高层管理人员。由于其综合运用了测验、面试和情景模拟技术，使测评的效果更加可靠和有效。近些年兴起的行为测评方法，就是通过观察分析一系列关键行为，用关键行为作为要素和标准进行考核，也称为行为观察法。这种方法强调的是描写工作行为而不是评价工作行为，因此，比其他方法较少受个人偏见的影响，目前正越来越引起各国的重视。该法最先是以"关键事件法"的形式用于测评要素设计，近两年来，逐渐引入"行为事件访谈法"来确定关键的测评要素——胜任特征，同时也用此方法来评价工作胜任特征。

仅就人才的评价方面，国外是界定于"人才的事前评价"，依照其评价目的把人才评价分为S（Select）——以选拔为目的、D（Develop）——以开发能力为目的、I（Indication）——适合性诊断为目的三种类型。实际应用中三型的构成比约各占30%、60%和10%，在人才评价的具体实践中，更加侧重于使用研修和演习的形式来实现，注重人才的个性化区分。美国的人才评价，在指标选择和实际应用中更看重"真才实干"，量化指标有硬的要求，但无量的限制，更重视质的评价，看重态度、技能和经验。与出处的评价相关联，学术共同体的评价更依赖于学术委员们的"印象"。欧洲各国人才评价方面的研究，也有不少类似的研究报告，但主要偏重应用于商业和企业方面，其评价指标、评价内容、计算方法与我国国情存在较大差异。

（二）我国人才评价技术的研究

我国从20世纪80年代起，人才评价伴随着对人才定义和评价标准的争议起步，经历了定性评价，以定性评价为主、辅以定量评价，定量评价至综合评价几个发展阶段，在人才概念、人才标准的界定、人才评价的原则、评价指标的遴选、评价方法的建立以及评价体系建设等方面做了大量探讨和研究，人才评价标准逐步走向多元化，尤其是统计学、数学建模、模糊评判、主客观综合评价模型等方法应用于人才评价后，充实和丰富了我国的人才评价研究。

人才工作包括人才的培养、开发、使用和评价等方面。引入和使用科学的人才评价方法，有效保证正确地选拔使用人才，才能使人才在健康和谐的环境中，充分发挥积极性和创造性，为国家建设提供强大的智力支持。我国的人才评价工作，根据评价目的，可分为选拔评价和考核评价两大类型。选拔评价主要是指在选拔任用时，对拟选人员的素质、能力的预测性评价。考核评价是对现职人员在岗位上表现出来的业绩和能力的评价。现代人才评价理论，主要是建立在心理学的个体行为差异理论之上，由于人类行为的复杂性，不可能用一种方法或技术涵盖全部人类行为特点，因此仅从心理学角度对人才进行评价肯定不全面。

当前我国人才评价常用的技术方法，包括履历分析法、笔试法、面试法、考绩、定量考核、心理测验法、情景模拟及评价中心等技术方法。从总体上看，基本是借鉴国外的人才评价方法，再加上一些自己设计的测评量表改良而成。一种理论的相关性和有效性是受国界限制、文化限制、经济社会发展水平制约的，事实上由于国外很多评价方法，不同程度地存在客观性太强等问题，在实际应用过程中，经常出现评价误差比较大、效果不理想等情况。目前的人才评价，大都侧重于对素质、能力或业绩等某一方面进行评价，对人才进行科学的、整体的、全面的评价还较少。由于不同的评价方法普遍存在评价结果量化程度较差的问题，因此不同评价方法得到的评价结果之间缺乏可比性，评价方法的应用受到很大局限。

全国人才大会关于人才的定义，为人才评价指出了理论方向。长期以来，党和政府制定的有关人才选拔任用的规定、有关专家学者的研究成果，为我们设计指标提供了参考依据。统计学对调查对象的计量尺度方法，为对人才品德、能力、素质等描述性指标进行量化提供了可能性。目前，专家学者正在以心理测量理论为基础，综合利用社会学、管理学、统计学等理论方法，尝试对人才进行多角度综合评价，对专业技术人才的绩效评价和分配激励措施也在不断地进行探索和研究。

二、人才评价技术在管理中的应用

人才标准是考核评价人才的依据和尺度。测评标准是否科学、准确，直接关系着测评工作的有效性。

胡锦涛同志《在全国人才工作会议上的讲话》中指出："要坚持德才兼备原则，把品德、知识、能力和业绩作为衡量人才的主要标准"，"建立以业绩为重点，由品德、知识、能力等要素构成的各类人才评价指标体系，建立健全科学的社会化的人才评价机制"。《2002—2005年全国人才队伍建设规划纲要》指出，要"围绕科学决策能力、驾驭全局能力、开拓创新能力，构建核心能力框架"。党的十六大、十六届四中全会、十六届五中全会、十七大也对人才能力建设提出了明确要求。这些方针政策为构建人才素质标准体系指明了方向。制定以品德、知识、能力、绩效为重点的人才素质标准，必须体现新形势下关于加强人才能力建设、提高人才管理水平的要求。

（一）品德、知识、能力和业绩等要素关系的处理

西方发达国家把建立人才能力框架、完善人才测评方法技术作为人才能力素质建设、参与世界范围内人才竞争的重要手段。美国、英国、法国、加拿大、澳大利亚、荷兰和日本等国都制定了高级人才核心能力框架和绩效评估标准，其有益作法值得学习借鉴。

我国构建符合科学发展观和正确能绩观要求的人才素质标准，坚持德才兼备原则，坚持以实绩为核心，全面考核人才的德、能、勤、绩、廉等各个方面，处理好"品德、知识、能力和业绩"等要素之间的关系。开展业绩与品德、业绩与知识、品德与知识、品德与能力、知识与能力等科研课题研究，为完善科学的人才素质标准体系提供了依据。

（二）强化人才分类管理和职位分析

人才分类管理与分类考核是现代人力资源管理的基本理念。职位分析是现代人力资源管理活动的基础。开展职位分析，实行分类考核，对提高考核评价的针对性非常重要。在考试测评工作中，按照"人职匹配"的原则，一般先对选拔职位进行分类，并开展职位分析，明确选拔标准和测评重点，这有利于提高考试测评工作的针对性。因此，完善人才素质标准体系，要在对不同行业、不同系统的不同层级职位进行具体分析的基础上，研究制定不同层次人才素质标准，并采用现代测量理论，依据信度和效度等参数在实践中不断调整完善。

（三）健全人才考试与测评方法体系

随着我国人才公开选拔和竞争制度的积极推行，由笔试、面试、评价中心技术等构成的人才考试测评方法体系已逐步健全。

笔试主要测评人选履行职责所需要的基本知识和能力素质，它通常作为第一环节，对人选进行批量测试和评价，起到初步筛选作用。笔试的试题类型一般分为客观性试题和主观性试题。近年来，笔试坚持以能力为重点的测评导向，不断创新，加大案例分析题等主观性试题的比例，注重对分析解决实际问题能力的测试。

面试在笔试基础上，进一步测试应试者在人才能力素质和个性特征等方面与选拔职位的匹配程度。目前，在公开选拔和竞争上岗面试中主要采用结构化面试。结构化面试操作性强，公平性高，能减少考官主观因素的影响，确保实效。在结构化面试基础上增加演讲和自由追问，形式更加灵活，有利于考生充分展示真实才能，也有利于全面深入地考察人选的素质状况。在各种各样的探索中，有一个共同点就是："卷子"代替了"条子"，才干代替了关系，身份、地域被彻底打破，逐步形成能上能下、能进能出、优胜劣汰的选人用人机制。

开发推广评价中心技术是加快考试测评体系建设的重要举措。自2004年开始，我国启动了领导人才行为情景判断自适应测验、公文筐测验、无领导小组讨论三项评价中心的开发工作，取得较好效果。除了笔试、面试以及评价中心技术外，目前，我国一些党政机关和企事业单位在人事选拔中还尝试使用了个性、动机、领导风格等心理测验。

除了完善标准和创新方法，健全制度也是构建人才考试测评体系的重要内容。测评标准、方法和程序方面的规定是开展考试测评工作的依据和保证。这些制度还将随着考试测评工作的发展而不断健全完善。总的来看，经过各方面的积极探索和实践，我国人才考试测评体系已初步形成。

三、人才评价标准的发展方向

（一）人才评价标准的确定

人才评价标准是使人才与一般人相区别的标准，是衡量人才杰出性的标准。人才评价标准是人才概念的具体化，人才评价标准要能较全面地反映和把握人才的本质特征。

社会上用来评价人才的标准很多，最普遍的是学历和职称（人才就是指有中专以上学历或初级以上职称的人），这使人才的判定和统计变得简单易行，具有可操作性。但学历和职称并不能反映人才的本质，以学历论人才，从某种程度上说是社会文化教育水平低的结果。文化教育水平的差距可能是人的素质差距中最大、最重要的差距，学历因此具有标志性意义，成为衡量人才最权威的标准。随着社会文化教育水平的提高，特别是高等教育的发展，学历的相对价值逐渐削减，学历作为人才评价基本标准的权威性招致越来越多的质疑和非议。除学历外，人们还常常将岗位、职务、年薪作为评价人才、划分人才层次的标准。固然，岗位、职务和收入都在一定程度上反映了人的才能和贡献，但岗位、职务和收入缺乏作为人才评价标准的统一性，不同单位的岗位、职务、收入具有不同的价值性，很难以此来评价人才水平、质量和贡献的高低。

科学的人才评价标准应该是多维的而非单一的，是一个由相关评价指标组成的评价体系，包括受教育程度、资历状况、职业资格、业绩成果、专业培训、专业类别导向、地区导向等指标，这比任何单一的人才评价标准更能全面地把握人才的本质。人才标准的确定有跨越时空的共性和与时俱进的特性。任何时代对国家上层建筑和经济基础建设作出贡献的人都是人才，这是人才的共性，同一国家不同时期的人才又具有各自的特性。

从2004年初开始，我国研究制定了《全国人才资源统计指标体系及统计调查实施方案》。该方案所述全国人才资源统计指标体系总体上包括7大指标：一是总量，包括各个类别、各个层次人才的总体数量；二是分布，包括各类人才在不同所有制、行业、产业、区域的分布情况；三是结构，包括人才的性别、民族、年龄、党派、学历、学位、专业等自然情况；四是流动，包括各类人才的流入、流出等变动情况；五是培养，包括各类人才参加培训、交流、锻炼的情况；六是使用，包括各类人才的任职、降免职、辞职、辞退的情况；七是奖惩，包括各类人才薪酬、奖励、惩处的情况。这7大指标既有人才队伍描述性指标（总量、分布、结构），也有人才工作管理性指标（流动、培养、使用、奖惩），既体现人才队伍状况，又反映人才工作的发展趋势。

（二）人才评价政策与战略的发展

2003年12月26日，中共中央、国务院发布了《中共中央 国务院关于进一步加强人才工作的决定》（以下简称《决定》），明确提出了坚持"党管人才"原则，坚持"以人为本"，实施"人才强国"战略。这是一个以国家意志出现的最高层次的人才战略规划，体现了以下六点特征：

一是在人才强国基础上，"党管人才"、"以人为本"等战略思想或原则得以确立。

二是科学人才观得以提出并已逐步形成体系。坚持德才兼备原则，把品德、知识、能力和业绩作为人才评价的主要标准，不唯学历、不唯职称、不唯资历、不唯身份，不拘一格选人才。

三是强调以能力建设为核心，大力加强人才培养工作。

四是重视科学的人才评价和使用机制的建设。要建立以能力和业绩为导向、科学的社会化的人才评价机制，完善人才评价标准，克服人才评价中重学历、资历，轻能力、业绩的倾向，完善人才评价手段，大力开发应用现代人才测评技术，努力提高人才评价的科学水平。

五是建立和完善人才市场体系，促进人才合理流动。要根据完善社会主义市场经济体制的要求，全面推进机制健全、运行规范、服务周到、指导监督有力的人才市场体系建设，进一步发挥市场在人才资源配置中的基础性作用。并通过进一步消除人才流动中的城乡、区域、部门、行业、身份、所有制等限制，疏通三支队伍之间、公有制与非公有制组织之间、不同地区之间的人才流动渠道等措施，保证人才流动的开放性和有序性。

六是通过完善分配激励机制、建立规范有效的人才奖励制度、建立健全人才保障制度等措施，加大对人才的有效激励和保障。同时，要不断扩大人才工作覆盖面，以推进人才资源整体开发，实现人才工作协调发展，要突出重点，切实加强高层次人才队伍建设。

四、人才评价机制的建立与完善

（一）规范职位分类与职业标准

《决定》提出，要"建立以能力和业绩为导向、科学的社会化的人才评价机制"，这为我国人才评价机制的重大突破提供了明确的方向。建立以能力和业绩为导向的人才评价机制，重在确立标准、改革方式和完善科学的评价手段。

对各类人才的评价，首先要从规范职位分类与职业标准入手，建立以业绩为核心，由品德、知识、能力等要素构成的各类人才评价指标体系。必须针对不同的行业特点、不同的职位和职业要求，制定出分类分层的人才评价序列，并在实际工作中严格执行，做到人才选拔评价和考核评价同等并重，以此来保证人才队伍的素质，真正做到汇才聚贤、知人善任。

（二）确立多元化的人才评价标准

人才评价标准在经历了资历取向、能力取向的阶段后，将向心态取向的阶段发展，人才评价标准从唯学历、重职称到重能力、重业绩再到未来的重心态、重品行，呈现出从单一走向多元的特点，也预示着更加科学、客观、公正的人才评价体系的形成。科学的人才评价标准还应该是客观的、具体的、可以量化的，这样具有很强的操作性，也保证了人才评价的客观公正。人才统计指标也应作适当改革，可适当扩大统计范畴，增加一些统计指标，使人才的概念更全面，更接近人才的本质含义。人才评价标准是人才观的反映，是人才概念的深入化、具体化、操作化，人才评价标准的变化反映了人才观的变化，也将推动人才评价标准走向科学化。

（三）建立分层分类的人才评价体系

改革人才评价手段，大力开发与应用现代人才选拔与测评技术，充分发挥评价中心技术、面试评价、心理测验、工作样本分析、履历分析在人才选拔与测评中的使用，努力提高人才评价的科学水平与技术含量。要健全人才评价机构与改变评价方式，党政人才由行政评价为主同以社会中介包括民主党派、社会团体与人民群众评价为主转变；企业经营管理人才由政府评价为主转向以市场评价为主；专业技术人才由专家评价为主向专家、顾客与实践综合评价为主转变。要将科学评价与民意测验相结合，现代人员素质测评与传统组织考察相结合，素质测评与实绩考评相结合，历史成绩考评与发展潜能预测相结合，能力业绩评价与品德测评相结合，努力开发人才评价的新技术与新方法，建立以能力和业绩为导向的人才评价新体系。

（四）实行人才评价的社会化机制

对人才的评价应放在整个社会的大范围内进行，按照统一的平台和统一的标准来评价和鉴别，如此才能保证评价工作的公正客观性，增加透明度，使对人才的评价真正符合客观实际并得到社会的认可。发展和规范人才评价中介组织，探索和建立社会化的人才评价机制，目的就是鼓励和推动专业性中介评价机构的发展，以充分发挥中介评价机构在人才评价工作中所具有的专业技术优势和客观公正优势，避免人才评价工作受某些人为主观因素的影响以及落后陈旧的评价技术的制约，保证评价工作的科学性和有效性。近年来，诸如职称评审社会化，中介评价机构介入和承接公选竞聘活动等现象都代表了这一良好的发展趋势。

本章复习思考题

1. 什么是人才评价？人才评价有哪些类型？
2. 人才评价的方法有哪些？
3. 如何理解人才评价的标准？
4. 可以从哪些角度进行人才开发评价？
5. 人才评价在人力资源管理中有哪些方面的应用？
6. 组织管理中的人才开发评价有哪些视角？
7. 人才评价标准的发展方向是什么？
8. 区域经济发展中的人才评价功能有哪些方面的体现？

第七章 人才开发行为

本章教学目的与方法建议

熟练掌握人才开发行为的内涵,了解人才开发行为的特征,充分认识和把握人才开发行为的原则及其分类。

【导入案例】

中关村人才特区建设的经验与启示[①]

"中关村"——起源于 20 世纪 80 年代初的"中关村电子一条街"。2008 年 12 月,中关村被授予国家海外高层次人才创新创业基地称号。2009 年 3 月,国务院批复建设中关村国家自主创新示范区。2011 年 3 月 14 日,中组部等 15 个中央和国家有关部委与北京市委市政府联合印发了《关于中关村国家自主创新示范区建设人才特区的若干意见》,提出"加快把中关村示范区建设成为具有全球影响力、体现中国特色的人才特区",随后,中关村人才特区建设指导委员会正式成立。2011 年 7 月 12 日上午,中关村人才特区建设工作大会公布《加快建设中关村人才特区行动计划(2011—2015 年)》,指出在今后 5 年内,北京市将启动人才开发、平台搭建、成果转化、产业发展、环境创建和公寓建设六大工程,将中关村示范区率先建成国家级人才特区。《国民经济和社会发展"十二五"规划纲要》明确提出,"逐步把北京中关村建设成为具有全球影响力的科技创新中心"。

经过 20 多年的发展建设,中关村形成了"一区十园"的空间布局。中关

[①] 吴帅.中关村人才特区建设的经验与启示.//中国人才发展报告(2012).北京:社会科学文献出版社,2012:51~55.

村以海淀园作为中关村国家自主创新示范区核心区，拥有232平方公里的产业用地。据统计，中关村示范区内共有国家级科技基础设施211所，其中国家重点实验室67个，国家工程技术研究中心50个，国家工程研究中心37个。截至2010年，中关村高新技术企业从业人员达到118万人，北京地区入选中央"千人计划"的海外高层次人才达到311人，其中80%在中关村；入选"北京海外人才聚集工程"的163人，其中75%以上在中关村。中关村企业实现总收入1.6万亿元，约占全国高新区的1/6，中关村投资案例和投资金额占全国1/3左右。随着中关村的改革与发展，一大批富有创新活力、具有全球视野和较强国际竞争力的企业迅速成长。计算机产业领域的联想、方正、曙光，软件产业领域的神州数码、用友、中软、文思创新、软通动力、博彦科技，集成电路设计产业领域的中星微、龙芯、北大众志，网络与通信产业领域的普天、大唐、信威、新浪、搜狐、百度，已经成为引领相关产业发展的中坚力量。20年前，中关村只有527家企业、年销售收入14亿元，上缴税费0.5亿元。目前，中关村拥有高新技术企业超过2万家，总收入接近2万亿元，上缴税收达500亿元。在境内外上市的高新技术企业总数已达112家。中关村管委会资料显示，中关村每两个工作日就诞生一家留学生企业，中关村已成为国内投资创业活动最为活跃的区域。此外，中关村还是中央人才工作协调小组首批授予的"海外高层次人才创新创业基地"，海归创业人才超过1.5万人，累计创办企业超过6 000家，是国内留学归国人员创办企业数量最多的地区。

中关村已经形成了以电子信息、生物医药、航空航天、新材料、新能源与节能、资源与环境等为主的庞大产业群，建立了中关村软件园、生命科学园、电子城、大兴生物医药基地等多个特色专业园和产业基地。其中，台式计算机的国内市场占有率达到了40%以上，笔记本计算机的国内市场占有率达到了25%以上，软件、集成电路设计分别占全国的1/4和1/3，自主知识产权操作系统、信息安全、重点行业应用软件等市场占有率位居国内第一。近年来，中关村的创意产业、高技术服务业、清洁能源产业等迅速兴起，研发、信息服务、创意设计等高技术服务业规模已经达到总量的一半以上，成为首都跨行政区的高端产业功能区。

第一节　人才开发行为概论

一、人才开发行为的内涵

人才开发行为是指从人才开发主体角度，对人才政策、人才培养、人才引进以及人才使用等方面采取的一系列开发性行为及措施。具体来说，主要包括以下四个方面：

（一）人才政策性开发行为

人才政策性开发行为是由政府制定的关于人才开发行为的政策体系，以使人才资源开发与经济社会发展相适应。在宏观上，它体现了人才发展的战略方向和基本方针，在微观上，它是由政府主导产生的行为引导，从整体上构建人才开发机制，加速人才开发进程，为人才开发创造环境和条件。所以，人才政策性开发行为包括两个基本维度：一是根据人才资源现状和需求状况，制定人才发展规划纲要；二是围绕人才开发的原则和宗旨，设计人才开发的政策体系。

1. 制定人才发展规划纲要

首先，立足于国家经济社会发展的总体形势，以科学发展观为导向，为统筹经济社会发展、人和自然和谐发展、国内发展和对外开放提供人才支持，制定全国人才发展规划纲要，它呈现的是宏观与微观、长期性与阶段性、稳定性与发展性相结合的基本特征；其次，立足于各区域的经济社会发展及其相互协调，制定区域人才发展规划，既为人才强国战略提供智力保障，以阶段性发展和区域人才资源现状为依据，又能实现区域与全国人才资源整体开发的协调发展。

2. 设计人才开发政策体系

人才开发政策体系是支撑人才发展规划纲要的重要保证，是人才开发行为的行动指南。由国家、地区、行业的各个部门，以制定法律法规、确立工作体制、出台政策措施为主要开发手段，使得人才资源成为推动经济发展和社会进步的强大动力。

（二）人才培养性开发行为

人才培养性开发行为是人才开发行为的基础，也是人才资源可持续发展的前提。人才培养性开发行为围绕构建"人人能够成才、人人得到发展"的人才培养开发机制，发挥教育在人才培养中的基础性作用，坚持以人为本，树立全面发展观念、人人成才观念、多样化人才观念、终身学习观念和系统培养观念。其作用在于充分开发个体的潜能和素质，使个体从人力资本转变为人才资源或提高人才层次。具体包括：教育者与被教育者之间的双向互动关系，通过人才主观能动性的发挥，完成科学知识与技能传承，提高人才素质与人才创造能力。人才培养性开发行为的过程是一个不断累积的发展过程，又是一个从低级到中级，进而到高级水平的变迁过程。更为具体的开发手段有学习科学知识、传授专业技能、提高身体素质和综合素养等，目的是使人真正成为国家和社会需要的人才，从根本上优化体能和智能。人才培养性开发行为是促进个体成长和社会实施人才培养相统一的过程。

（三）人才引进性开发行为

人才引进性开发行为，因人才智力跨国跨区域转移活动的日趋活跃而出现。人才交流合作的频繁、人才服务的国际化、人才竞争的开放性为引智创造了有利条件。世界主要国家和地区都在制定实施人才战略或计划，一方面通过规划引导、放宽移民与入境条件、户籍限制条件、给予优厚待遇等方式加紧吸引、招揽各类人才；另一方面则千方百计防止本国优秀人才流失。

人才引进性开发行为，就其形式而言，是指国外人才（智力）的引进开发和国内人才（智力）的引进开发。以实绩、能力为核心，综合考虑学历、资历等因素，推出吸引人才的各种综合性举措。具体包括：人才引进措施法制化，制定符合国际惯例的国内外人才高薪引进政策，制定吸引留学人员回国从事科研、办企业的优惠政策以及吸引国外人才的工作条件、生活条件等规定，逐步取消户籍制度对人才尤其是紧缺急需人才的限制性作用，探索人才智力投资、技术入股等市场化运作的方式，完善知识产权保护的政策法规，确保智力引进者和输入者各自的利益，解决智力引进动力机制问题等。人才引进性行为的依托力量来源于经济实力竞争和综合国力竞争。

（四）人才使用性开发行为

人才使用性开发行为是坚持"以用为本"，通过开发实践促使人才价值实现或人才增值。从人才培养性行为来看，育才的根本目的是要培养造就为人类社会发展进步创造财富和价值的有用之才，如果脱离经济社会发展需求，就会降低人才投入效益，造成人才的极大浪费。从人才引进性行为来看，引进人才是为了各项事业发展的需要，为用而引，人才看重的也是能够更好发挥作用的平台和条件，因用而来。① 只有以用为本，人才才能引得进、留得住，才能产生辐射效应，吸引更多的优秀人才，形成人才培养、引进和使用的良性循环。

因此，人才使用性开发行为，就是以用好用活人才为核心，具有两层内涵：一是通过直接使用人才个体，促使其在实践中真正转化为人才；二是在人才培养性开发行为的基础上，通过合理使用人才，不仅把潜在价值转化为显性价值，而且实现人才价值增值的过程。人才使用性开发行为对人才知识的积累、才能的发展和素质的提高所起的作用是明显的。人的技能是在实践中不断增长的，人才使用性开发行为，不是简单地把一个人安排在一个岗位上，而是要遵循人才发展规律，运用人才评价、流动、激励等综合手段，做到人岗相适、人事相宜，充分调动人才的积极性，发挥人才的创造性。具体来说，它主要包括人才考核评价行为、人才流动配置行为和人才使用调控行为三个方面。人才使用性开发行为既与人才引进性开发行为、人才培养性开发行为相互渗透和协调，以此为基础实现人才价值的实现和增值，又可以通过直接使用人才个体实现人才开发。因此，人才使用性开发行为的基本途径是确保人才的合理使用，实现人尽其才、才尽其用。

二、人才开发行为的特征

（一）整体性

人才开发行为是一项系统工程，各部分相互依存、相互促进、相辅相成，人才开发行为的整体性并不是各项工作的简单相加，而是要从适应人才成长和社会需求规律上，综合推进人才开发行为。人才开发行为的整体性特征包括：

第一，行为内涵的整体性。人才开发行为的对象是人才资源，人才资源是人力资本存量相对较多的部分，人力资源通过扩大人力资本积累可以转为人才资源，人才开发行为的整体性实质就是最大限度地发掘人力资源价值，

---

① 国家中长期人才发展规划纲要（2010—2020）学习辅导百问. 北京：党建读物出版社，2010：82.

发挥人才资源优势。

第二，行为过程的整体性。行为过程既包括对人才资源的隐性价值的初始开发，也包括其显性价值的再度开发。人才资源是可能的、潜在的人才资源，同时，又是发展的、可塑的资源。因此，开发行为既是对人才资源的培养使用，又是对人才资源的优化更新。初始开发是再度开发的基础，再度开发是初始开发的深化。两者不可分割且同等重要，共同促进人才资源的产生、升级和更新。

第三，行为层次的整体性。通过人才开发的政策性行为，使得培养、引进和使用性行为得以有机统一。首先是微观开发层次，即个体的自我开发，通过家庭、学校和社会的教育来孵化和培养人才；其次是中观开发层次，即社会各用人单位和部门对于人才价值和能力的开发，目的在于吸引、选拔、使用和留住人才；最后是宏观开发层次，即国家、政府通过制定和运用各种政策措施，实现人才资源的统筹开发。

只有从根本上把握好人才开发行为的整体性，遵循其规律，才能发挥人才资源的综合效益。

（二）时效性

人才开发行为不同于物质资源开发行为，不能长期储存，人才效能的发挥有一个最佳年龄段，只有及时开发，才能获得最佳收益。人才资源的开发和运用，是同人的生命年龄有直接关系的，不同年龄阶段，表现出不同的资源效力，这种不同既受自然属性的制约，又受社会属性的制约。时效性要求人才开发行为要抓住人最有利于职业要求的年龄阶段并实施最有力的开发措施。不同人的最佳开发年龄段是不同的，因此，针对不同人的年龄增长实施及时的开发行为是一种必然要求。一般来说，物质资源可以长期储存，而人才资源储而不用，就会荒废和退化。无论什么领域的人才，都有其人才发挥才能的"最佳创造年龄段"和"最佳峰值年龄"。一旦错过了这一时期，人才工作的能力和创造力会随着自身年龄的变化而发生变化，呈现出总体下降的趋势。虽然不同行业的人才发挥才能的最佳期不尽相同，但从总体上看，人才创造活动遵循着一条最佳年龄规律：在30~50岁之间作出贡献的可能性是最大的。① 只有尊重人才自身生物性和社会性的变化发展规律，及时把握好开发时机，才能使人才开发行为积极有效，达到预期效果。

（三）能动性

人才开发行为的能动性是人才资源开发区别于其他资源开发的根本点。能动性表现在人才开发行为的对象，人才本身既是主体也是客体，既可以通过社会方式开发，也可以通过自我提高开发，不仅能主动积极地接受开发，而且还具有自觉地进行自我开发的能力。具体来说，人才开发的客体实质上是指开发的对象、被开发者；开发主体则是指开发活动的发动者和实施者，人才开发行为的主体和客体之间具有相对性，此处的开发主体可能又是彼处的开发客体。通常情况下，人才外部开发行为与人才自我开发行为总是同时存在。主要包括以下两点：

第一，人才作为开发客体，是人力资源中的先进部分，相当于专业人力资源。与基础人力资源相比，人才接受了更长时间的教育，或自己投入了更多的学习时间，在实践中刻苦锻炼和深入钻研，掌握了更为扎实系统的专业知识、技能，具有较高的素质和较强的创造性，能够运用知识、技术和技能解决实际问题。

第二，人才作为开发主体，善于对自己的知识和技能进行改进和提升。人才在实际工作中能够不断增长经验，使书本的知识与实际的经验有机结合起来，变成活化的、生动的、情景化的知识，形成"全面的知识"；同时，通过知识、技能的运用，还能发现自身的不足，促使自己进一步补充和完善知识水平、技能结构，最后自觉主动地将科学技术知识运用于经济社会发展中，具有运用知识技术进行创新的主动性。

（四）社会性

人是社会的人，人才开发行为更具有社会性，是一定社会历史条件下的产物。人才使用离不开社会，人才培养的过程是人才不断社会化的过程，社会是人才成长发展的基础，是人才施展才干、发挥作用的舞台。人才开发行为，是个人努力和家庭、学校、单位、国家等社会各方面共同作用的结果。从社会方面看，社会培养、选拔、使用人才，是因为社会需要人才作出突出

---

① 叶忠海. 人才学基本原理研究. 北京：高等教育出版社，2009.

的贡献，是因为事业的发展、社会的进步需要一部分人、一大批人通过创造性的劳动来推动。从人才本身来看，人才的创造性是社会生活中的创造性，人才的衡量标准是某一时期社会的标准，人才之所以成为人才，是因为他能满足社会的某种需要，人才是社会生活、社会发展需要的群体，人才的本质和价值体现在服务社会之中。人才需通过一定的社会途径和方式得到社会认可。因此，只有充分利用人才开发工作部门的职能优势，依靠和调动社会各方面力量，才能使个人、政府、企业都成为人才开发行为的重要主体，使开发主体由个体变为多元，开发行为由多方互动协调完成，开发效果由各主体互相影响产生的综合作用来决定，以此形成人才开发行为的社会性合力。

第二节 人才开发行为原则

一、第一资源的原则

从"人才资源是第一资源"到"人才是科学发展的第一资源"，这是科学人才观最重要的理念之一。国家把人才在经济社会发展中的作用提到了战略发展的高度。首先，人才资源已成为当今社会生产力发展的核心要素，是经济社会发展的动力源泉。在所有的社会资源中具有基础性、战略性和决定性作用，不仅决定其他资源的开发和利用程度，而且具有其他资源无法比拟的无限可开发性，是十分宝贵且重要的资源。其次，人才资源是人力资源中最有价值的组成部分，是最可依赖也必须依赖的第一资源。人才资源已经成为实现社会经济全面协调可持续发展的首要资源，它是带动其他资源发挥作用的催化剂。因此，只有把人才资源放在经济社会发展各种资源的首要位置上，把人才资源的开发利用作为推动科学发展的根本动力，确立人才资源开发相对于物质资源、环境资源、资金资源以及其他资源开发的优先地位，才能使人才的潜能得以充分开发，人才的创造才能得以充分发挥，人才的社会价值得以充分实现。

二、人才为本的原则

人才开发行为坚持以人才为本，这是科学人才观的本质要求。它要求人才开发必须充分调动各类人才的积极性、创造性，既把人才作为开发客体，更把人才作为开发主体。要充分肯定人才在开发行为中的主体地位，将人才的主体性需要作为开发活动的基本依据。"以人才为本"就是以人才价值为核心，充分尊重人才在经济社会发展中的先导性和决定性作用，真正做到人尽其才，让各类人才在发挥自己聪明才智的过程中，实现人的最终目的，从而达到人作为手段和目的的统一。人才开发行为要遵循人才成长的客观规律，形成科学的人才开发行为理念并贯穿于人才发展的全过程，促进人才的自由全面发展。人才开发的引进性行为、培养性行为和使用性行为等都是围绕人才主体进行的。此外，还要注意不同地域有不同的特色，自然环境、人文环境的差异决定了人才开发行为的差异，经济社会发展所需要的人才也有其特殊性。人才开发行为要做到有的放矢，要考虑到开发行为对象的实际情况、开发行为对象综合素质的现状、开发对象自我定位等因素。

三、实践检验的原则

人才创造实践活动制约和决定了人才的成长创造，在人才资源聚集中具有中介、源泉、定向和检验等功能。人才功能发挥的规律体现为"有效的创造实践成才律"[①]。人才取得成功，其实践活动必须是创造性的，创造的实践必须是有效的，这就要求，人才开发行为的成功与否应该是以人才的实践活动效果作为最终衡量标准。总体而言，一方面，人才出自于实践，人才是实践的产物，离开了实践，社会就无法准确衡量、评价和认可人才；另一方面，人才取得创造性成果的关键来源于实践，人才进行创造性劳动所依赖的创造能力和经验更需要在实践中提高和积累。具体来说，首先，要引导人才主体去掌握和认识成才规律，积极有效地参与各种实践活动，在实践中提高认识、增长水平、发挥才干；其次，要给予人才一定的创造实践的自主权，营造人才开展必要实践所需的场所和氛围，鼓励创新活动，宽容失败行为；最后，以人才实践结果为标准，形成对人才培养使用、配置管理、考核评价等方面的根本依据。

四、协调发展的原则

人才开发行为的科学发展，就是做到全面、协调和可持续发展。第一，

---

① 叶忠海. 普通人才学. 上海：复旦大学出版社，1990：198.

注重人才资源个体及其素质的整体开发。人才资源个体素质由德、识、才、学、体等要素构成。这就是说，人才个体素质的开发是一种综合性的开发，而不仅仅局限于"才"，切忌在强调"才"的开发时，忽略其他要素，特别是对"德"的培养和考察。第二，注重人才资源社会结构的统筹开发。包括组成该结构的人才类别、所有制、地区、产业（行业）等亚结构以及它们之间的整体性开发。人才开发行为要处理好各支人才队伍之间及人才队伍内部的关系，人才资源开发的数量与经济发展的规模相对应，人才资源开发的专业结构与经济变革的产业结构相协调，人才资源开发的地域结构要与社会活动的地域过程相一致。依靠人才增强竞争优势，加快发展方式由主要依靠物质资源消耗向主要依靠科技进步和人才资源开发转变。第三，注重人才资源开发行为过程的协调开发。包括引进、培养、使用等开发行为的连续性和持久性，明确育人部门和用人部门的分工职责，科学制定相关配套政策，完善组织运行保障，将现实急需人才和长远发展人才的开发相结合，提高人才贡献率。此外，人才开发行为还应协调好人与自然之间的关系，良好的自然环境能够为人才开发行为创造良好的环境，人才开发行为不能以破坏资源环境为代价。

第三节 人才开发行为的分类

人才开发行为按照不同的开发主体，可分为家庭人才开发行为、学校人才开发行为、政府人才开发行为、企事业组织人才开发行为和人才个体开发行为五个类别。

一、家庭人才开发行为

家庭是最早进行人才开发的行为主体。家庭作为社会生活的组织形式之一，其重要功能就是在人类开发自身的过程中，可以发挥其他社会组织不能替代的作用。

家庭人才开发行为以其人际关系的亲近性、开发内容和方法的灵活性、开发形式反复和时间的终生性、开发的社会性和时代性、开发的初级群体性为特点。① 家庭人才开发行为主体的亲密性和教育的无私性是其区别于其他主体人才开发行为的重要原因和内在依据。

家庭人才开发行为的主要内容包括：

1. 基本生活能力的培养

人才的成长离不开人类自身能力发展的过程。人才在教化培养的早期阶段，最重要的就是基本生活能力培养，包括生存能力培养、自理自立能力培养和为人处世能力培养。② 在语言交流、认知方式、行为习惯、人际交往上，人们从幼儿时期开始就接受来自家庭的教育熏陶。在家庭人才早期的开发教育中，虽然生活能力是一个复杂烦琐的培养过程，但是却不容忽视，因为幼儿时期的启蒙教育决定了今后人的成长发展，这是健全人格和社会能力形成的重要时期。

2. 基本社会生活的教育

根据人的成长规律及发展阶段，社会生活知识的教育包括适应环境的教育、科学和人生知识教育等方面。家庭人才开发行为首先进行的是适应自然环境和周围人际关系、社会关系的教育。自然环境的认识是由浅入深逐步深化的。进入社会环境后，人依靠家庭和实际的社会生活，才能认识和理解人际关系，由亲及疏，继而发展成为认识自身在整个社会中的位置以及在社会中的角色，认识自身与社会的关系，与社会上其他人的关系。家庭进行科学和人生知识的教育，更多地体现在对人生目的、人生理想以及人生价值观的引导方面，鼓励远大的志向、明确人生意义和方向，培养高尚的人品、锻炼坚定的意志、树立科学的人生价值观，这些对于人才的成长和发展具有无可取代的重要作用。

3. 成长和成才教育

家庭人才开发行为与学校教育和社会教育相结合，包括天资发现和激励立志、独立个性的培养与意志磨炼、智力开发和拼搏精神的培养等。家庭从儿童时期的才能禀赋和兴趣出发，尽力发现、寻找其特殊的天资，找准其适合的优势和特长，创造适当的教育条件和社会条件，经过专门的长期培养，

---

① 徐颂陶，徐理明，迟耀春. 中国人才资源开发全书. 北京：中国人事出版社，1998：331—334.

② 徐颂陶，徐理明，迟耀春. 中国人才资源开发全书. 北京：中国人事出版社，1998：339.

鼓励其形成勇于思考、不畏困难、机智冷静等个性特征，而后成长为某一方面专门或特殊的人才。

二、学校人才开发行为

学校因其现代教育功能，在人的开发及价值实现中是重要的执行机构，因而成为人才开发行为的主体之一。学校通过传播人类社会所积累的基本经验和知识，传承优秀文明文化成果，在具体教学培养过程中完成人才开发行为。与其他行为主体相比，学校人才开发行为具有计划性、系统性、组织性和普及性等特点。[①] 学校教育的这些特点使得处于知识继承期的人才能够在一定时期内获得大量的系统知识、经验和技能，迅速提高自己各方面的能力，通过系统性学习，适当将他人经验与自我思考相结合，形成较高的基础素质和潜在的专业水平，为人才创造期的到来做好充足准备。

学校人才开发行为的主要内容包括：

1. 品德教育

相对于家庭和企事业单位等主体，学校拥有从事人才开发的资源配置优势。作为有计划、有组织地进行系统教育的机构，人才的品德教育被放在首要位置，其基本内容包括：道德认识、道德观念、道德情操、道德意志以及行为习惯等。这是在长期社会生活实践过程中由人们约定俗成的"应当"和"不应当"的客观要求，是一种意识形态概括和表达的善恶标准和规范，靠自觉的行为、传统习惯和社会舆论来维护。因此，品德教育只有通过内化作用，转化为人的情感、意志、信念和良心时，才能进一步转化为行为，它既是行为规范，也是实践精神，是人类不断完善自身的自觉活动。

2. 素质教育

一个人要发展成为真正的人才，必须具有综合全面的素质。素质教育已经日益成为人才培养的重要内容，除了专业素质教育以外，还包括身体素质锻炼和心理素质教育。一个人要取得成功，不仅需要扎实的专业知识和能力，也需要强壮的身体基础和健康的心理素质。学校素质教育的目的，首先是要锻炼坚强的意志品格，确定理想后能够不畏艰难，以顽强的毅力和执着的信

---

① 徐颂陶，徐理明，迟耀春. 中国人才资源开发全书. 北京：中国人事出版社，1998：304.

念为实现目标而奋斗，具有自信心、忍耐力和自制力，尤其是在处于逆境的情况下，能够克制不应有的欲望，改正自己的缺点，坚持并最终实现目标；其次是要在错综复杂的环境中，经常进行心理的自我调适，善于调节控制不良情绪，有较高的人生追求，保持情绪稳定、身心健康发展；最后还要培养高尚的情感，比如同情心、友谊感、荣誉感、责任心、正义感和求知欲等，培养良好的性格和塑造自己性格的能力。

3. 知识技能教育

知识技能是人们在改造客观世界的实践中获得的认识和不断积累的经验的总结。知识是人才进行创造性活动所需要的基本要素，所以传授科学技术知识、传承先进经验和文明成果是学校人才开发行为的主要任务。由于现代科技飞速发展，人类的知识量迅速增加，知识面迅速扩张，知识更新不断加快，因此，学校进行知识技能的教育需从知识的类型及其系统性和层次性上去把握，使得各种学科知识和技能之间能够彼此渗透。通过把科学知识体系分为自然的、社会的、思维的等不同类别，从知识构成上将教育分成不同阶段。学校的基础教育主要包括：教会学生听、说、读、写的基本能力，教授自然科学和社会科学的基本知识；随着社会发展以及人类知识的进步，再不断加入新的知识和学科。此外，还要训练学生掌握相应的基本技能，包括书写、制图、实验等操作技能和阅读、计算、测量等心智技能，并通过反复应用形成熟练技巧。进入专业教育阶段后，学校应根据培养目标，进行专业知识的教育，同时结合职业教育，培养人的自我学习和自我创造的能力。

三、政府人才开发行为

政府作为国家意志的执行机构，充分发挥宏观调控职能，依法对人才资源进行管理、开发和利用。政府在人才开发中具有特殊的地位和任务，这表现在政府的组织管理活动离不开各行各业的人才，政府有责任有义务创造出有利于人才开发的宏观环境，这包括人才资源投资的经济环境、开放包容的社会环境以及公平竞争的文化环境。同时，政府在人才开发中实施了计划、组织、控制、领导、协调等一系列职能性的管理活动，其目的在于建立良好的人才资源开发体制机制，使得人才开发各资源要素之间能达到最优匹配状态。

政府人才开发行为的主要内容包括：

1. 制定实施人才开发的法律规范

政府人才开发行为应是经由国家法律认可，由政府作为主体保证实施的，对人才与经济增长、人才与社会发展等各种关系进行调整的一系列行为。政府进行人才资源的开发活动既具有权威性与强制性的特征，又结合了稳定性和规范性的优势，在法律明确授权的情况下，有权就人才开发各事项作出行政决策，制定人才开发的法规条例，实施人才工作的行政行为，按照权责一致的原则依法开发人才资源。

2. 建立健全人才开发的制度和体制

人才开发的制度体系具有明显的导向性，它为包括政府在内的所有开发主体提供了依据、方法和规范。我国政府人才开发制度体系是由党群部门和主管教育人事的行政部门制定和认可的，包括开发过程、开发环节以及评价监督的一系列规范。人才开发体制是制度化的关系模式，是一种为人才开发活动有效运转而设定的基本框架，它能够提高人才开发的效率，促进人才资源利用和整合。我国人才开发管理体制目前采取分类管理和分级管理相结合，合理划分各层次管理权限，利用市场机制调节人才开发行为。

3. 组织领导人才开发管理活动

政府通过确立人才资源开发的具体指导思想和工作方针，制定人才开发战略和发展规划，指导并协调人才资源开发中其他各种组织和人员的活动意向、范围和幅度，解决人才开发过程中的隔阂和矛盾冲突，实现开发行为与外部环境的动态平衡，使得人才资源开发活动始终沿着既定的方向深入开展，从总体上把握人才开发的整体规模、节奏和速度，保障人才资源开发的有序性和整体性。

4. 保护促进人才开发的成果利用

政府通过宣传、咨询和研究人才资源开发的政策法规，进而形成正确的舆论导向，形成科学的用人观念，造成一种全社会尊重人才的风尚，为人才开发创造一个良好的环境。同时，政府作为人才开发长期投资的重要主体，根据国家经济发展水平和实际建设需要，从长远性和公平性角度，利用各种教育经费、专项基金、项目计划和医疗保险等经济性或行政性手段支持人才培养与使用。因此，政府有义务对人才开发所需要的条件和成果采取一系列保护性措施，这包括基于人才资源智力成果的知识产权保护、人才资源贡献效能的经济权益保护以及有利于人才资源创造性发挥的劳动环境保护等。

四、企事业组织人才开发行为

人才资源存量中的一部分，广泛分布于各类企事业单位组织中。企事业组织中人才开发行为的客体是组织中的人才资源。就企事业组织内的人才资源范围而言，随着社会的发展进步，人们受教育的程度在不断提高，所具备的技术和能力水平也在不断提高；随着经济体制和人才管理体制的改革深化，各企事业单位组织在人的管理方面获得越来越多的自主权，可根据严格而具体的标准招募和使用人才。因此，企事业单位组织人才资源，具体是指被企事业单位雇用、聘用、录用到岗的全部成员，在具体管理环节上，对具有不同学历或专业技术职务者仍应根据国家及有关部门的有关规定执行管理。企事业单位组织中人才开发行为的主体主要分为两个部分：一部分为人事部门，可以称之为人才资源开发的职能部门；另一部分为单位中各层次、各部门的领导者。

人才开发职能部门的作用包括：就人才开发行为的具体活动为行政及业务部门提供决策；通过集中进行人才工作以提高组织效率，例如人才配置、人才培训等，这些活动由企事业单位的各个部门分散进行不仅不如人才开发部门集中进行效率高，而且分散进行会增加人力、物力成本；此外，在人事政策和程序的制定和实施过程中，人才开发职能部门作为组织中最高层次管理者的代表或代理机构行使职权。组织中领导者的作用在于，作为人才开发行为的实际决策者和引导者，他们对人才开发行为的认识和态度，在很大程度上决定了一个组织的人才资源开发目标、水平和效益。从一定意义上说，人才开发行为效果如何，取决于各类企事业单位能否成功地将集聚于自身的人才资源的能量充分释放出来。

企事业单位人才开发行为的主要内容包括：

1. 分析现存人才资源状况

企事业组织在确定人才开发行为目标和方案之前，首先要做好的是工作分析。它是根据组织发展需要，确定各类工作的性质、任务、职责、职位及其对任职者要求的全过程。通过职位说明书和工作规范，获得组织现有人才资源与工作及职位需求对应关系的依据。其次，对现有人才进行分类，分析人才的任职情况。按照所从事的工作类别将现有人才的总体情况统计出来，包括人才资源总量、布局、结构等，建立人才信息库，全面而准确地掌握本组织不同工作类别、各类工作的职位数、各类人才的数量及其所在的职位情况，并对人才与工作岗位的适应程度做出评价，将其作为指引企事业单位组织一定时期内业务发展的方向以及人才资源调整补充的依据。

2. 预测人才资源的需求与供给

人才需求预测，是对企事业组织在未来计划内的业务运转与发展所需的人才数量、种类及水平层次的预测，这种预测的依据是组织的战略目标、发展计划和工作任务。组织规模、技术进步水平以及劳动生产率等因素决定了人才需求。人才供给预测，是将来一定时期内可得到的人才资源情况的预测。人才供给来自于两个方面：一是组织内部已拥有的人才，另一个是独立于企事业单位的外部市场。在内部供给方面，除采取有效方法分析和掌握人才现状之外，还应重点对未来组织现有人才资源可能发生的变化进行预测，这些变化会直接改变内部人才资源供给状况。在外部市场方面，供给预测建立在充分掌握人才市场信息和发展趋势的基础上，通过科学的预测方法，避免人才过剩或短缺，达到人才供求平衡。

3. 开展人才选拔与职业培训

开展人才选拔与人才招聘密切相关，人才招聘的目的是为了最终完成人才选拔。人才选拔对于企事业单位组织具有重要作用，它可以帮助减少对人才进行初始适应性的培训与开发的费用，缩短人才上岗与适应工作的时间差，减少工作与人之间的摩擦，在一些关键的、高层次的管理或技术岗位上人才较一般普通员工更能发挥骨干作用。人才入职后为避免其长期工作产生的惰性，还要定期进行职业培训，使人才了解本单位在一定时期内的战略发展方向，交流胜任工作所需的技能及方法，从而更加明确工作职责、程序、标准，带头提高员工的工作效率，取得良好的工作业绩。在此过程中，双方就企事业单位及人才所在部门期望达到的态度和行为进行沟通反馈，同时也有利于顺利完成人才职业生涯发展规划，实现个人目标与组织目标相统一。

4. 采取有效的人才激励服务措施

要保证和提高企事业单位的工作效率和整体效益，必须调动和保持人才的积极性和创造性。做好激励服务工作，是企事业单位人才开发中的重要环节。激励服务措施包括物质激励和精神激励、直接激励和间接激励等。激励手段与人才需在客观上相适应，需要在不同的经济社会发展阶段有所不同，组织中的人才开发职能部门应认识到这种阶段性变化，正确分析人才自身需要满足的层次，采取相应的激励方式和标准去调动人才的工作热情。一般来说，人才比其他员工更加重视荣誉、尊重、信任、成就以及自我实现，人才对在工作中承担较大责任、享有较大自主权以及参与决策等有更多的期望，企事业单位组织应在人才开发行为中更重视效力强大而持久的激励服务措施。

五、人才个体开发行为

人才个体是一个辩证的统一体。一方面，他是人才开发的客体，是其他主体进行人才开发时的对象；另一方面，他是具有自觉成才意识的人，以实现某一理想为目标，充分发挥自身的能动性和创造性，通过不断努力学习和艰苦实践，实现其生存发展环境、社会经济文化条件之间的相互作用和逐步协调，并最终成为较高素质的人。人才个体的自我开发是在人才的自我意识觉醒之后，按照一定的方向和目标，充分发挥自身的主观能动性，努力把自己培养成为一个具有各种人才特征的人的过程。人才的自我开发是自己培养自己的行为，以其内在素质的提高作为努力方向，具有明确的目标指向，成才主体勇于在创造中学习、在学习中创造，以自己的独创性来取得社会的承认。这是人才个体经过内心的选择，人生观逐步确立而产生的稳定的成才行为。

人才个体的内在素质包括：思想品德结构、智能结构、身心结构三个人才个体素质组成部件，其主体是智能结构。智能结构是智力和能力的综合，主要有知识结构、智力结构和技能结构。知识结构是对一般知识、专业知识和经验知识的总结，智力结构包括对信息和信息之间相互联系的整理与归纳，反映出的是观察力、思考力、记忆力、想象力与创新力等，技能结构是身体协调程度和大脑对其他神经系统的控制能力，表现在动手能力和协调能力等。

人才个体开发行为包括的内容相当广泛，因为人才个体既生活在自然环境之中，又生活在社会环境中，行为本身受到来自自我开发和外在环境条件的多种影响。自然环境中以自然形式存在的物质能量可以直接或间接地影响到人才的生产生活。社会环境中按照人才个体生活空间的远近可以分为宏观环境和微观环境。宏观环境包括：社会政治、经济、宗教、艺术、文化、科学、法律等；微观环境包括家庭、学校、单位、社区等。一般来说，宏观环境从总体上决定的是社会人才的涌现程度和发展程度。微观环境则对具体人才个体的成长和发展起直接作用。在人才自我开发行为过程中，其生存空间的微观环境对其成才的影响是巨大的。

总体而言，外在环境可以决定人才自我开发的方向、水准、成就动机，可以给人才个体提供不同的境遇，加速或者延缓人才的成长。人才个体开发在受环境制约的同时，也并不排除已经具备一定内在素质条件的人才个体可以摆脱环境中的消极影响，利用有利因素发挥主观能动性，积极地改造并开发自身的成长环境，促使内在素质进一步提高，在终生目标选择上，更加贴近现实和社会需要，充分显示出人才个体的进步性和创造性。

本章复习思考题

1. 人才开发行为的内涵及特征是什么？
2. 人才开发行为必须遵循的原则有哪些？
3. 不同开发主体产生的行为可以分成哪些类别？
4. 人才开发行为的具体分类及主要内容是什么？
5. 你如何认识和看待人才开发行为？

第八章 政府人才开发行为

本章教学目的与方法建议

熟练掌握政府人才开发行为的界定；了解政府人才开发行为的影响因素及其特征；正确认识和把握政府人才开发行为的趋势。

【导入案例】

不断优化人才发展环境　加快构建国际人才高地
——浦东新区打造人才发展综合环境情况介绍[①]

浦东开发开放以来，新区认真贯彻落实国家和上海市人才发展重大战略部署，深入推进侨务工作与人才工作联动发展，吸引了一大批海内外优秀人才，特别是海外留学人员集聚浦东、创新创业，为浦东经济社会又好又快发展做出了重要贡献。截至2011年5月，浦东人才资源总量超过78万，其中海外归国留学人员1.5万人、各类高级专家300余人，累计入选中央"千人计划"35名，占全市的27%。

浦东开发开放国家战略，为各类人才施展抱负、大展宏图提供了一个很好的大舞台。近年来，政府按照需求导向、问题导向和项目导向的要求，着力突破影响人才创业发展的制度瓶颈和政策障碍，加快解决环境配套不完善等问题，努力营造人才安居乐业的综合发展环境，让各类人才在浦东这个大舞台上才有所展、志有所成。政府在政策制定的过程中将重点放在了优化政策环境、服务环境、创业环境与生活环境等方面。

---

① 资料来源：不断优化人才发展环境　加快构建国际人才高地——浦东新区打造人才发展综合环境情况介绍. 人才开发，2011（5）.

1. 优化政策环境

政府加大创新突破力度，着力化解政策瓶颈，努力营造支持人才干事业、干成事业的良好政策环境。围绕"四个中心"核心功能区建设，切实加大对金融、航运、自主创新等人才的扶持力度，推动金融等重点领域人才聚集浦东。同时，先后推出了浦东新区《支持鼓励人才若干意见》《集聚金融人才实施办法》《扶持创新人才实施办法》《集聚航运人才实施办法》《支持博士后工作实施办法》《人才安居工程实施办法》《人才户籍引进实施办法》等一系列政策措施，人才扶持力度不断增强。目前，已对72家大型金融机构的4 600余名金融人才提供了2.2亿元的资金扶持，对65家高新技术企业的3 000余人提供了8 810万元的奖励，对287个企业博士后科研项目提供了1 589万元的资助。

"十二五"时期，政府将根据创新驱动、转型发展的要求，深化改革，推动人才政策创新，进一步营造符合国际惯例的人才政策环境，力争到2020年把浦东新区建设成为国际人才集聚高地、创业人才首选之地、国际人才宜居之地，同时将《浦东新区引进海外高层次人才实施办法》作为指导性文件加以政策辅佐。

2. 优化服务环境

政府坚持需求导向原则，努力为各类人才提供高效便捷的服务。依托浦东市民中心、人才交流中心、张江行政服务中心等载体，并成立了浦东新区高层次人才服务中心，设立中央"千人计划"人才服务专门窗口，构建了集政策法规发布、供求信息发布、申请受理、咨询指导为一体的综合性人才公共信息服务平台。2010年，在上海市率先发布了浦东新区"人才紧缺指数"、"人才发展环境指数"和"人才竞争力指数"，为政府决策、企业用人、人才择业提供相关依据。另一方面，充分发挥人才中介的桥梁纽带作用，初步形成了国有和民营、中资和外资互补的人力资源市场服务体系，各类人才中介服务机构从2004年的48家发展到2010年的150余家，上海外服、美国万宝盛华、罗盛、中国台湾104人力银行等相继落户浦东，产值超过200亿元，占全市的1/2以上。特别是，我们充分发挥侨务工作海外联系广泛的优势，加大对海外留学人员的服务力度，先后成立了留学生服务中心、留学生联谊会、张江国家级留学人员创业园等，2006年浦东张江园区被国务院侨办确立为"国务院侨办引智引资重点联系单位"。这些都为引进海外留学人员搭建了重要平台。截至目前，海外留学人员在浦东创办的企业达1 000多家，带来了一大批国际先进技术和管理经验，有力地提升了浦东的科技创新能力，推动了新区高新技术产业的发展。

当前，围绕"国际人才创新试验区"建设，政府已启动实施"1116"计划，将用5—10年时间，引进100名以上中央"千人计划"人才、100名以上"上海千人计划"人才、100名以上浦东"百人计划"人才，600名金融、航运、战略性新兴产业和高新技术等领域国际高端人才。

3. 优化创业环境

创业环境是吸引创业人才的关键。一方面，政府切实加强各类孵化器资源和创业平台建设。充分利用张江园区129家国家级和市级研发机构、20家专业孵化器、33家公共科研服务平台资源，帮助企业和人才有效降低创业成本、提高创业成功率。同时，实施"企业家创新领导力培训计划"，每年投入1 000万元，帮助海外创业人才提升经营管理能力；通过张江生物医药工程师研修基地，每年培训专业技术工程师3 000名。推动产学研一体化发展，与北大、清华等国内高校合作，依托交通银行、上海期交所等34家企业博士后工作站，培养博士后科研人员117名。另一方面，推动科技金融创新，针对创业企业发展的不同阶段，努力解决创新企业融资瓶颈。2006年，浦东设立了支持中小企业发展的政府引导基金，累计投入11亿元，累计引导300亿元风险资本聚集浦东，共向浦东科技企业投资61.4亿元。同时，开展了知识产权质押融资、小额贷款公司试点，实施企业信用互助担保计划，设立了4亿元的政策性担保基金，发行了集合信托产品等。2010年政府通过银政合作、风险共担，与上海银行合作新增中小企业贷款55亿元；以获批"全国知识产权质押融资试点区"为契机，探索了无担保、无实物抵押的知识产权直接质押融资方式；推动了国资创投机制改革试点等。

"十二五"时期，政府充分发挥浦东综合配套改革的优势，加大先行先试力度，积极探索灵活的科研机制、成果产业化机制、投融资机制和人才使用机制，加快推进以张江为载体的海外高层次人才创新创业基地建设。

4. 优化生活环境

按照问题导向，努力解决人才安居乐业遇到的实际困难。居住方面，加大人才公寓建设力度，2008年启动了人才安居工程，以开发区等人才集聚区为重点，通过收购、建设、改造等方式，规划建设多层次、高品质的人才公寓，目前已建成并投入使用70多万平方米，累计解决了约5万人次安居问题，一定程度上满足了部分人才过渡性住房的需求。目前，政府正在加快推进这项工作，预计2011年底投入使用的人才公寓将达100万平方米。同时，继续加大符合国际人才居住需求的商业、交通网络等配套基础设施建设力度。出入境方面，积极营造符合国际惯例的通行环境。2009年，在公安部的支持下，浦东针对外籍高层次人才推出了7项出入境的便利措施，居留许可延长至3~5年，需多次临时入境的人才可申请办理3~5年的有效签证，这项政策目前已辐射推广到全市。今年，我们将积极推动外籍人士申请中国"绿卡"试点取得突破。子女教育、医疗保健、文化生活等方面，我们充分利用浦东8所国际学校、2所公办学校国际部等优质教育资源，积极满足海外人才子女教育需求；正在建设中的"上海国际医学中心"，将作为国际医疗保险结算的定点医院；通过每年举办张江科技文化节、海外华人金融高管浦东行、陆家嘴金融文化周等活动，促进了国际多元文化的交流。下一步，我们将积极推动外教、外医以及文化领域的开放，引进、培育更多的优质教育资源和高端医疗服务，更好地满足中外人才的需要。

"十二五"时期，是浦东全面推进二次创业的关键时期，政府将牢固树立人才资源是第一资源的理念，认真落实全国和上海市人才工作会议精神，充分发挥侨务工作的引才聚才作用，加快推进浦东国际人才高地建设，为浦东创新驱动、转型发展提供强大的人才智力保障。

第一节 政府人才开发行为概述

一、政府人才开发行为的界定

政府作为人才开发行为的重要主体，在贯彻落实人才强国战略、充分发掘人才资源、推动人才队伍建设等方面具有重要且不可替代的作用。政府人才开发行为的内涵可从广义与狭义两个角度进行理解。

广义的政府人才开发行为，是指政府为提升人才素质以实现人才效能最大化而在已有人才资源基础上制定的一系列制度和措施。

狭义的政府人才开发行为，是指政府为充分挖掘人才潜能、发挥人力资本优势而采取的一系列行为，以期达到更好的促进潜人才向显人才、低水平人才向高水平人才过渡的目的。

政府依据经济社会发展的战略目标及组织结构的变化，通过对人才资源的调查、分析、规划和调整，进一步提高对已有人才资源的管理和利用水平，以达到提升人才素质，挖掘人才潜能，合理配置和使用人才，使人才资源发挥更高效率、创造更大价值的目的，进而为国家和社会创造更多的经济效益并提供更为优质的服务。[①]

二、政府人才开发工作的进程

（一）政府人才工作起步时期（1949—1978年）

新中国成立初期，作为世界上人口最多的国家，我国人口占世界总人口的1/5以上，但我们面临的最大问题却是人才资源的稀缺，人才作为国家发展的重要推动力在国家各项建设中起着关键作用。随着社会主义制度的基本确立，党中央把人才工作纳入社会主义建设的重要日程，国家人才部署工作稳步推进，一方面大力改善知识分子特别是高级知识分子的待遇和工作条件，另一方面加快培养国家建设中的急需人才，制定相应人才政策，吸引海外学子归国。

（二）政府人才工作地位恢复时期（1978—1992年）

1978年，党的十一届三中全会作出把党和国家的工作重心转移到社会主义现代化建设上来的重要战略决策，通过一系列拨乱反正，国家从"文革"的混乱秩序中得到恢复，全社会逐步兴起"尊重知识、尊重人才"的风气。随着全国科学大会的召开，各类人才得到解放，人才重要性得以体现，流动性开始实现，各项人才管理工作逐步走入正轨。[②] 党中央、国务院积极落实知识分子政策，恢复高考并制定一系列人才激励和使用的政策与制度，对于推动社会主义现代化建设事业起到了重要的作用。

（三）政府人才工作稳步推进时期（1992—2002年）

以邓小平同志"南方谈话"及党的十四大为标志，中国进入了建设有中

[①] 李昆明. 通向大国之路的中国人才发展战略. 北京：华文出版社，2009（08）.
[②] 萧鸣政. 改革开放30年中国人才政策回顾与分析. 中国人才，2009（1）.

国特色社会主义阶段,人才地位不断提升。随着1993年第一次全国人才交流大会的召开,党中央、国务院不断健全选人用人机制,实行人事制度分类管理,完善人才奖励制度,加强专业技术人才能力建设,实施了"百千万人才工程"、"少数民族科技骨干特殊培养"等一系列人才培养工程,培养了大批各领域的杰出人才。

面对日益激烈的国际竞争,我国适时提出了"人才资源是第一资源"的人才方略。1995年《关于加速科学技术进步的决定》强调科技人才是第一生产力的开拓者,作出科教兴国的战略决策,要培养造就一批科学技术人才。同年的"百千万人才工程",计划到20世纪末造就大批科学家、学科带头人,加速人才成长步伐。2000年全国人才总数达到6 360万人,党的十五届五中全会提出要切实抓好培养、吸引和用好人才这一重大战略任务。"十五"计划首次把人才战略和科教兴国战略摆在同等重要的位置,提出"人才是最宝贵的资源",要开发人力资源并营造良好的人才环境,把人才问题提到前所未有的高度。

(四)政府人才开发行为全面发展时期(2002—2010年)

2002年党的十六大的召开标志着中国进入了全面建设小康社会阶段,十六大明确提出"尊重劳动、尊重知识、尊重人才、尊重创造"的人才工作方针,把人才作为推动科学发展的第一资源,制定下发了第一个综合性人才队伍建设规划——《2002—2005年全国人才队伍建设规划纲要》,首次明确提出了"人才强国"战略和建设创新型国家的战略;2003年全国第一次人才工作会议对新形势下人才工作作出全面部署,印发了新世纪新阶段人才工作的行动纲领——《中共中央 国务院关于进一步加强人才工作的决定》,对人才强国战略进行了全面部署,决定指出:"本世纪头20年是我国全面建设小康社会、开创中国特色社会主义事业新局面的重要战略机遇期。小康大兴,人才为本。适应国内外形势发展的变化,完善社会主义市场经济体制,提高党的领导水平和执政水平,牢牢掌握加快发展的主动权,关键在人才。必须把人才工作纳入国家经济发展的总体布局,大力开发人才资源,走人才强国之路",同时,还指出"新世纪新阶段人才工作的根本任务是实施人才强国战略。在建设中国特色社会主义伟大事业中,要把人才作为推动事业发展的关键因素,努力造就数以亿计的高素质劳动者,数以万计的专门人才和一大批拔尖创新人才，建设规模宏大、结构合理、素质较高的人才队伍，开创人才辈出、人尽其才的新局面，把我国由人口大国转化为人才资源强国，大力提升国家核心竞争力和综合国力，完成全面建设小康社会的历史任务，实现中华民族的伟大复兴"。① 这一决定推动充分尊重人才的人才强国战略进入了新的高潮。

2006年3月，人才强国战略作为专章被列入国家"十一五"规划纲要；2007年召开的党的十七大会议首次将人才强国战略纳入修改后的新党章。人才强国战略、科教兴国战略和可持续发展战略被确定为国家发展的"三大战略"，自此我国人才发展进入新阶段，经济社会又好又快发展具备了强有力的人才和智力保障。虽然这一时期我国的人才工作滞后于经济发展及民生建设，但是政府着力从人才教育、科技人才选拔培养以及中长期人才规划等多角度综合采取措施开发人才资源。

（五）政府人才开发行为逐步深化时期（2010年至今）

在2010年5月召开的第二次全国人才会议中再次强调要坚持人才强国之路，面对人才强国建设的重要性与紧迫性，政府颁布了《国家中长期人才发展规划纲要（2010—2020年）》，对加快建设人才强国进行了全面部署，将"培养造就规模宏大、结构优化、布局合理、素质优良的人才队伍，确立国家人才竞争比较优势，进入世界人才强国行列，为在21世纪中叶基本实现社会主义现代化奠定人才基础"作为到2020年中国人才发展的总体目标。至此，科学人才观在我国基本确立，以高层次人才、高技能人才为重点的各类人才队伍不断壮大，完善的人才开发与发展的政策体系逐步形成，市场配置人才资源的基础性作用得以发挥，人才效能有了显著提升，政府对人才工作重要性的认识达到了新的高度，对人才工作在党和国家工作全局中的战略性地位有了新的定位，我国人才工作开启了新的发展篇章。

第二节 政府人才开发行为的影响因素

政府人才开发行为受到多重因素的综合影响，具体包括政府宏观管理、

---

① 中共中央 国务院关于进一步加强人才工作的决定. 北京：党建读物出版社，2004.

人才分布状况、环境影响因素以及教育文化水平。

一、政府宏观管理

政府在人才开发行为中的角色认知与定位对于人才政策的制定与实施具有重要的作用。作为人才开发的重要主体之一，政府肩负着管理、指导、促进与监督的职能。随着国家发展与社会进步，人才工作的运行体制与方式发生着重大变化。2003年12月，中共中央、国务院在《决定》中强调必须坚持"党管人才"的原则。党管人才原则是党在宏观上做好统筹与战略指导，协调各方力量将其统一到服务于人才强国战略实施的目标上，以更好地统筹和规划人才开发与国家发展之间的关系，实现二者的有机统一。

政府作为人才开发行为的引导者、人才制度和政策的制定者、大环境和大氛围的创造者，需要营造良好的政策环境及制度环境。人才政策是各级政府培养人才、吸引人才发挥作用的重要杠杆，是配置人才、优化人才结构及提高人才素质的重要手段。人才开发的关键在于体制与机制创新，需要政府不断激发人才的创新潜力，消除一切障碍及束缚人才能力发挥的不利因素。[①]

（一）开发主体

与其他社会组织相比，政府组织是国家权力部门，主体具有权威性，同时作为一个横向部门分化、纵向层级节制的庞大组织体系，必须保证目标统一、领导指挥统一与机构设置统一。因此，在中央和地方的人事管理权限划分上，形成了一项复杂的系统工程。从政策主体的角度看，中央各部委及地方政府纷纷采取措施，落实人才开发及发展的政策与行动。

从中央政府作为政策主体的角度分析，就一个国家而言，特别是发展中国家，提高国民综合素质、提升人才资源开发水平尤为迫切。作为开发主体的中央政府，积极制定了一系列引才、育才政策，例如《中央人才工作协调小组关于实施海外高层次人才引进计划的意见》即"千人计划"，面向全球引进一批具有国际顶尖水平的关键学科带头人和领军人才，随后增设"千人计划"短期项目和"青年千人计划"项目，中科院制定实施"创新2020"人才发展计划，人力资源和社会保障部与教育部坚持实施"新世纪百千万人才工

---

① 毛栋英. 推进企业创新型科技人才开发中政府作为初探. 人事人才，2008（2）.

程"等，围绕国家发展战略目标，有重点地引进并培养一批关键技术、高新产业、新兴学科等领域的专家与领军人才，以期形成能够覆盖各领域、各年龄段的引才体系，从而激发海外高层次人才回国的热情，增强我国对海外高水平人才的吸引力。

从各级地方政府作为政策主体的角度分析，人才队伍的建设是地方经济发展的客观要求，对于应对各种新机遇与新挑战具有重要意义。随着人才强国战略的实施，在中央"千人计划"示范带动下，各地区结合自身实际情况，纷纷启动了引进、培养和使用高层次人才的政策措施。北京、上海、天津、广州、杭州、武汉、成都、南京、深圳、无锡、苏州、厦门、青岛等城市不断完善引进海外高层次人才的政策措施，对高层次人才及人才项目进展提供全方位、全过程服务，优化了高层次人才创新、创业的环境。

（二）开发力度

为吸引更多的人才集聚，政府一方面对人才开发给予充足的物质保障，提供足够的资金及经费作为支撑，另一方面通过行政支持保证各项政策得以顺利实施。首先，为彻底解决人才在社会生活中的后顾之忧，政府逐步解决户口、社会保险、住房、医疗、子女入学、投资支出等海外人才最为关心的问题，力图提供全方位、宽层次、多领域的服务机制，充分吸引鼓励人才集聚；其次，通过政策手段完善人才市场，逐步构建并完善人才资源库，形成更为顺畅的人才沟通渠道，鼓励人才互动交流，促进专业能力的提升。

政府通过宏观管理，将经济、政治、文化、社会的全面、协调、可持续发展贯穿于人才工作的始终，在经济社会发展中把握人才发展规律、创新人才发展方式，将人的发展和国家经济社会发展进行有机统一。

二、人才分布状况

人才资源是一国经济社会发展的第一资源。人才资源优先开发战略的实施是国家实施人才兴国战略的重要举措，对于促进国家经济社会发展具有举足轻重的作用。一般而言，合理有效的政府人才开发行为应以我国当前的社会环境、经济环境与人才资源现状为根本立足点，注重人才资源开发战略与我国经济社会发展实际相结合，注重人才的吸引、开发、培养与使用，努力营造尊重人才的社会环境，进而形成充分挖掘人才、人尽其才、才尽其用的人才开发机制。

改革开放30多年来，特别是进入新世纪后，我国经济社会发展成就举世瞩目，经济高速增长及产业结构优化升级带来的经济扩张促进了人才聚集、人才素质及水平逐步提升，进而使得我国在国际人才竞争中的比较优势得以充分彰显。

自"人才强国"提升为国家战略后，政府相继出台和实施了一系列支持人才开发行为的政策，政府人才开发进程不断推进，《国家中长期人才发展规划纲要（2010—2020年）》中指出，到2020年我国人才资源总量将稳步提升，队伍规模不断壮大，人才资源总量有望增加到1.8亿人。对于人才资源的分布状况，可以包括行业分布结构、地区分布差异和部门分布差异等三方面的内容。

（一）行业分布结构

中国人才行业分布结构的特点表现为人才资源在产业间分布存在显著差异，人才产业结构与国民经济的产业布局形成了鲜明对比，第一产业比重明显偏低，第二产业明显不足，第三产业大都集中在教育、卫生、电子信息、通信行业，但第三产业在聚集人才的同时，人才对国民经济的贡献率明显低于其他行业，第一、二产业和第三产业的有效转换机制有待进一步协调发展。具体而言，第一产业与第三产业人才资源相对匮乏，农业现代化的人才缺口十分明显，第三产业中传统的服务性行业人才所占比重较高，供求不平衡，造成这种状况的主要原因为在经济发展的初始阶段，低水平的人力资源会集聚在第一产业中，随着经济的发展与工业化进程的加剧，第二产业的人才数量会逐步攀升，然而当经济发展到较高水平后，高水平的人才就会向第三产业汇集。

针对产业人才缺口现象，政府应积极采取措施调整结构性矛盾及粗放型增长方式，在加快转变经济发展方式、推动产业结构优化升级的进程中，稳步调整人才的专业素质结构、层级结构、分布结构，以人才结构优化引领产业结构优化升级，以人才合理布局促进区域协调发展，实现人才的合理分布，解决在现代产业体系发展进程中人才分布不均、产业间存在巨大缺口的难题，实现第一、第二、第三产业人才协调发展。

（二）地区分布差异

从人才区域布局的角度看，中东部地区人才总量较多，人才资源丰富，西部地区难以吸引人才，人才资源与经济发展之间的总体协调性低，人才使用效率不高，人才总量不足、流失率高，且多数人才集中在国有企事业单位。中央政府实施的"人才开发，西部先行"的战略对于解决人才地区分布差异具有积极的指导意义。对于西部地区存在的一些不利于人才资源开发的因素，例如，生存环境差、经济发展缓慢、人口整体素质差、思想观念陈旧、人才资源开发能力不强、人才结构不合理以及人才流失较为严重等现象，政府将西部地区人才工作提升到国家西部大开发的战略高度予以重视，为弥补地区差异、实现区域一体化，政府多方并举，促进地域主体进行双边合作、多边合作；多层次进行，涵盖同层次城市之间及不同城市之间的合作；多方位展开，涉及政策协调、制度衔接、资源共享、服务贯通、研究合作的综合模式；多种方式并用，采用各种形式和方法，形成引进项目、互设平台、发布信息、联合开发、合作研究的联动机制。

政府作为人才开发的重要主体之一，肩负着建设和发展西部的重任，首先通过加强人才工作的宏观调控，优先支持西部人才工作，实现西部人才优先发展的战略布局，加大人力资本投资力度、优化人才资源结构、提升人才开发公平性与导向性、加快人才市场优化配置进程。同时，通过营造尊重知识、尊重人才的良好氛围以及积极的舆论环境，牢固树立起人才资源是第一资源的观念，提高人才的社会地位。最后，通过建立人才交流市场、人才信息网站，打通引才、聚才通道，借助人才交流促进西部经济发展，打破户籍、身份、专业等对于人才区域流动的限制，破除僵化的地理布局。

西部大开发，人才是关键。对于西部地区人才队伍的建设，政府采取积极的举措，通过不断树立正确的用人观念，制定灵活的用人政策以及良好的用人机制和环境，积极引进急需人才，一方面大力发展西部教育事业，增强培养和培训工作力度，另一方面采取灵活多样的人才柔性流动政策，积极构建吸引各类人才到西部发展事业的平台，力求平衡人才的地区分布差异。

（三）部门分布差异

从行业分布的角度看，我国人才主要聚集在国有部门、政府机关和事业单位等公有制行业中，非国有部门及企业人才数量不足。金融、经济、国际贸易、高新技术等领域人才缺乏的部分原因是大量相关领域的人才选择了到国有部门及企事业单位就职，进而使得一些非国有部门及企业中高水平人才的引进出现困难，人才相对匮乏。对企业而言，企业要生存发展，首要的任务是开发企业人才，劳动者个人要生存发展，必须开发自己的职业劳动能力，使自己成为人才，因此逐步重视非公有制经济组织中人才的开发与吸引已经逐步成为政府关注的重点。

作为人才队伍的重要组成部分，非公有制经济组织中的人才对于社会经济的全面协调发展具有重要支撑作用。为进一步形成与社会主义初级阶段基本经济制度相适应的人才观，国家通过制度强调对社会主义市场经济体制下各种所有制组织中的人才，要坚持一视同仁、平等对待的态度，将人才创新创业的资金、项目、信息等公共资源向非公有制经济组织开放，同时加快消除体制机制与政策障碍，对非公有制组织人才队伍建设给予充分重视，加强高技能人才、农村实用人才以及青年人才队伍建设，用好国际国内两种人才资源，进而保证公有制与非公有制经济协调发展。

三、环境影响因素

人才环境是指人才赖以生存发展的社会环境和自然环境，包括影响人才成长的各种外部要素，是人才开发过程中的重要影响因素，对于塑造人才起着关键作用。因此，政府需要建立和谐、自由、宽松、积极向上的文化氛围，特别是着力于建设有利于促进人才发展的人才"软环境"，研究人才活动与发展规律，找到影响人才行为决策的关键因素，真正把握好人才的需要，从满足其高端需要着手制定相应的政策。人才环境最重要的吸引力是人才的相对聚集及良好的人文环境，这是高层次人才最关注的环境因素，也是人才环境竞争力的重要体现。

（一）自然环境

人才有自然属性，如生理技能、遗传等，然而随着经济社会的不断发展，生态环境污染日益严重，人类的健康遭受了极大威胁。人作为生产力中最活跃的因素，是社会文明进步、人民富裕幸福、国家繁荣昌盛的重要推动力量，但是在生理安全得不到充分保障的前提下，人才资源的开发行为会大大受阻，因此必须要扭转自然和生态环境的恶化趋势，树立可持续发展、保护环境、节约资源的观念，优化自然环境，为人才的成长和发展创造良好的条件，使自然环境向着促进人才资源开发的方向发展。

(二）经济环境

在世界多极化与经济全球化浪潮中，高新技术及知识密集型产业已成为各国经济的主导，全球化使得国内人才资源与国外人才资源界限模糊，人才竞争日益激烈，人才紧缺使得提高国民素质、深化人才资源开发变得更加重要，以"服务发展、人才优先、以用为本、创新机制、高端引领、整体开发"为指导方针，力争挖掘出更多的人才具有更加深刻的意义。在继续发挥国家人力资源优势的同时，政府应加快形成人才竞争比较优势，逐步实现由人力资源大国向人才强国的转变，形成海内外人才资源联动共享的机制。

宏观经济形势要求政府人才开发行为要与我国宏观经济发展方向、产业结构优化升级、粗放型产业向集约型产业过渡的战略相结合。一个地区的发展水平由政治、经济、文化等多项指标综合衡量，其中经济指标十分重要，经济发展水平的高低在很大程度上决定了其他事业的发展程度与水平。经济发展水平的差距，一方面导致欠发达地区对人才的需求不足，人才发挥作用的舞台小，人才形成的内动力不足；另一方面导致对人力资本的投资不足，这会阻碍教育等基础事业的优先发展，降低人才形成的机会，造成外动力不足。同时，由于人才形成不充分，人才数量不足、质量不高，会继续造成欠发达地区经济发展原动力变弱，进而制约这些地区的经济发展。因此，政府在人才开发的经济环境建设中，需要依据国家经济发展战略，继续加大对经济欠发达地区经济的政策支持和资金扶持力度，以市场为导向，以比较优势为基础，以科技创新为支撑，以合理布局为保障，大力发展地区特色优势产业，通过产业结构的优化升级带动人才资源的开发进程；同时，认清经济形势，把握重点，深化经济体制改革，优化投资环境，促进产业结构由粗放型向集约型过渡。

（三）社会环境

社会环境是政府为进一步促进人才开发行为所营造的有利于人才成长发展的社会人文环境。政府通过一系列政策实现留住人才、引进人才、培养人才的机制，保证人才培养、引进、待遇、分配、使用、稳定、配置等人才开发的各个环节得以顺利实施。只有在和谐稳定的社会条件的保障下，才能最大限度地激发人才的活力，充分发掘人才，进而在国际人才竞争中赢得主动和优势。

人是社会的产物，处于社会中的人才的种种行为常受到外在社会环境的影响。同时，人作为一种具有主观能动性的复杂动物，一直处于不断变化与发展的状态。基于此，和谐稳定的社会环境对人才开发的重要作用显而易见，政府应通过制定相应的规章制度并运用法律手段对人才流动、引进及人才使用等方面进行规范，进而营造出利于人才开发开放的社会环境。

政府凭借多重手段从社会环境的角度实施人才开发行为。首先，政策作为国家在一定历史时期为实现某一任务而规定的行为依据及准则，是政府推动力的重要体现，能够有力保障社会和谐与政局稳定，进而最大限度地实现激发人才活力、充分发掘人才潜能、在国际人才竞争中赢得主动和优势的愿景。其次，人才观的理念贯穿于始终，人才工作已经纳入我国经济社会发展的全局，各地政府把人才资源优先开发、人才结构优先调整、人才投资优先保证、人才制度优先创新作为工作的指导思想，大力开发人才资源，促进人才发展，为推动科学发展、加快转变经济发展方式提供人才支撑。最后，人才关心的社会环境因素包括良好的人文环境、重视对人才的培养和教育、人才的引进政策等，政府不仅为高水平人才提供各种相关服务，同时，利用政策引导企业注重内部人才开发，力图营造尊重人才、促进人人成才的文化氛围，创造和谐的社会环境。

四、教育文化水平

人才资源开发行为受到教育水平的影响。教育是培养人才的基础，优先发展教育是实现经济社会全面高速发展的重要条件，教育程度存在差异的劳动者的劳动生产率贡献程度不同，因此，政府将大力发展教育提升至一个新的战略高度。推进教育创新，提高教育质量和管理水平，应坚持充分调动社会力量办学，增加教育投入，全面普及九年义务教育，积极发展高中阶段教育，全面推进高等教育大众化以及大力发展职业技术教育。在人才教育方面，政府着眼国家发展和战略需要，深化高等教育体制改革，加强高等教育与经济社会的紧密结合，调整学科和专业结构，创新人才培养模式，建立教育培养与人才需求结构相适应的有效机制，从宏观角度全面把握人才开发建设。

（一）学历教育水平

在众多教育方式中，学历教育依旧是国家采取的较为普遍的教育方式。

作为人才资源开发的重要渠道，普及和巩固基础教育是人才开发的基础，扩大高等教育规模、着力提高高等教育水平是人才资源培养性开发的关键。为提升学历教育水平，政府不断深化学历教育体制改革，完善教育体系与结构，力求形成政府引导、市场运作、合理分摊、委托培养等模式相结合的复合型人才培养模式，进而全面提升人才队伍的数量与质量。

为进一步促进学历教育与实践结合，政府逐步加大对高等教育的投资力度，对于高职、本科、研究生、博士及博士后等高等教育的投入比例逐年提升，鼓励高校依据人才需求目标调整专业设置，以社会经济发展对人才的需求为准则进行各类人才的培养；其次，以博士后工作站、流动站及基地为载体，进一步构建"产、学、研"联盟，通过建立高等学校、科研院所、企业高层次人才双向交流制度，形成政府指导下以企业为主体、市场为导向、多种形式相结合的战略联盟，促进教育、研究和经济社会发展的紧密联合，扩大人才培养规模。这种将学历教育与实践相结合的方式，体现了在实践中集聚和培养创新人才的新型模式，对于培养和造就解决实际问题的创新型人才以及经济社会发展重点领域紧缺人才具有重要作用。

（二）地区教育水平

教育资源较为发达的地区，教育水平普遍较高，人才培养和人才使用能得到足够关注，人才的创造力和创新能力较其他地方更为明显，政府人才开发行为的对象选择更为充分，行为本身更具有指向性和目的性。丰富的教育资源体现在高度发达的全民义务教育系统及高水平的基础教育方面，通过形成密切衔接的一体化初等教育、中等教育及高等教育，实现全面培养人才的教育体制。教育对于国家经济社会发展的促进作用是显而易见的，同时，经济和科技的发展反过来又会带动教育的完善，如此的良性循环对于政府人才开发行为具有积极的意义。

以高等教育中的博士后为例，政府不断改革完善博士后制度，建立多元化的投入渠道，发挥高等院校、科研院所和企业的主体作用，提高博士后培养质量，依托国家重大人才计划以及重大科研、工程与国际科技合作等，逐步提高博士后的相应能力与素质。然而，在教育水平较低的地区，由于各种条件的限制，人才开发行为的对象选择及各种人才开发政策的实施都具有局限性。同时，在教育资源相对匮乏的地区，学校教育、职业教育、继续教育等各类教育普遍形式单一、教育水平低，这对于人才开发特别是针对高端、复合型人才的开发与培养都会产生阻碍作用，因此，这一问题的解决就需要政府在财力和物力方面给予支持，同时，不断完善制度与政策规范人才开发行为。

第三节 政府人才开发行为的特征

一、宏观指导性

人才开发行为中政府的宏观指导作用主要表现在宏观把握现状，总揽中央与地方格局，指导建设中央与地方的重大人才工程以及统筹协调推进各项制度与政策的实施，从而将政府人才开发行为纳入制度化轨道。

在《国家中长期人才发展规划纲要（2010—2020年）》中，政府在宏观把握人才资源现状的基础上，根据具体情况制定相应的人才政策，内容广泛涉及12项重大人才工程，多次提到人才培养开发机制，重点强调在实践中发现、培养、造就人才，构建人人能够成才、人人得到发展的人才培养开发机制。同年，中共中央组织部制定出台了《国家人才发展规划重大人才工程推进协调工作制度》，从多角度对统筹协调推进重大人才工程作了制度规定。

政府的人才开发政策总揽中央与地方格局，具有区域指向性，各地区根据中央文件指导精神并结合自身特点，制定出符合本地区人才开发行为的制度与政策。如北京、上海、深圳等城市分别制定了具有城市特色的政策性文件，针对国家人才发展规划制定各自的中长期发展规划，从引进、培养等多角度对人才开发行为进行了制度规范。政府作为指导建设中央与地方重大人才工程的主体，统筹协调推进各项制度与政策的实施。

二、目标指向性

政府人才开发行为具有目标指向性，以人才开发的根本目的为导向，实现"高端引领"，充分发挥高层次人才在人才队伍建设和经济社会发展中的引领作用，以高层次人才带动整个人才队伍建设。一方面，不断加紧引进国外人才，实现人才本土化，同时利用各项策略将流失到国外的我国优秀人才召唤回来，实现人才回流；另一方面，通过内部的人才培养与开发机制实现国内高水平人才队伍的建设。

为进一步健全专业化、信息化、产业化、国际化的人才开发体系，政府针对国家主体功能区布局，逐步建立并完善与西部大开发、东北老工业基地振兴、中部地区崛起、东部地区率先发展等战略相配套的区域人才交流合作机制，加快长江三角洲、珠江三角洲、环渤海等区域人才开发一体化进程，进一步破除人才流动的体制性障碍，制定发挥市场配置人才资源基础性作用的政策措施。

（一）国际人才引进

基于我国人才优先发展的战略布局，政府为加强国际人才的引进，采取了一系列政策措施大力引进和使用海外高层次人才，鼓励海外留学人员回国工作、创业或以多种方式为国家发展服务，开创了引进海外高层次人才工作的新局面。为进一步加大对海外留学人员的回引力度，政府先后颁布了《关于鼓励海外高层次留学人才回国工作的意见》《关于鼓励海外留学人员以多种形式为国服务的意见》以及《留学人员回国工作"十一五"规划》等政策，建立"海外高层次留学人员回国工作绿色通道"，出台《关于建立海外高层次留学人才回国工作绿色通道的意见》。同时，不断加强对国际人才的引进工作，2006年教育部启动高等学校学科创新引智"111计划"，科技部发布《"十一五"国际科技合作实施纲要》，强调将人才引进工作放在第一位。

中央政府在针对国家规划制定政策的同时，各城市也以自身区位特点为立足点，设计各自的引才计划。北京开展了"北京市海外人才聚集工程"计划、"凤凰计划"，引进海外高端人才；深圳提出高层次人才"孔雀计划"，重点引进并支持海外高层次人才团队创新创业，吸引海外人才到深圳工作；上海细化完善人才引进政策，颁布实施千人计划创业园政策，同时，针对民营企业发布海外高层次人才岗位需求信息等。

十八大报告把人才工作作为"全面提高党的建设科学化水平"八项任务之一，为加强和改进人才工作提供了根本依据，同时强调要深入实施"千人计划"，加强对海外引才工作的指导力度，全面实施"万人计划"，形成国内高层次人才培养体系，加速我国人才开发进程。

（二）国内人才培养

除了传统的人才培养方式之外，政府正在探索各种形式和不同内容的人才培养创新模式。在研究生教育中，正在逐步推行"双导师制"，即高等院校、科研院所与企业之间形成双向交流制度，推行产学研联合培养研究生。通过这种教育模式达到共建科技创新平台、开展合作教育、实施重大科研与实践项目的目的。与专业高校教育相比，继续教育也是开发人才资源的重要途径，这种教育模式的优势体现在通过持续的教育使各类人才在最短的时间内掌握国内外最新的技术与观念，充分激发与挖掘人才潜质。

国内人才培养国际化也是政府人才开发的主要趋势。采取人才的培养与使用相分离的方式，在其他国家建立人才培养基地，利用其优势培养本国所需人才的思路逐步成熟并完善。同时，通过留学的方式使人才接受正规教育或者职业技术培训，学成归国后为本国做贡献也是人才开发的途径之一。随着科技的不断发展与进步，借助互联网接受远程教育也是培养人才的一种手段和方式，知识经济一体化使得国家间界限变得更加模糊，通过网络的方式进行人才开发很好地避免了教育资源竞争性和排他性的公共物品的特点，增强了教育资源的利用效率和人才获得知识的效率。

（三）区域人才开发一体化

区域人才开发一体化是指在一定区域范围内若干人才开发的地域单元主体，为实现全区域人才开发效益最佳化与价值实现充分化，借助以市场为导向的协调机制，整合成一个全区域人才开发共同体的过程，从而促进该区域诸地域单元间共同的可持续发展及人才的全面发展。区域人才开发一体化是一个动态的过程，目的是通过人才自由流动和人才优化配置，实现全区域共同利益最大化，最终价值取向在于全区域共同的可持续发展及其人才的全面发展。例如，长三角人才开发一体化的目标是到 2020 年，将长三角内多元的人才开发地域单元主体，整合成一个全区域人才开发的共同体，促进长三角地区人才自由而全面发展、人才社会价值的充分实现以及长三角的全面、协调、可持续发展，从而推进长三角成为我国具有示范作用的和谐地区以及影响世界经济社会发展的世界第六大城市群。针对长三角地区推进人才一体化的进程，政府形成了跨区域合作的人才开发行为模式，为人才自由流动提供切实的制度保障，同时完善人才开发市场的机制与政策，逐步加强区域间合作。

三、多元综合性

政府人才开发行为的多元综合性表现在政府通过自身努力，整合社会各方资源，整体推进人才开发行为，利用多元化的培养机制和使用机制搭建广阔的人才发展平台。相比于外部性的人才引进行为，政府同样看重内生性的人才培养行为。通过颁布一系列人才振兴计划，政府力图搭建各类人才培养平台，全面加强人才培训体系建设，加快完善以企业为主体、高校为基础，企业培养与学校教育为支撑、政府推动与社会支持相结合的人才培养体系，进一步健全完善人才选拔与培养机制，实现人才培训资金投入集约化、培训资源最优化、社会效益最大化的目的，最终形成系统的人才培养工作格局。同时大力推进人才项目建设，加大资金投入力度，支持企业和院校联合培养，提升人才的数量与质量，满足经济转型和产业升级对人才的紧迫需求。例如，通过政府引导加强产学研合作，将高校和研究部门的科研优势和企业的实践优势相结合，提高自主创新能力，促进企业创新型人才的发展与创新可持续发展机制的完善。

除国家内部培养机制外，通过引导和扶持企业在境外建立培训基地，实现人才的国际化培训是一种新的思路，这种方式可以为人才提供新的思维方式与研究方法以及最前沿的动态、国际最新的研究成果等。建立多元化的人才培养机制，首先有利于满足人才多样化需求，其次可以促进人才发展与人才队伍优化，因此，对人才进行职业培训与通过再教育全面提升其能力水平逐渐成为政府进行人才培养的重点。

四、开放务实性

政府通过人才开发理念的开放、行为的开放以及环境的开放，逐步形成高水平、复合型、外向型、国际通用型的人才体制，最终实现人才"以用为本"的根本目的，这就是政府人才开发行为务实性的表现。首先，"以用为本"基于人才成才与发展规律的认识，是人才开发的根本目的与本质体现，是对人才本源问题认识的深化，因此针对我国人才短缺的现状，为进一步弥补人才缺口，政府以国家需求为导向，通过一系列专业技术培训，力求在人才使用过程中逐步提升人才的知识水平与专业技能，培养国家所需领军型人才。同时,人才具有社会性,人才的本质属性体现为社会属性,表现为对社会的作用及贡献,因此,"以人为本"要求人才的使用性行为在满足社会实践属性、履行开放务实性原则的同时要注意避免盲目引进,引而不用,片面追求高学历、高层次人才引进的现象发生。

随着知识时代的到来与全球经济一体化的迅猛发展,政府将工作重点逐步转移到树立大市场观与大人才观的角度上,在开放务实性原则的指导下适时采取高端引领及整体开发的方针,从而实现人才资源充分开发、人才队伍协调可持续发展的根本目标。

第四节 政府人才开发行为的趋势

政府人才开发行为的主要目的是通过科学规划努力实现人才资源总量稳步增长,人才队伍规模不断壮大,人才综合素质大幅提升,人才分布结构进一步优化,增强人才竞争比较优势与竞争力,提升人才使用效能,优化人才发展体制机制,逐步实现国家由人力资源大国向人才强国转变的根本目标。为此,政府加紧采取措施大力推进人才强国战略、促进经济社会协调发展、加紧培养紧缺急需人才、加强人才储备力度。

一、大力推进人才强国战略

实施人才强国战略作为党和国家建设现代化强国的长远举措,是提升国家核心竞争力和综合国力,全面建设小康社会和实现中华民族伟大复兴的重要保证。在2020年全面建成小康社会和现代化强国的总体目标下,大力推进人才强国战略应作为一项长期任务加以贯彻实施。人才强国战略的工作重心是建设人才资源强国,因此通过各种人才资源开发途径,调动各方积极性,充分发挥人才的作用,造就一支既能满足中国经济社会发展需要,又能参与国际竞争的人才大军,对于推动我国从人口大国转变为人才资源强国具有重要意义。

二、促进经济社会协调发展

基于区域布局的调整并配合区域功能定位,政府以引导社会化、市场化的人才开发，提高人才资源市场化配置的效率和服务质量，促进人才的合理流动，引导人才向优先发展的产业和区域集聚为根本目的，力求实现人才资源与经济社会的和谐发展。为此，政府制定出与之配套的人才资源规划、具有前瞻性的人才战略规划、合理的人才资源结构及各项有效的人才流动机制，同时通过预测人才变化及未来需求，基于人才优化配置的原则制定人才管理的中长期规划，进而有目的地吸引高水平人才，实现人才合理流动。

三、加紧培养紧缺急需人才

人才培训在政府人才政策中举足轻重，开发与实施各类培训项目，充分完善"市场导向、政府支持"的人才培训机制，鼓励海内外培训机构、高校、企业集团等组织开展合作培训，拓宽培训渠道、优化培训资源配置，努力提高人才培训效益是政府长久以来采取的措施；同时，政府不断完善人才学习、培训方面的公共服务，创造更多的人才学习与进修机会，充分利用国内外资源，为各类人才提供全面、畅通的信息服务。

为了解紧缺急需人员的类型，政府通过定期举办高层次学术交流活动，建立与各专业领域的长期合作关系并建设人才公共信息平台，提供充分对称的人才供求信息，从而完善人才信息互通、人才资源共享的常态机制，形成动态人才信息服务体系，实现社会化、开放式的人才信息市场，进而有针对性地培养所需人才，达到实现人才价值的根本目的。[①]

四、加大人才储备力度

我国人才资源现状表现为战略领域高层次人才及各类专业技术人才短缺，因此通过加大各类基础研究项目的资助力度、加强国际化人才的发掘与培养、完善国际优秀人才引进渠道等多种方式相结合，可以实现全方位、宽领域、多渠道地引进国内外高层次人才及专业技术人才，加强杰出人才储备，从而为优势产业和战略产业的发展提供充足的人才保证。

随着我国经济开放程度的提高及跨国企业在国内的快速发展，人才本土化成为一种新型的人才开发与使用思路，跨国公司高级经营人才本土化的另

---

① 中国人民政治协商会议第五届深圳市委会第三次会议特刊. 人民政协报，2012（1）.

一种解读是本地经营人才的国际化。[①] 人才特别是全球化时代背景下具备国际竞争力的高端人才是我国政府人才开发行为的主要目标群体。在全球化人才竞争日益激烈的大环境下，人才的培养与引进、使用机制仍旧存在不完善之处，因此加紧培养本土化人才逐步成为加强人才储备的重要途径。

本章复习思考题

  1. 政府人才开发行为的内涵是什么？
  2. 政府人才开发行为有哪些影响因素？
  3. 政府人才开发行为的特征是什么？
  4. 根据你对政府人才开发行为的理解，举例说明你对政府人才开发相关政策的认识。

[①] 张德. 大力推进我国高级人才的国际化. 新资本，2006（6）.

第九章 企业人才开发

本章教学目标与方法建议

本章主要了解从环境评价和未来分析两个角度进行人才开发的战略分析的有关内容，了解战略选择既定的情况下，人才资源如何配合战略的实施，了解进行人才开发需求评估的目的和意义。熟练掌握如何对人才开发需求进行优先排序，如何将人才开发需求转变为人才开发目标。

在本章学习中，主要通过政府人才开发、企业人才开发的比较，理解在政府和企业不同的环境下，人才开发思想、方法、工具的异同，从而具备在不同人才开发情景下具有权变的工作能力。

【导入案例】

海尔人力资源管理案例[①]

海尔企业背景

海尔是至今唯一被搬上哈佛大学讲坛加以探讨的中国企业。这家 10 多年前亏损 100 多万、濒临倒闭的集体小厂，一跃成为中国家电行业的领军角色，其成功与良好的用人机制密切相关。在海尔领导集体看来，企业不缺人才，人人都是人才，关键是将每一个人所具备的最优秀的品质和潜能充分发挥出来。正如总裁张瑞敏所说："你能翻多大的跟头，我就给你搭多大的舞台。"这无疑给每个员工提供了一个任其充分发展的广阔空间。

17 年前，海尔的前身——青岛电冰箱总厂还是一个濒临倒闭的小厂。而如今，海尔在 17 年的时间里创造了从无到有、从小到大、从弱到强、从国内

---

① 资料来源：海尔人力资源管理案例. http://ishare.iask.sina.com.cn/f/9686629.html，有改动。

到海外的卓著的业绩。海尔对人力资源的开发与管理是成功的。首席执行官张瑞敏认为："人才，是企业竞争的根本优势。人可以认识物，创造物，只要为他创造了条件，他就能适应变化，保持进步，成为取之不尽、用之不竭的资源。有了人才，资本才得以向企业集中，企业在竞争中才能取得优胜。"

海尔集团从开始至今一直贯穿"以人为本"提高人员素质的培训思路，建立了一个能够充分激发员工活力的人才培训机制，最大限度地激发每个人的活力，充分开发利用人力资源，从而使企业保持了高速稳定发展。海尔培训工作的原则是"干什么学什么，缺什么补什么，急用先学，立竿见影"。

1. 海尔的价值观培训

"什么是对的，什么是错的，什么该干，什么不该干"，这是每个员工在工作中必须首先明确的内容，除了通过海尔的新闻机构《海尔人》进行大力宣传以及通过上下灌输、上级的表率作用之外，重要的是由员工互动培训。目前，海尔在员工文化培训方面进行了丰富多彩的、形式多样的培训及文化氛围建设，如通过员工的"画与话"、灯谜、文艺表演、找案例等，用员工自己的画、话、人物、案例来诠释海尔理念，从而达成理念上的共识。

2. 海尔的实战技能培训

技能培训是海尔培训工作的重点。海尔在进行技能培训时，重点是通过案例、到现场进行的"即时培训"模式来进行。具体来说，是抓住实际工作中随时出现的案例（最优事迹或最劣事迹），当日利用班后的时间立即（不再是原来的停下来集中式的培训）在现场进行案例剖析，针对案例中反映出的问题或模式，来统一人员的动作、观念、技能，然后利用现场看板的形式在区域内进行培训学习。员工能从案例中学到分析问题、解决问题的思路及观念，提高员工的技能，这种培训方式已在集团内全面实施。对于管理人员则以日常工作中发生的鲜活案例进行剖析培训，且将培训的管理考核单变为培训单，利用每月8日的例会、每日的日清会、专业例会等各种形式进行培训。

3. 海尔的个人生涯培训

海尔集团自创业以来一直将培训工作放在首位，上至集团高层领导，下至车间一线操作工人，集团根据每个人的职业生涯设计为每个人制定了个性化的培训计划，搭建了个性化发展的空间，提供了充分的培训机会，并实行培训与上岗资格相结合。在具体实施上给员工做了三种职业生涯设计：一种是针对管理人员的,一种是针对专业人员的,一种是针对工人的。每一种都有一个升迁方向,只要是符合升迁条件的即可升迁入后备人才库,参加下一轮的竞争,跟随而至的就是相应的个性化培训。例如:"海豚式升迁",是海尔培训的一大特色;"届满要轮流",是海尔培训技能人才的一大措施。

4. 海尔的多种培训形式

海尔采取多种培训形式:岗前培训、岗位培训、个人职业生涯规划培训、转岗培训、半脱产培训、出国考察培训。

第一节　企业战略制定与人才开发

进入21世纪后,企业的竞争优势越来越源于其员工素质、知识与技能。因而企业家们逐渐清晰地认识到要想得到"顾客满意",首先要做到"员工满意",并且积极进行企业内部的人才培训与开发。企业人才开发的功能主要有两个方面:一方面,通过培训与开发,提升员工业务能力,使其更好地完成组织交办的任务;扩大员工职业发展空间;提高企业领导人员才能及人际管理技能;创造和谐雇佣关系,进一步直接增强企业的盈利能力。另一方面,通过企业人才开发,可以传播公司的组织文化、政策、惯例;提高员工的工作满意度和自我管理能力;帮助员工适应技术进步、经济环境的变化等,以便为公司变革做准备。所有这些都提高了企业的软实力,从而间接强化了企业的盈利能力。

企业人才开发要与其自身战略相结合。人才开发战略制定者首先要明确现实状况与企业要达到的战略目标之间的差距,并明确如何通过人才开发使得企业员工具备实现公司战略目标所需的能力与素质。企业管理者应当总揽企业战略,并采取超前的方法,为战略形成提出意见,考虑培训上供应领先能力的可能性。首先,管理者需识别企业内部和外部的环境变化,然后,确定采取何种方案去解决人才开发问题,克服企业在人才开发方面表现出的弱点及存在的不足等。

一、企业人才开发的环境分析

对企业所处环境的评价主要有两种基本方法,一种是从现在出发去分析未来的发展方向,另一种是假定未来会怎样,反观现在需要进行哪些必要的变革。两种分析方法都试图找到现在与未来之间的差距,第一种是从现在的境况来分析应该发生什么样的变革才能实现未来的理想,从中寻找到差距;第二种是将未来的情景与当前的状况进行比较来得出差距所在。人才开发的环境分析中既要注意企业的内部情况,也要获取来自竞争对手、宏观环境等外部的信息和新的思想。

(一)企业内部环境分析

企业内部环境分析是一个对事实进行搜集的过程,要围绕现状来进行数据收集,从现在的重复和积累的情况中,发现问题与机遇,从差距中发现能够增强企业竞争优势的途径。在对企业内部环境进行扫描的过程中,SWOTs分析法(优势、劣势、机遇、威胁)是较为常用的分析工具。总体的内部环境分析的对象包括:市场营销、制造、研发、人力资源管理等多个影响组织绩效的功能。当然,对于企业人才开发而言,最主要的是分析企业的人才战略。内部环境也可以从流程方面来进行分析,这包括不同功能或单位的联合行动,例如,资源配置、制定规划、客观维护、管理人员能力开发等。人才开发涉及不同组织部门,需要采取联合行动。

管理者应从那些能够反映企业人才开发和管理水平的数据开始着手分析。这些数据本身也是企业人才开发平时就应注重收集汇总的数据,例如,员工的绩效考核指标等人才管理数据。通过搜集和分析这些指标发现人才管理工作中的问题。常见的数据包括:生产率、服务质量、技能和能力的要求及差距、人员利用率、人员流动率、岗位流动率、培训与开发的成本、员工态度、满意度、积极性等。数据收集途径可将日常管理数据整理、专门调查、员工面谈或小组讨论等多种方式相结合。

(二)企业外部环境分析

企业外部环境分析主要关注能够导致预期人才开发变化的问题,搜集并研究那些可用来预测未来趋势和变化的数据。比如,对于企业人才开发而言,人口结构变动就是一种可以利用的先行指标。外部环境分析的主要工具之一是PESTs分析法,即政治、经济、社会和技术变化趋势等。具体而言,PESTs还包括法律、人口、文化等方面。能够准确地看到这些外部因素的变化,并依据其制定企业人才开发规划是企业发展并获得竞争优势的关键。此外，PESTs 是一个各因素相互作用的复杂系统，除了考虑单个因素外，还需要考虑各个因素之间的相互关系（见图 9—1）。

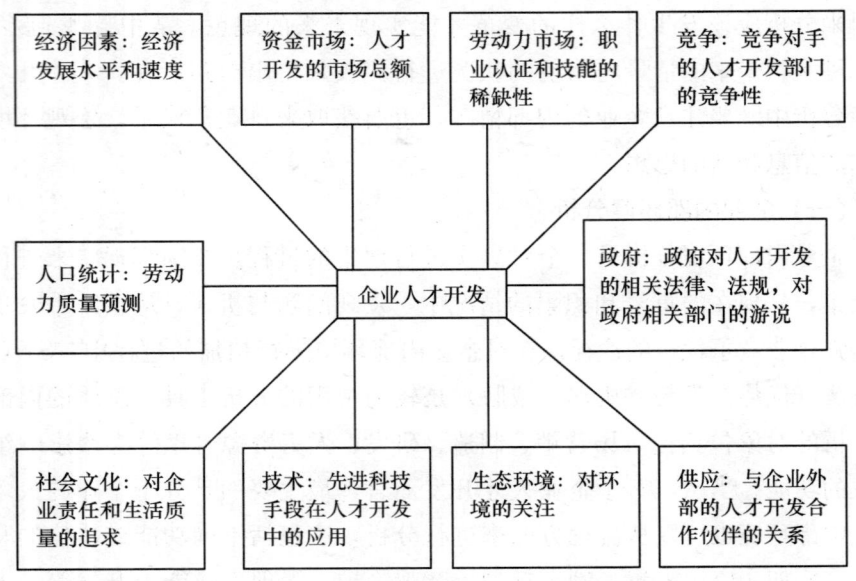

图 9—1　企业人才开发的环境及其主要影响

经济因素与资金市场：中国经济过去以来一直以廉价的劳动力成本作为企业在国际竞争中的主要法宝，取得了经济的快速增长，现已经成为世界第二大经济体。但是现在，一方面，中国面临着来自许多其他发展中国家，如印度、越南的低成本竞争。另一方面，来自劳动者的诉求、高标准的工作环境的要求和对公司的企业社会责任的重视也影响到企业在人才市场上的竞争力。比如，SA8000 中，就明确规定了企业应对员工承担的社会责任，包括提供良好的工作环境，保证员工健康，保证休息时间，保证薪酬公平等。中国目前面临着经济发展模式的转型，亟须开创一种以人才开发为基础的人力资源管理模式，从而使劳动力费用逐渐提高，保护劳动者的权益，将巨大的人口资源转变为人才资源，以此来提升国力的重大课题。公司作为提升中国人力资源开发水平的关键主体之一，在人才开发中肩负着重要责任。随着企业人才开发的重要性日益凸显，由企业人才开发形成的市场是一个越来越大的市场。许多专家学者通过工资的形式来对该市场的资金进行估算，采用我国职工工资总额的 1.5% 计算得出。随着职工工资的不断提高，该资金市场也将不断扩大。

人口统计与劳动力市场：人口统计对企业人才开发有预测作用的数据很多，包括劳动力供给等，其中最为重要的是不同教育水平的人口供给数量。近些年来，这一数据在中国呈现高速增长的趋势，虽然与发达国家相比，我国高等教育的普及率还有较大差距，但相对30年前，已经发生了巨大的变化。公共教育的供给水平是企业人才开发的基础，企业人才开发是公共教育的一种延续。因此，公共教育的供给水平越高，就意味着企业人才开发的基础越好，越容易开展。此外，更为详细的人口统计资料还可用于深度挖掘，这些资料包括如下信息：家庭结构状况（单亲家庭、双职工家庭）、区域性的教育和培训机构、毕业生数量、健康与安全（安全事故、流行疾病、毒品和酒精滥用等）、人才流动的地区和行业趋势、员工工作态度和满意度状况、就业意愿（进入职工教育还是普通教育、进入管理岗位还是技术岗位）、生产率和顾客满意度状况（产品质量或服务纠纷的主要方面）等。

劳动力市场：中国劳动力市场的主题一直以来都是围绕着就业。从数量上讲，中国劳动力的供给是充足的，但是供给与需求不吻合，存在着结构性矛盾，主要表现为：①时间结构矛盾，由于劳动者求职行为的发生时间与社会生产季节性和周期性所提供的职业种类和数量不同而产生供需缺口。我国存在二元经济结构，劳动力的自由流动存在一些障碍，在一定的时间周期内，难以完全以满足市场需求。②区域性结构矛盾，指劳动者的分布地域、流动与岗位的地域分布不对称造成失业。③性别结构性矛盾，主要由于男性与女性劳动者在生理上、工作上都具有不同特点，不能满足市场对不同性别的劳动者的需求。④年龄结构矛盾，是指新成长的青壮年劳动者和进入老龄期的劳动者，与市场就业需求之间存在差异。⑤文化性结构矛盾，人才培养、开发与市场经济需求的人才之间存在差异。⑥技能性结构矛盾，指由于产业升级换代、经济结构调整、新技术的推广应用等，部分劳动者一时无法满足应用新技术所要求的能力。⑦职业性结构矛盾，指由于劳动者的行为特征、工作趣味等与社会所提供的职业种类和数量之间的不同所产生的差异。⑧企业性结构矛盾，是指企业在投资政策与市场就业需求匹配之间存在的差异。⑨行业性结构矛盾，指的是在行业投资政策与市场就业需求匹配度之间存在的差异。⑩产业性结构矛盾，指产业投资政策与市场就业需求匹配间存在的差异。对于以上结构性矛盾，政府应尽可能减少对劳动力市场的干预，维护法律秩序，让市场通过供求机制、工资机制和竞争机制来对结构性矛盾起到调节的作用。

社会文化和政府相关法律：改革开放30余年来，中国的社会文化经历着重要的变革，除了传统的政治力量外，经济力量也是决定变化的关键因素。一方面，社会结构向更为灵活、更有效率的方向转化。另一方面，由于过度追求经济利益可能带来的危害也越来越受到人们的重视，这包括对自然环境的破坏，也可能包括对社会伦理的挑战，还包括对工作场所中的人们的生理和心理健康的损害。人们越发关注自身健康和生活质量，认识到过强的工作压力、过度劳动会给健康和生活质量带来负面影响，所造成的后果是无法弥补的，一种寻求工作与生活平衡的新理念开始逐步引领潮流。同时，人们开始关注工作中的公平与正义，比如农民工讨薪问题、农民工的医疗保障问题等。

所有这些社会变化都影响着人们的人生观、价值观，对企业人才开发的开展也有直接影响，例如对企业社会责任的关注迫使企业通过承担社会责任来赢得消费者的信任等。另外，社会的发展也促使政府出台顺应社会发展的法律法规。例如，2008年出台的新《劳动合同法》，进一步为人们的"乐业"提供了法律保障，它的主要特点体现为[①]：重点保护劳动者的合法权益；扩大了劳动合同制度的适用范围；在企业规章制度或重大事项的制定、决策中体现职工或工会意志；明确订立劳动合同的形式及其与形成劳动关系之间的关联；强化对试用期劳动者的权益保护；明确界定并强化竞业限制；扩大裁员的适用范围，同时加重用人单位裁员的社会责任；进一步明确并细化了劳动合同经济补偿的范围及标准；通过专门规范对集体合同制度进行充实和强化；城乡劳动者一体保护。

技术变革与生态环境：技术对企业人才开发有着直接和间接两种影响。直接影响主要表现在两个方面：一是很早就出现的视听技术对人才培训的影响；二是计算机、网络技术等对培训方式的推动，直接影响了培训的效率和效果。间接影响是指技术对产业的影响，如企业所处的产业的技术发明和发

---

① 资料来源：陈耀东，王爻. 保护劳动者权益 稳定劳动关系——新《劳动合同法》的十大解读. 2008. http://hi.baidu.com/xsmdy/item/3ce07eb73fae1197194697d6.

展状况；政府对该产业进行的技术投入；技术传播、更新、报废的速度等都会直接作用于企业进行技术培训的相关政策，更影响到企业的人才开发战略。此外，伴随着科技进步以及认知发展，人们越来越重视对社会生态环境的保护，迫切要求企业发展要建立在对环境友好的基础上。例如，要求化工企业做好污水治理等。

人才开发的外部供应：作为企业很难完全提供自身发展所需要的全部人才开发可能，因而它们都需要与人才开发的外部供应商发生关系。企业人才开发部门的一项重要工作就是深入了解人才开发市场，选择供应商，与供应商保持良好合作关系，与供应商沟通使其产品满足企业自身发展的需要。其中，对人才开发培训市场的了解是关键，无论企业作为培训产品的购买者还是供应者，都需要充分了解相关产品和服务的质量和定价，并且由购买者与供应商共同设计课程，从而实现供需两方双赢的合作结果。

人才开发水平的竞争及与竞争对手进行人才争夺：人才开发的竞争一方面是人才开发水平的竞争，企业通过各种方式推动本企业员工的发展、技能提升；另一方面是对人才的争夺。部分企业在对人才进行开发时，也担心人才流失问题。企业在人身上的这些投资，可能由于人才流失而丧失。企业往往会在培训的内容上做文章来尽量避免这种损失，他们倾向于提供仅适用于本企业的专业化的培训，这样如果员工流动到其他企业，短时间内也不会提高其他企业的生产效率。此外，了解竞争对手的人才开发状况也是外部环境扫描的重要组成部分。企业必须了解竞争对手在人才开发组织状况、活动情况、人才开发项目和政策等方面的信息，以便将竞争对手作为标杆，发现企业自身在人才开发上的不足，从而进行改进。

二、企业人才开发问题的确定

根据以上分析，确定企业人才开发问题，先要对内外部环境进行扫描，从而筛选出有效的分析问题框架。在外界变化中，社会和人口变化是对人才开发影响最为关键的因素。社会变化方面，主要是法律体系以及相关规则的变化，如2008年新《劳动合同法》的出台，SA8000的认证体系被人们广泛接受等。人口变化主要体现在劳动力供给方面。

在企业内部经营变化中，改进企业绩效一直是人才开发关注的首要问题。

改进绩效主要包括：降低产品成本、保持良好的现金流；改进产品和服务质量；有效引领新技术；培养卓越的领导与管理能力；保持员工忠诚度等。在企业成长和变化方面，管理者要考虑企业裁员、组织兼并、组织再造以及组织国际化对人才开发产生的影响。表9—1体现了经营者对人才开发的需求。

表9—1　　　　　　　　经营战略对人才开发的需求[①]

战略	重点	如何实现	关键问题	人才开发重点
集中战略	提高市场份额 减少运营成本 开拓并维持市场定位	提高产品质量 提高生产率或革新技术 按需要制造产品或提供服务	革新技术 加强交流 现有劳动力开发	团队建设 交叉培训 特殊培训项目 在职培训
内部成长战略	市场开发 产品开发 革新 合资	通过合并发展销售现有产品、增加分销渠道 拓展全球市场 调整现有产品 创造新的或不同的产品、服务	创造新的工作革新任务	促进旨在以提高产品质量为目的的沟通 文化培训 培养创造性的思维和分析能力、工作中的技术能力 对管理者进行反馈和沟通方面的培训 冲突调和技巧培训
外部成长战略	横向联合 纵向联合 发散联合	兼并在产品市场链条上的相同经营阶段的公司 自己经营相关业务 兼并不同领域的公司	整合富余人员重组	判断被兼并公司雇员的能力 联合培训系统 合并公司的方法和程序 团队建设

---

① 资料来源：谢晋宇. 人力资源开发概论. 北京：清华大学出版社，2005（略有改动）.

续表

战略	重点	如何实现	关键问题	人才开发重点
紧缩投资战略	节约开支 转产 剥离 债务清算	降低成本 减少资产 创造利润 重新制定目标 变卖资产	效率	革新、目标设置、时间管理、压力管理、交叉培训 领导技能培训 人际沟通培训 对外安置培训 寻找工作所需的技能培训

企业人才开发活动要作为一个整体来考虑，体现出均衡开发的思想，主要有以下三个方面：人才开发活动的相互补充，管理者应考虑到人才开发活动中不同层次的管理者和开发项目之间，职业生涯开发与组织开发活动之间存在的均衡问题；人才开发活动与组织战略结合，要进行规划和均衡重要的战略资源，如资金管理、人员配备等；组织内人员技能和个人兴趣的均衡，组织中的人员所拥有的技能和个性类型的均衡是组织有效开展工作的基础。

第二节 企业战略实施与人才开发

一、人才开发与资源配置

在确定了公司的发展战略之后，公司管理者的资源规划主要就是在不同活动、不同部门，甚至在不同区域之间进行资源分配。比如，在不同部分之间，按职能划分，就可分为营销、财务、人力资源管理等。而在人力资源管理的实践活动中，又包括人才开发和其他人力资源管理活动。在人才开发资源总量确定的前提下，就需要在不同职能之间进行分配，比如管理开发、职业生涯开发、组织开发等。

资源在公司内部的分配，主要取决于两个因素：公司的集权程度与部门在变革方面的公开竞争能力。若公司的集权程度高，部门在变革方面的公开竞争力低，则资源分配会依照公司惯有的"公式化"决策方式进行，比如通过公司在册员工总工资的百分比来确定人才开发的经费预算等。根据公司的集权程度和部门在变革方面的竞争力的不同组合，可以出现四种不同资源配置方式，即公式化、指定优先级、讨价还价、公开竞争（见图9—2）。这四种模式可能单独存在，也可能是几种方式的混合。

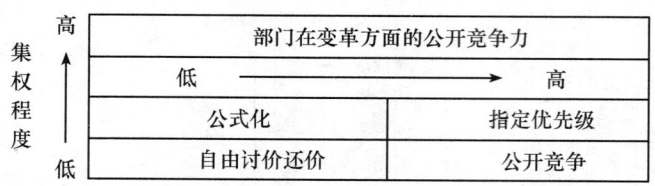

图9—2　公司内部资源配置的决定因素①

当然，资源配置在企业战略实施过程中是个动态变化的过程，它可能随着总资源水平的变化而变动，也可能随着各部门竞争力度的变化而在不同部门内部进行转移。

二、企业人才开发的基本原理

（一）战略的整体性与灵活性

当企业存在多个人才开发的战略制定主体时，就需要考虑协调不同主体之间的冲突问题。不同的经营单位或部门个体都可能将自身意愿放在首位，若孤立地思考本部门的目标，而不与企业整体目标相结合，就可能导致部门间的利益冲突。因此，公司层面的管理者需要在各部门之间进行利益协调。一方面要考虑整体性，另一方面，企业运营过程中会出现一些突发变化，这时企业也需要根据部门具体需求做出相应的调整。因此，灵活性的战略是对原来整体形成的战略的一种修正。

处理好战略的整体性与灵活性，需要较强的过程管理技能，也就是要在动态的过程中达到一种平衡，在对已经制定好的战略行动的执行过程中适时调整。在实际管理过程中，过分依赖明确的由领导制定的整体性战略，会削弱各部门员工参与战略制定的积极性，而过分依赖灵活性战略又会减损高层管理者在实现组织战略目标过程中的权威。因此，企业管理者需要将灵活性与整体性进行综合考虑。

---

①　资料来源：约翰逊和斯科尔斯.公司战略教程.金占明，贾秀梅译.华夏出版社/Prentice Hall，1998（略有改动）.

(二) 企业类型

企业类型的不同被认为是解释企业人才开发差异的重要因素。一般认为，利益导向型的企业比类似公共组织的企业提供更多的培训与开发；非制造性企业比制造性企业提供更多的培训。按企业发展的形态来分析，可将企业分为：简单控制、技术控制、官僚科层制和新型组织。

第一种，在简单控制型的企业中，雇主以权力高度集中的方式来管理企业，与雇员的关系形成对立。在这种企业中，人才开发与培训几乎是不存在的，因为人员流失率相当大，并且此种工作对员工的技术要求也相对较低。

第二种，在技术控制型的企业诞生时，管理者们已经开始普遍推行科学管理。虽然在这种类型的企业中，雇员仍然属于从属地位，与雇主的矛盾依然存在，但是通过科学管理可以有效地完成工作任务。管理者对提高劳动者的素质也比较重视，多采取培训方式来提高劳动者的操作技能及宣传企业的理念等。

第三种类型是科层官僚制。在此类型企业中，管理者主要通过"公司规定和政策"的形式来控制人力资源的管理机制。管理者主要通过培训的形式向雇员灌输企业的规则、制度、管理办法等，利用规则、权力、报酬的合理分配在组织中建立起一种下级服从上级的效率较高的运作模式。

第四种新型组织指在新的竞争时代涌现出的高绩效组织、网络组织、学习型组织等。这些组织结构更加扁平化，侧重于团队之间的合作，善于充分发挥员工参与决策的积极性与主观能动性。因此，这种组织的人才开发不仅是围绕员工的具体职务开展，提高其技术技能，而更多开始重视给员工更大的自我发展空间，注重员工的工作满意度。

第三节 人才开发需求评估

人才开发分析是指在规划与设计人才开发活动之前，由组织的有关部门负责人收集企业战略、组织与员工的基本信息，然后采用一定的分析方法和技术，依据这些资料和信息对组织、员工个人和任务进行分析，确定企业是否需要进行人才开发活动，为什么要开展该活动，需要怎样的活动过程等。需求评估的意义还在于可以对企业存在的问题进行快速反应，将有限资源配置在企业最需要的地方。此外，需求评估还应包括对人才开发的环境进行的评估，从而使接受培训的人员做好心理、时间等各项准备。

一、需求评估的意义

完整的培训需求分析包括三个层次，即组织分析、人物分析和人员分析。组织分析是指通过培训需求分析方法对组织的战略、目标、资源、环境等方面进行鉴定和分析，以明确培训的必要性和培训的内容。组织分析是任务分析和人员分析的前提，因为只有明确了企业的战略目标以及发展部署，才能结合企业现有情况对资源进行分配，明晰人员安排及工作任务。人员分析是分析员工的现有状况和应有状况之间的差距，明确产生差距的原因，安排相应的培训。人物分析是对作业部门的关键性任务的当前情况和预期情况进行比较，找出它们之间存在的差距，同时明晰关键性任务所需要的知识、技能和行为等方面的要求。人才开发需求评估过程如图9—3所示。

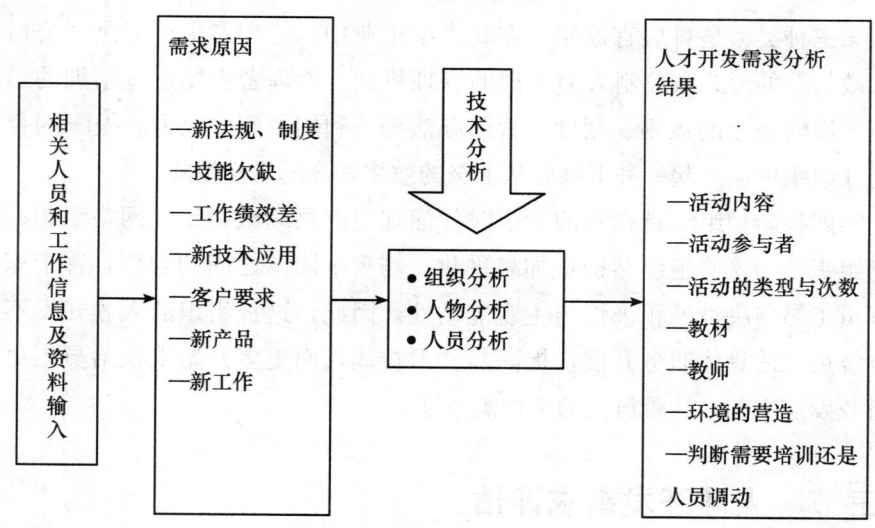

图9—3 人才开发需求评估过程①

人才开发需求评估是整个人才开发活动的基础，具体而言，包括以下七

---

① 资料来源：雷蒙德·A.诺伊.人力资源管理：赢得竞争优势.刘昕，译.北京：中国人民大学出版社，2000：265（略有改动）.

种作用：①确认差距，明确培训的必要性，找出企业现有绩效状况与预期绩效状况的差距；②变革分析，对周围的环境进行扫描，明确竞争与变化是永恒的；③使人事系统具有开发导向，传统的人事系统侧重于管理，而人才开发在一定程度上满足了员工的利益，为其提供了更好的发展机会；④提供了问题解决方案，企业所面临的绩效问题可能有多种解决方法，需求评估可以作出判断找到最优方案；⑤形成研究基地，需求评估形成一个绩效资料库，积累相应的资料为相关决策提供依据；⑥决定培训的价值和成本；⑦获得组织内外部支持。

二、需求评估的三个层次

人才开发需求分析可以从组织分析、人员分析和职务分析三个层次展开。为了更好地了解人才开发的需求，必须全面了解这三个层次，并且将其有机地联系起来，只有这样，人才开发的设计才能真正起到效果。

（一）组织分析

目标分析。企业目标是企业一切活动的导向，它深刻影响着人才开发活动的全过程。清晰而明确的组织目标决定着个体培训与开发的导向，对员工知识与技能的提升有着约束作用，可以帮助其更好地确立培训目标，是管理者明确实现目标所必须得知识、技能和能力以及组织现有的知识、技能和能力状况。如果组织不能顺利实现其目标，说明组织需要通过人才开发作为一种支持的手段。如果组织能够实现其战略目标，说明企业不需要培训活动。即便如此，也需要进一步理清可能存在的潜在问题和组织可以进行改进的地方，使组织做得更好。

战略分析。企业战略是指企业为实现在未来一段时间内的目标而采取的一系列的措施，企业战略在很大程度上影响着培训的类型、数量以及所需要的资源等（见图9—4）。

企业战略也影响着人才开发活动的频率和企业人才开发职能部门的组建方式。那些期望通过人才开发活动更好地实现组织战略的公司势必会比那些对人才开发活动缺乏规划和战略考虑的公司从人才开发活动中得到的汇报更

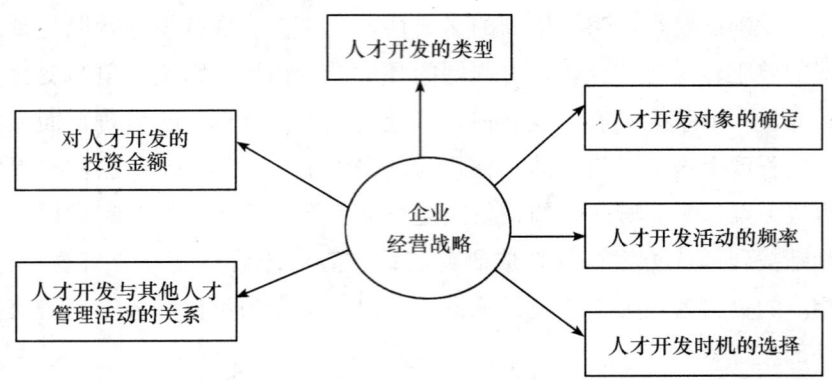

图9—4 企业经营战略对企业培训的影响①

多。针对不同的企业战略类型,公司的培训类型和培训的侧重点也有所不同。例如,企业实行集中战略,则培训方式更多采用团队建设、交叉培训等,若在培训中过多强调创新和个人意志,则企业的竞争力会被分散,这就与企业的竞争战略相背离了。根据企业的战略部署,在需求评估中,分析人才开发过程中的投入金额、对象确定、活动频率、时机选择,以及人才开发活动与其他人才管理活动间的匹配关系等。

资源分析。组织资源分析包括对组织内可利用的人力、物力和财力资源进行分析,这些资源都具有有限性,如何利用有限的资源创造最大的价值是组织最终追求的目标。需求分析的重要方面之一就是确定组织的资源,包括组织对人才开发活动的投入、组织已有的人才开发实施状况(有无用于培训的教室、教学设备是否先进等、有无信息管理系统的支持)、组织在人才开发活动上配备了多少人员。这决定着企业在多大的范围、以多高的频率进行活动,也决定着组织需要在内部还是外部进行活动,反过来也决定着人才开发的效率。

企业文化分析。企业文化氛围是决定人才开发互动成功与否的重要因素。如果企业不存在对人才开发的友好和支持的氛围,人才开发活动就不可能获得广泛的参与和积极的支持,从而导致人才开发活动变得困难。如果在企业不同层次的员工之间缺乏信任,也将对人才开发活动产生负面影响。比如,

---

① 资料来源:谢晋宇. 人力资源开发概论. 北京:清华大学出版社,2005:126(略有改动).

管理者和下属之间没有信任，管理者就很难了解到下属的真实需求，也不会积极支持下属参加培训。组织良好的人才开发文化和氛围的建设还决定着学习者的动机。好的氛围能够帮助员工做好学习的准备，克服学习过程中的畏难情绪和恐惧心理。另外，这种氛围还有利于学习成果的迁移，当企业存在良好的氛围时，管理者会支持下属在工作中去运用他们所学到的东西，同时也会激励中层管理者运用新的管理方法。

企业培训态度调查是了解企业人才开发氛围的最好方法。培训态度调查是指收集全体人员包括一般员工、管理者或有关团队对其工作、绩效、培训等的看法，以获得管理者和全体员工对培训工作的支持，帮助企业明确最需要培训的领域和培训目标以及培训方法等。实践证明，企业管理者对培训等活动的支持程度直接决定了人才开发活动的成败。通过他们的支持，可以凝聚企业的人力、财力、物力为培训活动的展开创造一系列便利条件，同时也增强了员工信心。另一方面，通过对员工和相关团队的调查并及时给予反馈，能够使他们对个人的发展产生美好的预期效果，提高他们接受培训的积极性，获得他们对培训的大力支持。

（二）任务分析

任务分析是一种系统收集一个工作岗位的相关资料，以决定该岗位的员工需要怎样的培训来提高职务效率的方法。任务分析不仅停留在任务层面，通过任务分析这个起点，可以进一步了解该工作岗位所应具备的知识、技能、能力，再分析出对动机、态度、个性和行为的要求，也就是绩效标准，尤其是行为标准。任务分析是与后面即将讨论到的个人分析联系在一起的，不同之处在于，任务分析确定的是绩效标准的尺度，而个人分析是将在特定职务上工作的这个人与这个尺度进行对照。

任务分析主要包括以下5个步骤：①鉴别关键职务。由于资金和资源的有限性，短时间内，企业不可能实现对每个岗位的员工都进行培训。因此需要一系列方法，比如专家意见法，通过专家的指导和他们的分析确定出关键职务（即对组织绩效影响重大的职务）、亟待解决问题的职务（现在存在比较严重问题的职务）都很有培训的必要。②描述出任务及清单。以职务说明书为基础，在没有职务分析相关资料的情况下，可以通过观察法、专家意见法等确定三个层次的任务，即广泛层次（职能或职责）；中间层次（主任务）；

具体层次（子任务与关键任务）。任何职务都可以从以上三个层次进行分析。以社会福利工作人员的任务分析为例，参见表9—2。③由关键任务引出知识、技能、能力、态度、动机方面的要求。识别出哪些知识、技能、能力、态度、动机是重要的，需要首先培训。④行为分析。员工行为是知识、技能、能力、动机和态度的表现，是直接影响工作绩效的因素，因此对行为的衡量变得非常重要。⑤由行为分析确定绩效标准。行为可以分解为绩效标准。在分解绩效标准时要考虑一些软因素，如工作习惯、工作氛围的营造、创新行为、工作的主动性、服务对象的满意度、参与培训与开发活动的情况等。

表9—2　　　　　　　任务清单及其简单分解①

社会福利工作人员的任务清单： 　　了解部门政策；以一种友好、职业化的方式与顾客交流；依据采访或支持性资料来分析顾客需要；决定何时将有问题的顾客提交给上级主管。
每个任务转化为子任务（行为）： 　　了解部门政策——将几十种需要了解的政策具体化。 　　以一种友好、职业化的方式同顾客交流——带着微笑迎接顾客并与之握手；问一两个友好的问题以建立和谐的关系；耐心地倾听顾客谈话；当顾客脱离了主题时，礼貌地提醒。
对完成每个任务的能力进行能力分解： 　　了解部门政策知识（在部门政策规定范围内，解决顾客的需要及问题）；同顾客建立和谐关系的能力；在顾客压力下，维护部门规则的能力；在压力条件下工作的能力。

任务层次的分析关注的是职务所应该完成的任务，而不是完成这些任务的个人。从组织分析和任务分析中，管理者已经能够获得一个清晰的人才开发需求的基础，也知道如何将人才开发活动与企业战略结合起来，明确了培训应该以哪些方面、哪些知识、技能和能力为重点进行。同时，任务分析还为我们提供了衡量的标准。接下来，人才开发需求分析需要解决的就是确定哪些员工去参与培训的事情了，这就是人员分析。

（三）人员分析

人员分析要解决的问题是将人才开发需求落实到员工个人。在人才开发活动展开之前应逐一对员工的工作过程和工作结果以及工作态度进行考核评

---

① 资料来源：谢晋宇．人力资源开发概论．北京：清华大学出版社，2005：130．

价，特别是要对那些关键工作、关键岗位的人员素质进行测评，分析工作人员现有状况之间的差距，在此基础上寻找员工培训需求的产生点，确定具体需要接受培训的员工。为了保证最终的培训效果，人员分析还应从分析员工的受训准备入手，帮助员工树立胜任学习的自信心，树立对培训的需要、职业目标和兴趣的意识，促进员工的个人成长。

进行人员分析的最佳人选是对员工工作进行直接观察的人，通常是员工的直接主管。一般情况下，主管是观察员工、了解员工最多的人。在许多企业，需要主管在人员分析中扮演重要角色，倡导科学的管理风格。在这种风格中，管理者应该培养起观察、记录员工平时表现的习惯。只有这样，他们对员工的培训需求才会有科学的判断。

此外，可能参与人员分析的主体还有员工本人、高层管理者、员工的下属和外部人员。员工本人可对自己的工作状态和表现进行最直接的判断，并提出自己需求以及应接受培训的方面。高层管理者可以将他们个人的意见、其他公司的操作范本、当前组织中所面临的压力最大的问题和其他主客观因素作为选择和判断依据。员工的下属，可能处在一个了解员工弱项和需求的位置上，所以应该让他们更多地表达自己的意见。公司若使用外部咨询人员和心理学家来帮助确定培训需求，这些专家可能将从其他组织得来的个人经验，向现在服务的公司建议并进行销售。

选择哪种主体参与人员分析是更优的，很难一概而论，这只能结合企业的实际情况进行判断。当需求分析涉及人时，还应该注意区分两个问题：一是人才开发是否是最佳的解决员工问题的方法；二是要区分出分析的对象是目前的需求，还是未来的需求。员工工作存在问题的原因是多方面的，有管理方面的原因，也有员工自身因素的影响，还可能存在制度方面的问题，每一个原因的相应政策也不同。如果雇员缺乏专业知识，那么培训自然可以解决这些问题，但是如果是企业制度对他们的约束力不强或者是他们的绩效反应不及时而导致效果不好的话，就不是培训能够解决的问题了。

第四节　企业人才开发设计

人才开发设计是以学习理论为基础，应用系统的观点和研究方法，分析人才开发中的问题和需求，确立目标，明确解决问题的措施与步骤，选用相应的人才开发方法和培训方式，分析、评价其结果，使人才开发达到最佳效果的过程。人才开发设计是一项相对比较具体的工作，主要包括：确定开发的目的、培训的目标、设计课程和课时、确定教学方法、选择培训主体（确定培训师或选择外部供应商）、人才开发活动的后勤设计、设施管理等。本节将就人才开发设计的程序和人才开发的模型加以介绍。

一、人才开发设计的程序

人才开发设计是运用现在学习、教学、传播等多方面的理论和技术，针对特定的开发目标，分析培训与开发的问题，寻找解决方法，评价开发效果并修正设计方案的过程。它是对培训的具体内容、培训和开发的具体方法进行设计。

系统的人才开发设计能极大地影响受训者的发展。人才开发的设计，尤其是培训的设计，实际上也是一种教学设计，其基本上是遵循教育中教学设计的思路的。在教育学中存在不同的教学设计模型，不同模型程序之间存在着一定差异，比如环节的多少、各环节的次序等，但它们的核心内容是一致的，都包含以下几个方面：

• 明确教学目标。这是整个教学设计的核心，一切活动都为之服务。要使教学目标的开发精确化，主要是要确定想获得的学习成果的类型，从中判断出必要的学习条件，例如学习的顺序安排等。

• 将人才开发的目标转化为课程，或将其包含在课程的一个部分中。确定课程或者教程的结构，包括确定教学内容，不同内容间的顺序等。

• 将课程单元化，变成一节一节的课，安排教学事件。对人才开发来说，这就是设计培训与开发的单元，由于这一层次的范围缩小，因此需要更加详细。

• 选择培训师和培训供应商，因为企业很少有自己的专门教学机构，所以这一步骤是必然的。

• 对培训方法、时间、地点的后勤活动进行设计。

• 对培训方案的评价与培训方案的修正。任何方案设计不可能是一次成功的，需要不断地修正与完善，这是保证培训走向科学合理的重要途径。

二、人才开发的模型

人才开发主要是一种教学设计，因此，我们借鉴教学设计中的系统模型来了解人才开发设计的相关任务和相互关系。

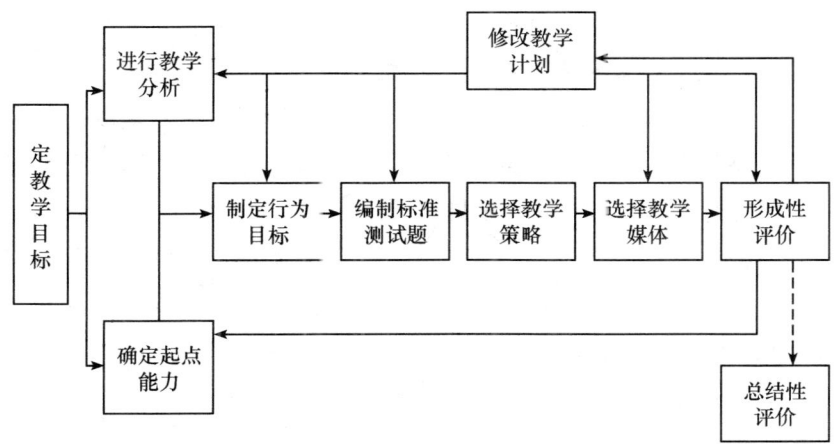

图9—5　系统的教学设计模型①

第一阶段：确定人才开发的目的。在设计时应该将笼统的目标转变为具体的目标。在企业中，许多开发活动可能与动机和满意度等属于中介变量的因素，这时人才开发者应该问的问题是："什么目的将代表一种理想状态？"

第二阶段：教学分析。教学分析的目的是确定达到一定目标所需要的技能。教学分析可分为任务分析、信息加工分析和学习任务分析三类。通过任务分析，了解一系列步骤和在每个步骤中应该应用的技能。例如在打字员的培训中，属于语言信息的技能包括：①说出打字机的特点；②说出打字机的功能；③说出打字机胜过手写的长处。而属于智力技能的包括：①将词语进行分类；②将光标指令进行分类；③将字体指令进行归类；④对排版指令进行分类等。通过信息加工分析，揭示出已经掌握了复杂技能的人所应用的心理演练。通过学习任务分析，揭示教学的顺序。

第三阶段：起点行为和学习者特征分析。这一阶段分析的目标是要取得

---

① 资料来源：Dick, W. and Carrey, L. The Systematic Design of Instruction. 3rd ed. Foresman, 1990.

学习者开始接受学习任务需要的技能。一部分学习者的知识可能会多于另一部分学习者，所以设计者必须选择教学的起点。

第四阶段：开发绩效目标。将需要和目的转化为绩效目标，绩效目标能充分具体地显示被培训者是否朝这一既定方向前进了。只有这样，才能促进学习的整体迁移。将一般性目标转化为具体目标的原因有三个：一是这样的目标使学习者在不同水平上进行交流；二是只有将教学目标制定得很详细，才能确定具体的计划，开发教材和传输系统。三是绩效目标是以操作术语来陈述的，而不是以内容提要的方式陈述的。只有这样，才能测量受训者的学习效果，知道什么时候已经达到了目的。

第五阶段：开发人才开发的评估题目。在人才开发项目完成后对被培训者进行四个层次的测量（反应、学习、行为和结果），这是人才开发有别于一般教育的地方。

第六阶段：教学策略的开发。这主要包括两种策略，以培训者为中心还是以受训者为中心，或者将两者结合。

第七阶段：培训材料的开发。培训师一般能像传统教学中的教师那样按照别人提供的教材来设计课程。若培训师可以自己确定教材，这本来是件好事，但是由于有时培训师是为了方便而选择现成的教材，这实际上是在改变培训以适应于他们可以利用的材料。在这个过程中，被培训者可能接受与教学目的无关的信息或者技能。

学习目标越具体，材料的内容也就容易越具体。运用现成的材料是可以的，因为开发新的材料是费时的事情。培训师可以考虑利用现有的材料，但是这些材料更可能是以特定内容为参照物来组织的。因此，应该对这些材料进行再加工，也应该根据需要对现成材料进行补充。

第八阶段：形成性评价。形成性评价是为了修改和最终确定学习材料而在还没有正式进行培训前进行的评价。对于企业投入比较大的、准备系统进行培训的项目，这样的步骤是必需的。首先，选择有代表性的受训者作为被试，让他们先接受一次样品学习材料。通过该过程搜集信息，包括学习者可能遇到的结构和逻辑问题。研究发现，通过进行几次形成性评价，学习材料的效果可以改进50%。其次，进行小组尝试，对象是6~8名被培训者组成的小组。这里应明确的重点是学生怎样应用材料和需要什么帮助，这样的信息可以帮助培训者不断完善对课程的设计。

第九阶段：总结性评价。将系统作为一个整体，对效果进行的评价就是总结性评价，以用作下一次培训的基础。

第五节 企业人才开发评估

一、人才开发评估的目的与模型

人才开发评估是一个系统地收集描述性或判断性信息以进行有效的人才开发决策的过程。这些决策包括人才开发的方法、途径，活动的选择、调整和定价。人才开发评估可以帮助解决以下几个主要问题：①确定培训项目是否实现了其目标；②确定人才开发项目的优缺点，确定哪些项目导致了希望达到的变化；③测算人才开发项目的投资回报率；④确定哪些被培训者从该培训项目中获得的收获最大；⑤确定将来谁参加培训；⑥测量最后结果以评估培训项目的总体成果；⑦测量和跟踪培训的全过程，以求对项目进行不断改进；⑧收集资料来支持未来项目的市场营销；⑨研究非量化和无形的影响；⑩建立数据库来支持人才开发管理的相关决策。

对于人才开发专业人士而言，进行评估是最有效的支持手段，只有当他们提供的材料能够充分说明人才开发工作为企业作出的贡献时，这些活动的预算才不会被轻易削减掉，人才开发部门才不会成为裁员首当其冲的部门。同时，评估也是一个获得管理层信任和部门经理支持的有效手段，实际上，组织中几乎所有部门都能通过数据来证实本部门的价值，若人才管理部门不能用数据说明，则最不容易获得支持。

人才开发评估模型具体定义。在人才开发过程中，应该在什么层次和以什么标准来衡量人才开发活动的好坏是学者和管理者们一直关注的问题。表9—3显示了九种不同的学术观点。

以上九种分析框架中，最具影响力的就是柯克帕特里克于1967年提出的四个层次。这四个经典的评估层次解释为：①反应，是指学院对培训项目的哪些方面感到满意，可以通过问卷的形式进行测量。②学习，是指学员从培训项目中学到了什么，可以通过纸笔测验、绩效测验和模拟测验等测量。③行为，是指通过培训，学员的行为是否发生了变化，具体通过主管、同事、

表 9—3　　　　　　　　　人才开发评估的分析框架①

框架	培训评估标准
1. Kirkpatrick（1967，1987，1994）	四个层次：反应、学习、行为和结果
2. CIPP（Glavin，1983）	四个层次：内容、输入、过程和产品
3. CIRO（Warr et al.，1970）	上下文、输入、反应和结果
4. Brinkerhoff（1987）	六个阶段：目标设定、项目设计、项目实施、直接结果、中间或应用结果以及影响与价值
5. 系统方法（Bushnell，1990）	四种活动的组合：输入、处理、输出和结果
6. Kraiger，Ford & Salas（1993）	将学习结果分为三类（认知的、基于技能的、情感的），并针对每种结果给出了适当的评估标准
7. Kaufman & Keller（1994）	五个层次：启动和反应、获取、应用、组织输出和社会成果
8. Holton（1996）	确定了五类变量及它们之间的关系：次要的影响、激励因素、环境因素、结果和能力因素
9. Philips（1996）	五个层次：反应和有计划的行动、学习、将学习应用于工作、商业结果和投资回报率

顾客及下属的 360 度评估来衡量。④结果，是指行为的变化是否对组织产生了积极的影响，可以通过事故率、品质、生产率、流失率、士气、成本、收益等来衡量。

二、人才开发评估设计

人才开发评估要解决的问题包括在充分考虑各种可行性因素的基础上，选择合适的评估方案，这决定着对培训结果的测量。在不同的方案之间进行选择的最重要标准是有效性，即效度。

1. 评估参照对象的选择

在对开发活动的评估中，最常见的就是实验设计、准实验设计和非实验设计（见图 9—6）。是否考虑使用参照组可以区分是否是实验设计。不使用参照组的是非实验设计，它重视的是培训对象的时间变化。使用参照组的是实验设计，它既注重培训对象的纵向时间变化，又注重其横向比较，从而更好

---

① 资料来源：Desimone, R., Werner, J. and Harris, D. Human Resource Management. Harcourt Inc., 2002：231.

地将培训效果体现出来。是否采用随机选择的方法，是区分实验设计与准实验设计的标准。实验设计中参照组的选择是完全随机的，而这样的参照组又被称作控制组。控制组能保证实验组与控制组在理论上是完全相同的。准实验设计中的参照组不是随机产生的，这样的参照组被称为对照组，这时就要力求使得对照组与实验组在各个方面有较高的相似度。较为行之有效的方法是将人才开发培训项目都与绩效进行对比，比如可以将培训对象的业绩与下列对象进行对比：

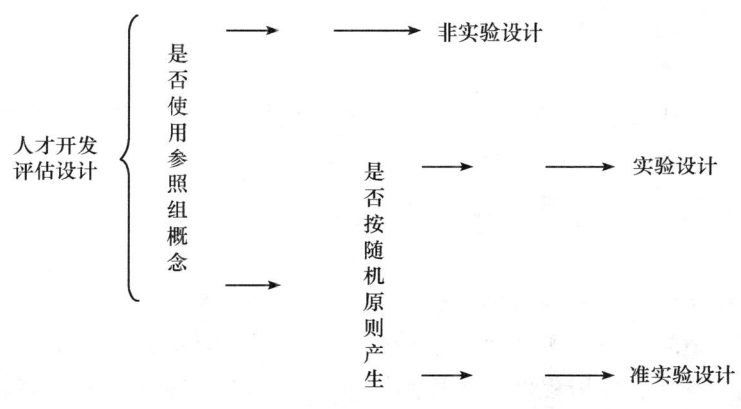

图9—6　人才开发评估设计①

- 与参加培训项目的个人及组织绩效进行对比
- 与另一个没有接受相同培训的小组进行对比
- 与剩余的、潜在的被培训对象进行对比
- 与管理层或顾客的期望进行对比
- 与同行业或基准数据进行对比

2. 评估时间的选择

在对人才开发效果的评估中，评估手段的时间选择是个非常重要的问题。评估手段是指数据收集工具的应用，如问卷、调查、测试或面谈。这种测试的衡量手段，可以在培训项目之前、之中和之后的某段时间应用。设计中的事后测试较为重要，因为它是直接测量项目结果的最为有效的方法。

（1）培训前测试

---

① 资料来源：谢晋宇. 人力资源开发概论. 北京：清华大学出版社，2005：229.

事前测试有四条指导原则分别为：①若事前测试影响培训对象的表现时，就应该避免进行测试。测试本身不应该影响业绩表现，但是如果有迹象表明事前测试将对业绩产生影响时，在项目开始之前应尽量减少这种影响，或者放弃这种测试。②若事前测试的意义不大时，要避免使用。比如，当培训是传授给被培训对象新的内容时，就没有必要进行事前测试。③事前测试和事后测试的内容一致或大体相同时，所设定的分数要有一定的共同规则，以便进行前后对比。④事前与事后测试要在大体相同的环境下进行，以确保前后结果能够有一定的对比性。

（2）培训实施过程中测试

培训过程中实施的测试可以衡量出被培训对象对有关知识、技能的掌握情况和态度变化，从而使有关部门得到反馈信息，并在培训实施的过程中进行相应的调整，以使培训更加高效地完成。

（3）多重测评

若能切实得到有效的数据，就应当采取多重测评的方式，其中事前测评可以了解衡量培训项目实施前的某种趋势，事后测评是为了衡量被培训对象对新技能的掌握和应用程度。多种测评方法有助于了解培训项目前后某些趋势的变化情况，这对作出预测或比较是非常重要的。

（4）开发培训活动后的跟踪测试

培训项目结束后的某个预定时间内实施评估很有意义。在跟踪阶段，可以收集三种数据：第一，确定被培训对象对培训项目所传授的知识或技能的掌握情况的有关数据；第二，对于新的技术、技能应用的数据，这个数据需要在培训结束之后的几周内进行；第三，被培训对象所学技能、知识的应用结果，反映出企业绩效的变化等。由于从新技能的使用到绩效结果产生变化的时间较长，因而需要大约3至6个月的时间来跟踪这种变化。

表9—4展示了众多评估所发生的时间的选择情况。在设计中，既考虑时间因素，又考虑参照组以及参照组是否按随机原则产生，就基本上完成了对评估的设计。

表 9—4　　　　　　　　评估的时间选择①

种类	选择时间	评估的侧重点
培训前测试	培训前实施	培训前的业绩水平
培训后测试	培训后实施	培训刚结束后的业绩水平
培训前的多重测评	在培训前预先确定的时间内实施	培训前在岗业绩的变化或趋势和对企业业绩变化的评估
培训后的多重测评	在培训后预先确定的时间内实施	培训后在岗业绩的变化或趋势和对企业业绩变化的评估
培训中的评估	在培训过程中预先确定的时间内实施，有时每日进行	对培训的反馈意见以及对技能和知识的掌握情况
培训后的跟踪评估	在培训后预先确定的时间内实施，每种数据时间间隔不同	培训后的知识保持、工作业绩表现以及业绩效果

本章复习思考题

1. 以你选择的虚拟企业为例，分析如何通过人才开发来实现企业的战略目标。

2. 请以自己选择的工作目标为例，说明哪些绩效差距或者问题是可以通过培训与开发解决的，哪些问题是无法通过培训与开发解决的。

3. 请谈谈你认为对人才开发培训进行评估的意义。

---

① 资料来源：杰克·菲利普斯. 培训评估与衡量方法手册（第三版）. 天津：南开大学出版社，2001：131.

第十章　人才开发责任与伦理

本章教学目标与方法建议

本章主要了解人才开发的具体责任，人才开发伦理的概念，我国历史上人才开发伦理的主要思想流派。掌握如何将人才开发的责任落到实处。

在本章学习中，主要通过人才开发责任、企业社会责任，人才开发伦理、行政伦理等前沿话题的比较学习，树立正确的人才开发观和伦理观。

【导入案例】

教师职业道德案例[①]

一次公开观摩课上，一位具有20多年教龄的女教师，在课堂上并没有频频去叫那些反应机灵、学懂会用的好学生，而是善于捕捉那些不敢大胆发言、没有勇气回答问题的差生的一闪之念。一位女孩刚把有信心的眼睛抬起的时候就被老师叫起来回答，结果由于心理过于紧张，老师启而不发，满头大汗，不知所措。这时，老师让她坐下来，平静一下语气，温和地说了句："没关系，老师知道你会了，只是过于紧张而暂时想不起，以后经常锻炼就好了。"这堂课使人感到，女教师用自己的爱点燃了胆怯者的智慧之火，让学生感受到"我有被爱的权利"。

（1）为什么说这位教师的爱是公正的、无私的？

（2）从这个案例中推理，教师的职业道德还应包括哪些方面？

[①] 教师职业道德案例（精华）.摘自网络百度文库，略有改动. http://wenku.baidu.com/view/430b60325a8102d276a22f6b.html.

参考答案

（1）这位教师公平地对待所有学生，把每一个学生都视为自己的弟子，对所有的学生一视同仁，不厚此薄彼，不凭个人好恶，偏袒某些学生或冷落歧视某些学生。她既看到了那些反应机灵、学懂会用的学生，更善于捕捉那些不敢大胆发言、没有勇气回答问题的学生。所以说，她的爱是公正的、无私的。因此，在对教育人才的开发与培养的过程中，要注重职业道德的开发，应以这位教师为范本，让人民教师在传授知识的基础上，还要做到从更深层次的角度关心关爱学生的成长。

（2）从这个案例中推理，教师职业道德的开发与培养还需涵盖以下几个方面：①对在道德、智力、体能、运动、交往和情绪，特别是家庭背景上各有差异的学生表示普遍的关切；②对学生的看法公平公正，没有偏见，避免个人感情色彩的影响；③批改作业尺度一致；④给每个学生提供均等的发展条件，能较好地控制课堂上不同学生的发言机会；⑤与不同学习水平的学生谈话时，语气一样；⑥不夸大学习成绩差的学生的错误，不掩饰学习成绩好的学生的错误；⑦不根据学习成绩的差异去处理学生做错的事；⑧学生之间发生矛盾时，先调查清楚，不急于下结论，不偏袒一方；⑨要尊重学生的个别差异，在教育教学中尽量缩小由社会不公正给学生带来的差异；⑩辩证地看待学生的优缺点，不绝对化，不同的学生犯了相同的错误，要考虑不同的动机与原因进行处理。

第一节 人才开发责任

一、人才开发责任的基本概念[①]

人才开发责任源于行政责任的基本概念，行政责任是人类社会政治法律思想和制度发展史上间接民主阶段的历史产物，是"主权在民"及"权力分立"原则的必然要求。行政责任又是近代国家责任政治的产物，是国家行政管理制度的重要组成部分。在现代国家中，行政责任直接发端和表现为两个层次的问题：一个层次是国家权力的来源、国家权力的分配形式、不同国家

---

① 参考张国庆. 行政管理学概论. 北京：北京大学出版社，2008.

权力主体的法权地位及其相互间的制约关系；另一个层次是与上述宏观的国家体制问题相联系，产生出国家行政组织行为的依据、后果和政治责任问题，进而产生出国家行政组织的机构、职责和行政公务人员的权利、义务、考核及惩戒等问题，即工作责任问题。

行政责任是政府及其行政官员（公务员）因其公权地位和公职身份而对授权者和法律以及行政法规所承担的责任。行政责任的属性可做如下理解：

- 应为行政责任与不应为行政责任。应为行政责任即行政活动应承担的责任，有做一定事情的义务；不应为责任即不应超越职权，有不做一定事情的责任。
- 广义行政责任与狭义行政责任。广义行政责任是指政府作为国家行政主体行使行政权力，通过实施国家行政管理对国家权力主体负责；狭义行政责任即政府公务人员作为政府的构成主体，在代表国家实施行政行为的过程中，必须承担责任，即狭义行政责任。
- 政治责任与行政责任。政治责任是指政府及其官员因享有和行使国家行政权而承担的维护社会制度，维护宪法精神和原则，维护国家法律和制度，维护国家安全，维护公民生命和财产不受侵犯，维护社会稳定、秩序和发展等方面的责任；行政责任主要指政府及其官员对既定法律和行政法规所承担的责任，特别是经由考选而就任的政府常务官员的责任。
- 国家责任与个人责任。行政责任包含两种责任主体：政府从自身法权地位出发构成行政责任的承载主体，其所承担的行政责任表现为国家责任；政府官员从自身的公务身份出发构成行政责任的承担主体，其在执行公务的过程中所产生的责任，通常由国家承担，但在特殊条件下，则要由导致责任追究的行政官员个人承担。
- 国家责任与行政责任。一般来说，国家责任包括一切国家机关对国家权力主体即国民负责，一切国家活动所产生的责任问题都属于国家责任；行政责任则专指政府及其公务人员对国家权力主体负责，承担由于国家行政行为所产生的责任。

具体到人才开发角度而言，人才开发责任追究体现了权力与责任一致的原则，使各级领导者的职位、职权和职责达到真正统一。人才开发责任不仅要责任到人，而且对未履行职责的应当追究其责任。建立健全人才开发责任铸就机制，有利于从制度上防止和纠正人才开发中的重大失误，真正克服人才开发中有权无责的现象。我国在人才开发责任追究方面制定了一系列政策与措施，但是由于人才开发的责任主体不明确、责任追求保障不得力、责任追究方法不科学等原因，导致人才开发责任追究流于形式。这是影响和制约人才开发的一个深层次问题。为解决该问题，应着手建立一套系统、规范、完备的人才开发责任追究机制。

二、人才开发责任的具体内容

（一）行政责任的概念

明确人才开发过程中各个环节的责任主体及其应承担的责任，是实施责任追究的基本前提。人才开发具有对象多元性、内容系统性、途径多样性等特点。这些特点决定了人才开发活动是一项多主体的社会实践活动，是需要不同层级、不同类别主体共同作为的系统工程。如果人才开发的主体不清晰，就容易导致各个管理者都在宣传人才开发重要，但是到了关键时刻，遇到具体事情，却无人抓无人管，从而降低了人才开发活动的成效。因此，通过科学地论证和设计人才开发主体的权利和义务，明确其职责以及未履行职责应承担的后果，是保障人才开发活动有效实施的基础和前提。

（二）行政责任的确定

行政责任的确定主要指两种情况：一是指国家行政组织根据一定的管理原则，与行政权力的再分配相一致，对行政责任进行再分解，使之具体化、规范化，归属于不同的行为主体，并以此作为追究行政责任的依据。二是指在国家法律生活中，根据一定的法律原则，通过一定的法定形式，经由一定的法定程序，来判定在具体的事件中行政责任是否存在，是否成立及责任主体和赔偿责任。

1. 行政责任的主体（承担者）

政府官员执行公务的行为发生损害时才产生行政责任，因此，行政责任的主体即国家。但是，行政官员在执行职务中由于个人严重过错所造成的不应有的损害，最终却要由官员个人负责。这就产生了行政责任的双重属性及其区分问题。

（1）政府官员行政责任的确定。一般来说，官员在执行职务过程中所犯的轻微或一般性过失，官员本人不负责任，而由国家承担责任；官员故意或犯有重大过失，则必须承担责任。这种责任的构成要件，主要表现为官员损害性行政行为的有意和非规定性质。完全按照规定执行职务或在不知情的条件下执行行政指令、行使自由裁量权而产生的行政过失，官员个人一般不承担责任。

（2）政府机关行政责任的确定。由于行政机关具有在本部门管辖范围内单独发布行政法规、命令、指示等权限，因而具有独立的行政行为主体及相应的行政责任主体地位。这就产生了确定政府机关行政责任的问题。确定机关行政责任是为了分清和落实机关责任；确定行政责任是为了在发生行政行为过失的情况下，明确行政诉讼对象或行政惩处对象；机关行政责任与官员行政责任互为条件，机关行政责任的产生与追究一般以该机关行政首长或其他官员的个人行政责任的产生与追究为转移；获得合法委托的从事国家行政管理活动的非行政机关和非行政官员，其行政责任由委托机关承担。

2. 确定行政责任的依据

①宪法。②国家责任统一法典，即单行法规，用以全面、详细规定国家（行政）责任问题，既规定性质、种类、适用等实体问题，又规定程序问题。英、美、法、日、瑞士、奥地利等国都有这样的法典。统一法典的好处在于有利于集中、准确地阐述和规范行政责任并开展行政诉讼，进而使行政责任成为规范国家行政行为和公民维护自身合法权益的有效制度。这一点，也正是我国行政责任制度所面临的紧迫问题。③民法和民诉法。④判例法。英美法系国家和法国实行判例法。⑤议会专门法律、法规。⑥地方法规。⑦行政法典。

3. 行政责任的追究

行政责任追究制度是在行政责任确定的条件下（包括责任主体、责任事实、责任依据等），依据一定的法律原则和规定，对损害性行政行为的责任主体予以一定的行政或法律惩处，并根据情况使之承担赔偿的制度。这项制度是整个行政责任制度的基本的和重要的环节之一，是行政责任制度的归宿。行政责任追究的基本问题是：

（1）追究责任的主体和程序性问题。追究行政责任的主体与宪法、法律、法规规定的权限相一致，在西方国家顺序为议会、法院（普通法院或行政法院)、国家检察机关、政府自身和公民。追究程序一般为调查、受理、起诉以及相应的议案、判决和决定。这里重点探讨公民依法对行政责任的追究和法院依法对行政责任的追究。

(2) 实体性问题。追究行政责任的实体性问题,主要表现为:①行政裁决。行政裁决是司法行政之一种,亦称行政仲裁,是国家行政机关受理个别具体案件的行为,一般表现为当事人一方或双方向法定仲裁机构提出仲裁申请,由仲裁机构了解情况后根据有关规定作出裁决。裁决后如当事人不服,还可以在规定期间内向上级仲裁机构申诉或向法院上诉。行政裁决的行为对象主要是行政纠纷。行政纠纷是行政机关之间、行政机关与其他组织及公民之间因行政管理而引起的争议纠纷。②行政诉讼。行政诉讼是指因违反行政法规而引起的诉讼,主要包括行政机关及其官员因行政行为违法或者侵权、失职,以及公民因违反行政法规而引起的诉讼。③行政惩处。国家行政公务人员在被确定违反某种义务或责任而尚未触犯法律的条件下,将受到相应的行政处分;在触犯法律的情况下,将受到法律制裁。在这方面,我国尚无统一法典,至今仍沿用国务院特别法规的规定。④行政赔偿。在发生损害性行政行为后果的情况下,除法律明文规定豁免或审判豁免外,国家一般要承担赔偿责任。在西方国家,金钱是国家赔偿的唯一形式。

(三) 人才开发责任的确定[①]

当前,我国人才开发责任主体不够明确,职责区分不够具体,对于哪些管理者属于人才开发失误的范畴,失误的直接责任和间接责任如何划分,由谁来追究责任,怎样确认责任的大小,以及应该采取怎样的处罚措施等都没有明确的规定。这一系列责任追究的模糊性导致了追究责任的主体缺位,以至于一旦出现了人才开发失误,很难追究具体人的责任。要改变当前状况,需要根据人才开发规则和组织实际情况,按照责、权、利统一的原则,科学界定各个环节、各个层次的责任主体及责任的具体内容,这样才能避免出现"借口集体领导而无人负责"和履行职能上的"越位""缺位""错位"现象。

明确人才开发决策责任主体。各级党委、党委书记和党委成员等都是人才开发的责任主体。人才开发是否科学、正确,与决策主体的能力强弱、素

---

① 节选自:程达刚. 加强人才开发责任追究. 理论研究, 2007 (12).

质高低、履行决策职能的状况直接相关。因此，在提高决策主体决策能力素质的基础上，必须首先明确人才开发主体的职责，确定其责任追究的具体内容。例如，对于党委而言，其责任追究的具体内容就应包括在人才开发决策过程中，未经充分讨论而匆忙作出决定，意见分歧较大强行作出决定，不能严格贯彻执行上级关于人才开发的决议指示等。具体到党委书记，其责任追究内容包括违背民主集中制原则进行人才开发决策，个人进行人才开发决策和擅自改变党委关于人才开发的集体决策等。对于党委成员而言，其人才开发责任追究的内容包括迎合主要负责人或其他领导的错误导向和意见，对有关人才开发情况尚未全盘了解清楚就盲目表决而导致人才工作失误等。

人才开发执行责任主体。人才开发政策能否落到实处，能否取得预期效果，关键在于执行。如果人才开发执行主体的责任不清，人才开发就会半途搁浅，难见成效。从我国的具体情况来看，各级组织人事部门及单位领导都是人才开发执行环节的责任主体，对人才开发既有执行的权力，又具有相应的责任。一般而言，在明确各级总的责任的基础上，应按照权责对等的原则，科学区分各级的具体职责和权限，切实增强可操作性。例如，可以通过建立健全各级人才开发目标责任制，充分发挥各级的职能作用，从而形成人才开发层层有责任，分层逐级落实的良好组织氛围。

人才开发监督责任的主体。监督作为现代社会生活中普遍存在的一种社会现象，不同的组织单位和个人都在自觉不自觉地扮演监督者和被监督者的角色，从事着各种监督活动。人才开发活动同样需要监督和被监督，如果仅依靠决策主体和执行主体的能力素质、思想觉悟，显然是会存在一定问题的，因此需要有效的监督主体进行有效监督。在我国，各级党委、纪检监察机关和组织人事部门应是监督环节的责任主体，应当明确其人才开发的监督职责。一般而言，各级党委对本单位和下级单位人才开发的监督工作负总责，各级纪检监察机关和组织人事部门具体组织实施对人才开发情况的跟踪检查监督。

三、健全人才开发责任追究保障机制

人才开发责任追究效果不显著的原因有很多方面，其中最主要的是思想引导不够、监督渠道不畅、考核评价不准、奖励惩罚不力等。在这些原因中，奖惩不力是最重要的原因。因此，落实人才开发责任追究，需要从这些方面健全配套的保障机制。

(1) 加强人才开发责任追究思想引导。思想是行为的先导,只有人才开发主体客观上高度重视,认识上高度一致,才能自觉而正确地履行人才开发的职责,对于人才开发失职、渎职的人和事才能进行有效追究。我国目前亟须通过加强人才开发责任追究方面的宣传教育,定期通报人才开发责任追究方面的反面典型,从而起到警诫作用,促进各级领导干部狠抓人才开发工作,推动人才开发责任意识的提高,使各级领导在思想上牢固树立起不抓人才开发就是失职,抓这项工作抓得不紧就是渎职,失职、渎职都应当受到追究的意识,为扎实落实人才开发责任追究提供思想保障和精神支撑。

(2) 进一步拓展人才开发责任追究监督渠道。人才开发监督渠道不通畅,使人才开发责任追究失去强有力的监督,是影响人才开发责任追究的重要制约因素。因此,公开人才开发的有关信息,拓展人才开发监督渠道,是落实人才开发责任追究的重要保证。在发挥各级组织监督作用的同时,应充分发挥群众监督和舆论监督的作用,拓宽责任追究问题的来源渠道。比如,建立并完善人才开发工作的信访、举报制度,设立专门的举报电话;加强政策宣传教育,让广大人民群众深入了解有关政策制度规定等;对群众来信来访揭发检举的人才开发方面的问题,及时调查核实,严肃处理。

(3) 完善人才开发责任追究考评机制。根据人才开发考评体系,科学量化考核内容,把各级领导班子和领导干部履行人才开发责任情况以及实施人才开发责任追究情况进行综合量化。制定人才开发责任追究处罚细则,从而形成完善的考评体系。通过科学考核办法的设置,力求使考核结果真实反映人才开发责任追究工作的具体情况。结合每年的年终考核和干部选拔、干部梯队建设等,坚持每年对各个单位人才开发情况作深入具体的考核检查。被考核单位将人才开发有关情况特别是年度责任制落实等相关情况向党委和各级人事部门作详尽汇报,以便上级全面掌握人才开发的具体情况。考核结束后,将考核结果和责任追究结果做好备案,作为日后考核干部及聘任的依据。

(4) 加大人才开发责任追究奖惩力度。奖惩分明是保障人才开发责任追究的一个重要因素。如果对人才开发责任追究落实好、工作成绩好的不进行表彰和鼓励,对在人才开发中失职、渎职的不进行处罚,那么责任追究就很难落到实处。因此,要高度重视并充分使用人才开发考核结果,把人才开发的考核结果和责任追究结果作为干部奖惩的重要依据,与各级领导干部的绩效考核、职称评定等直接挂钩,切实做到奖惩分明,将人才开发责任追究落到实处。

第二节 人才开发伦理

一、行政伦理的基本概念①

(一)行政伦理与行政道德

伦理与道德两个词常常相提并论,意思颇为接近。人们判断一个行政官员的行为总离不开"道德的"或"不道德的"的概念,判断一项政府政策总离不开"合乎伦理的"或"不合乎伦理的"概念。尽管伦理道德对于行政管理的意义及其在行政学中的地位已经广为人知,但是,对于行政管理中的伦理道德问题,人们在认识和理解上多少有些分歧。一方面,二者含义不尽相同。行政道德的概念主要涉及行政主体个人实践活动的正确规范及其所反映的价值观,这主要是作为行政主体的公务人员在行政管理的职业实践中所形成和表现出来的,它包括公务人员的道德传统、道德意识和道德品质,以及由此形成的道德规范和道德风尚等。比较而言,行政伦理主要是人们关于行政活动对错的判断过程以及判断理由,这主要涉及行政主体行动的正当性和合理性,亦即领导、决策和执行等行政管理活动的合法性问题。也就是说,行政伦理的外延要大于行政道德的外延,伦理是一种包含着道德,同时又高于道德的社会现象。另一方面,由于行政伦理和行政道德都与人们的意识和价值相关,加之伦理和道德两个概念往往取袂使用,行政伦理和行政道德二者又是紧密相连的。

(二)行政伦理的含义

(1)行政伦理是一种关于公私利益关系的观念体系。国家机关及其官员在公共利益和特殊利益面前会发生冲突,伦理道德的选择就成为行政主体难以回避的问题。所以,如何处理公私关系成为判断行政主体道德与否的伦理标准,从公共利益出发公正行事就成为行政伦理的根本之所在。

---

① 张国庆. 行政管理学概论. 北京:北京大学出版社,2008.

(2) 行政伦理是一种关于权利与义务关系的规范体系。伦理道德和法律制度一样，都包含着特定的权利义务关系。但是伦理道德意义上的权利义务关系不像法律制度上的权利义务关系那样相互对应，而是相对分离的。从动机上看，道德义务具有无偿性和非权利动机性，道德主体履行道德义务时不应以获取某种权利为前提条件。由于公共利益至上的本质规定，在各种道德义务发生冲突的情况下，公职人员往往需要牺牲其他道德义务而保全行政道德义务。因此，行政主体必须以义务为本履行公共职责，这是由公民的权利本位所反向决定了的。至于权利，行政主体是要做出一定的牺牲的，不过有时也会得到某些特别权利，如行政特权。

(3) 行政伦理是一种关于政府管理的价值体系。行政伦理从主体上看自然应该是行政主体的伦理规定。如果从完整意义上理解行政主体，至少包括两个层次：公务人员的个体伦理和行政组织的群体伦理。从更加完整的意义上讲，行政伦理应该是关于整个政府管理的价值观念体系，它包括如下若干层次：公务人员的个人道德、行政管理的职业道德、行政机构的组织伦理及行政过程中的政策伦理等方面。

(4) 行政伦理是行政权力的一种内在约束机制。权力是最容易被人们用来谋私利的东西，必须有一套行之有效的行政权力约束机制。一般而言，行政权力的约束机制包括自律和他律。显然，行政伦理属于一种行政权力的自律机制，是行政权力的内在约束机制。这种机制体现了行政理论的主要的和基本的功能。行政伦理作为一种约束机制，可以加强对行政权力的制约，而更重要的在于，作为一种观念力量，它可以提高行政权力的合法性。行政伦理对于行政管理的公正、廉洁与高效起着至关重要的作用。

(5) 行政伦理是关于行政管理职业规范的范畴体系。任何伦理都包含着一定的规范体系，行政伦理是包括行政理想、行政态度、行政责任、行政纪律、行政良心、行政荣誉、行政作风七个主要范畴的行政道德范畴体系。

(6) 行政伦理是一种特定的行政文化。行政主体的道德积淀可以形成一种伦理风尚，也可以造就一种行政文化。行政文化包括人们对于行政体系特定的态度、情感、信仰和价值观念，亦即人们所遵循的行政习惯、传统和规范等。行政伦理正是行政文化的重要内容。它作为一种特定的文化现象，是在行政环境、行政体制及其运作背景下，通过特定的心理定式、文化积淀和潜移默化所形成的道德意识、道德习惯和伦理传统。

(三) 行政伦理关系

伦理关系是由人类社会中的经济关系决定，并且按照一定的伦理观念、道德原则和规范所形成的一种特殊的社会关系。行政伦理关系是一种比较特殊的伦理关系，它与行政管理活动密切相关，既包括行政管理中的道德关系，又包括决定行政管理这种特殊职业道德的理由的各种关系，受到行政伦理观念、行政道德原则和规范的规定。简单来说，行政伦理关系应该表现在以行政主体为核心所形成的各种主体内部关系和主客体关系之中。具体包括：①行政主体中个人之间的伦理关系；②行政组织与个人之间的伦理关系；③行政组织相互之间的伦理关系；④行政主体与政治主体之间的伦理关系；⑤行政人员与社会公众之间的伦理关系；⑥政府与社会之间的伦理关系。

二、人才伦理的基本概念

人才伦理是现代人才开发理论的重要内容，由伦理学的学科性质所决定，覆盖了社会公共管理和私人生活的方方面面；反过来说，社会公共生活和私人生活的每一个领域都是应用伦理学的研究对象。人才作为当代社会个体成长与发展中的一种重要现象，势必蕴涵着丰富的道德内涵，这种道德因素正是人才伦理学的核心。简言之，人才伦理就是使人才之所以成为人才的各种伦理因素或道德要素的总和。

人才作为一个复杂的研究对象，是由人才的各种要素所构成的有机整体。不同学科从不同的角度，分别对人才的不同要素进行研究。人才学作为一门新兴的专门研究人才问题的学问，是对人才的总体性研究，而人才社会学、人才心理学以及人才伦理学等则是对人才的某一方面要素的研究。比如，人才社会学是对人才产生和成长的社会环境及其运行机制的研究；人才心理学是对人才的性格特点、思维特征、个人品质、行为方式等心理要素的研究；人才伦理学主要是对人才的道德要素的研究。人才的道德要素及与人才相关的各种道德问题是人才伦理学的基本研究对象。

具体而言，构成人才伦理的基本道德要素主要包括以下五个方面：

第一，人才的道德内涵。人才的道德内涵是人才伦理最根本的原则。如果人才不内在地具有道德内涵，那么，人才伦理就是一个伪概念。因此，必须证明人才的道德要素是人才不可或缺的最根本的内涵规定。人才应具有的道德内涵奠定了人才伦理的理论和实践根基。

第二，人才的道德素质。既然人才具有道德内涵，那么，如何扩充人才的道德内涵，即如何提高人才的道德素质，就是人才伦理的应有内容。人才的道德素质，一方面构成了人才的道德规定性，另一方面又是人才伦理所追求的根本目标。人才伦理研究的意义，归根结底就在于提高人才的道德素质。

第三，人才的道德标准。衡量人才的标准是多维度和多角度的，既有知识标准、能力标准、文化标准、思想政治标准，也有道德标准。要全面科学地衡量人才，就必须综合运用各种标准。就人才伦理视野中的人才道德标准而言，至少应解决以下两个方面的问题：①什么样的道德标准能够成为人才的道德标准？②在道德标准上如何去衡量人才？

第四，人才的道德环境。人才的产生和成长是需要适宜的道德环境的。在一定意义上可以说，有什么样的道德环境，就会造就什么样的人才；同样，有什么样的道德标准，也将产生和成长什么样的人才。前者是就人才产生和成长的客观环境而言的，后者是就人才产生和成长的主观环境而言的。由此可以得出两点结论：一是在不同时代，由于环境和标准不同，对人才的道德期望和道德要求也就不同，自然就会培养出具有相应道德素质的人才。二是要营造有利于人才产生和成长的道德环境，制定科学合理的衡量人才的道德标准。这些都是人才伦理研究的重要内容。

第五，人才的道德作用。人才作为社会的精英，对社会道德发挥着重要的作用。因此，对于整个社会而言，人才本身就是一种重要的道德资源。首先，人才本身通过所具有的影响力，对社会道德建设具有引领作用。其次，一般而言，人才是事业的成功者。因此，人才对个体道德具有示范和教育作用。从这个意义上来说，与人才产生和成长需要适宜的道德环境相对应，人才又是可以改变道德环境的。人才伦理研究的目的之一，就是要最大限度地开发和利用人才的道德资源，以对社会道德建设发挥应有的作用。

三、我国传统人才开发伦理思想流派

(一) 先秦儒家人才开发伦理[①]

先秦儒家人才标准构成了其思想的理论基础,作为一个完整的思想体系,必然要延伸出可操作的实践层面。关于人才开发的思想也就构成了其思想的重要组成部分,为其人才标准的贯彻与推行作了具有现实意义的具体规定。

1. 人才培养

不同路线的人性论。孔子首倡儒家关于人性的讨论,以为"性相近,习相远",既强调"性相近",又注重后天学习对人的作用。孟子、荀子则继续了对这个命题的探讨,并沿着不同的路线,提出了看似完全对立的人性论。

孟子发挥了孔子的内向路线,以为人之区别于动物在于"有心",而"心之官则思,思则得之,不思则不得也。此天之所与我者"。(《孟子·告子上》)并进而认为在心的基础上,"人之所不学而能者,其良能也;所不虑而知者,其良知也。"(《孟子·尽心上》)这些良知、良能,也就是人天生的"善端"。于是他进一步揭示了心的内涵,"恻隐之心,仁之端也;羞恶之心,义之端也;辞让之心,礼之端也;是非之心,智之端也。"(《孟子·公孙丑上》)这些善端是"非由外铄我也,我固有之也"。(《孟子·告子上》)孟子对人性的认识,依据"心之官则思",认识到人能思维,从心理认知的角度,建立起了自己的性善论,发展了儒家对人的思维特性的深刻认识。

荀子则发挥了孔子的外向路线,认为人性有"性"、"伪"之分,"性"是人的自然属性,先天而生,所以人性本恶;"伪"是人为,是人们通过后天努力可达到的,是善的后天学习,所以他认为"人之性恶,其善者伪也"(《荀子·性恶》)。荀子认为"伪"起于礼义,而礼义是人之为人的本质。"夫禽兽有父子而无父子之亲,有牝牡而无男女之别。故人道莫不有辨,辨莫大于分,分莫大于礼。"(《荀子·非相》)人能辨、能分、能群、能组成社会,是由"礼义"而起,所以,荀子言性恶,实质上在于从社会性上分析人的本质,最后的落脚点还是强调"伪",强调通过礼义,使人的自然之恶性得到善化。"故必将有师法之化,礼义之道,然后出于辞让,合于文理而归于治。"(《荀

[①] 唐超. 先秦儒家人才思想研究. 河南大学硕士论文库, 2002.

子·性恶》）荀子以人的社会性为依据，按着外向的路线，构建起了自己的性恶论。

注重后天教育。孔子的人性论，实际上是强调人的后天教育。他曾认为"人生而知之"，但是他却认识到这只是一种可能，因此，又断然否认自己是这样的人："我非生而知之者，好古敏以求之者也。"（《论语·述而》）所以，最后强调的还是"敏以求之"，人还是要靠后天的努力，还是要重视"习相远"的决定意义。孟子虽然提出了良知、良能之说，但他也并不是先天决定论者，他认为良知、良能只是一种潜质，是一种尚未发挥作用的善端，"大人者不失其赤子之心者也"（《孟子·离娄下》），人之为人，关键在于后天对善端的保持、扩充和发扬，"凡有四端于我者，知皆扩而充之矣，若火之始然，泉之始达。苟能充之，足以保四海；苟不充之，不足以事父母"（《孟子·公孙丑上》）。孟子最终强调的是后天能否"充之"，强调的是后天的努力与学习，最后还是归结为"习相远"的目的上。

荀子的观点更为明确，直接提出"化性起伪"："性也者，吾所不能为也，然而可化也；情也者，非吾所有也，然而可为也。注错习俗，所以化性也。"（《荀子·儒效》）荀子认为人才培养，靠的是后天习俗所化，与孔子的"习相远"不谋而合，他认为"积善成德，而神明自得，圣心备焉"（《荀子·劝学》）。所以，后天的培养、学习的积累，使人得以成为君子。"故人知谨注错，慎习俗，大积靡，则为君子矣。"（《荀子·儒效》）先秦儒家强调人的后天培养，不同的人性论实际上是从不同的角度对学习对象的认识，孟、荀的人性论殊途同归，最后都归结于人才的后天开发上。

"人人皆可以为尧舜"的教育平等原则。孔子提出"有教无类"的观点，曾有许多人根据"类"、"教"的考证与训诂，认为类是有分别的，有阶级性的，争论纷多，各持异论。从先秦儒家的整体来看，"有教无类"实际上是指教育的对象应该是每个人，社会上每个人都有受教育的权利。孟子的存心养性之道，认为人人都有善端，都可以成为尧舜，方法非常简单，"尧舜之道，孝悌而已矣。子服尧之服，诵尧之言，行尧之行，是尧而已矣。"（《孟子·告子下》）言外之意，人人都可以成为人才，都应该是教育的对象。荀子则从材性知能的角度，进一步说明了这个观点。"材性知能，君子小人一也。"（《荀子·荣辱》）"尧舜之与桀跖，其性一也"（《荀子·性恶》），但是只要能化性起伪，积礼义，则"涂之人可以为禹"（《荀子·性恶》）。孟、荀对人性论的完善论证，使孔子有教无类的思想具备了理论依据，使先秦儒家把教育由官学放大至整个社会，每个人都可以成为教育的对象。

而在实践中，儒家依然坚持教育平等的思想，不再把血缘出身作为入学的原则，彻底打破官学的垄断局面。孔子曾说："自行束修以上，吾未尝无诲焉。"（《论语·述而》）完全不依血统来确定教育对象。孔门弟子，有贵族出身的孟懿子、南公敬叔；贫贱家庭出身的原宪、颜路、颜渊等；商人身份的子贡；还有梁父"大盗"出身的颜涿聚等，并且学生除来自鲁国外，还来自其他各国。实际上贯彻的是不分类别、不分贵贱、不分贫富、不分民族和国别的平民教育原则。先秦儒家从人性角度来认识教育对象，突出了后天教育的作用，确立了平民教育原则，确立了其人才培养的理论前提。

2. 对人才学习目的的认识

我们今天认为儒家的教育目的只是培养政治人才，与儒家最初对于学习目的的认识是不符的。儒家认为，学习首先是增进个人的道德修行，提高自身的素质修养。孔子曾说："古之学者为己，今之学者为人。"（《论语·宪问》）荀子解释为："君子之学以美其身，小人之学以为禽犊。"（《荀子·劝学》）孔、荀均认为学习的根本目的是修身，是为了增进个人的德行修为，"以美其身"，提高个人的素质修养。"君子知夫不全不粹之不足以为美也。故诵数以贯之，思索以通之，为其人以处之，除其害者以持养之。"（《荀子·劝学》）学习是为了"全"、"美"，是为了"处之"、"持养之"。其次，儒家认为学习是人才立身处世的前提条件。通过学习，具备了道德操行，才能够处世应变。"生乎由是，死乎由是，夫是之谓德操，德操然后能定，能定然后能应。"（《荀子·劝学》）要想干好事情必须先具备一定的素质。"工欲善其事，必先利其器。"（《论语·卫灵公》）即使要参与政治，也必须先学习。"仕者必如学。"（《荀子·大略》）通过学习，可以使人才的素质提高，能够更好地治理国家。"政者，正也，子帅以正，孰敢不正。"（《论语·颜渊》）最终，儒家认为学习的最高目的，是实现仁义之道。"君子学以致其道。"（《论语·子张》）学习本身就是对仁道的体验。"君子谋道不谋食。"（《论语·卫灵公》）人才的最高追求是维护和实现人类社会的仁义正道。所以儒家主张"从道不从君"。

基于对学习的以上认识，儒家认为仕并不是学的最终目的。"学者非必为仕，而仕者必如学。"（《荀子·大略》）人才具有才能，并不只为了现于世，"君子病无能焉，不病人之不己知也。"（《论语·卫灵公》）具备了一定的道德、才能，是成为人才的根本前提。"故君子耻不修，不耻见污；耻不信，不耻不见信；耻不能，不耻不见用。"（《荀子·非十二子》）人才是依道而行。"有道则见，无道则隐"（《论语·泰伯》）是儒家对人才设计的两种社会实践方式。"见"即指仕，而"隐"则是人才实践的另一种方式。所以说，"仕"只应该是在"邦有道"的条件下，人才实践的一种方式。因此，仕并不是学的唯一目的，是有条件，有一定原则的。

3. 注重培养人才伦理道德素质的教育实践

（1）培养伦理道德的文化典籍传授。先秦儒家对学生的知识传授是通过文化典籍的诵读来实现的，"其数则始乎诵《经》，终乎读《礼》"（《荀子·劝学》）。这些典籍主要是指后世称为六经的《诗》《书》《礼》《乐》《易》《春秋》。传授这些典籍，并不仅仅是要让学生知道一些知识，而是要学生领会这些典籍背后所蕴涵的深层含义。"不学《诗》，无以言"，"不学《礼》，无以立"（《论语·季氏》），就是要从《诗》、《礼》中学会立身行事的道理。《诗》还"可以兴，可以观，可以群，可以怨。迩之事父，远之事君"（《论语·阳货》），能够表情达意，维护社会伦理。荀子认为，这些典籍蕴涵了圣王之道。"百王之道一是矣，《诗》《书》《礼》《乐》之归是矣，《诗》言是其志也，《书》言是其事也，《礼》言是其行也，《乐》言是其和也，《春秋》言是其微也。"（《荀子·儒效》）并且"仁义之统"是"《诗》《书》《礼》《乐》之分"（《荀子·荣辱》），在诵读典籍中去体会圣王之道、仁义之统，这就是文典学习的目的。在学习中，特别强调伦理道德的获得。"伦类不通，仁义不一，不忍谓善学。"（《荀子·劝学》）孟子认为，学校教育的根本目的就在于"明人伦"："庠者，养也；校者，教也；序者，射也。夏曰校，殷曰序，周曰庠。学则三代共之，皆所以明人伦也。"（《孟子·滕文公上》）这更是把伦理道德教育放在根本的位置上。所以先秦儒家通过文化典籍的传授，主要是要求学生从中体会仁义之道，从而培养伦理道德，成为文质彬彬、知书达理、温文尔雅的君子。"其为人也，温柔敦厚，《诗》教也；疏通知远，《书》教也；广博易良，《乐》教也；洁静精微，《易》教也；恭俭庄敬，《礼》教也；

属辞比事，《春秋》教也。"（《礼记·经解》）

（2）以培养道德修养为主要目的的基本技能训练。先秦儒家的基本技能主要是指六艺的训练。这些基本技能在当时是每个士人应具有的最起码的素质。而儒家则不仅把这些技能作为基本素质，而且还要从这些技能训练中培养人才的道德修养。儒家认为"修身践言，谓之善言，行修言道，礼之制也"（《礼记·曲礼》）。"行修言道"，道德修养是礼的根本；"射不主皮"，"君子无所争，必也射乎，揖让而升，下而饮，其争也君子"（《论语·八佾》），射术的训练，是为了培养君子的揖让之礼和谦让的品德；音乐"然后立之学等，广其节奏，省其文采，以绳德厚"（《礼记·乐记》），也是为了体现道德。所以在儒家看来，基本技能的训练，最终结果是"德成而上，艺成而下"（《礼记·乐记》），君子"下学而上达"（《论语·宪问》）。在技能的训练中，"上达"而"德成"。而那些具有突出技能的工艺巧匠和君子是有区别的。"百工居肆以成其事，君子学以致其道。"（《论语·子张》）这些工艺巧匠在先秦儒家眼中，是"学稼""学圃"，从事小人之"鄙事"（《论语·子路》）的最低层次人才。所以在先秦儒家的人才素质规定中，基本技能只占非常次要的地位。有人称其为"重政务，轻自然，斥技艺"是有道理的。

（3）躬行亲教的教学方式。先秦儒家主张在实践中去教育启发学生，以师道自觉的精神去感化和教诲学生。孔子把"行"作为四教之一，就是注重在实际行动中去教育学生。有个叫互乡的地方，那里的人行为不良，但孔子还是接见了一个求见的人，门人不解，他就说："人洁己以进，与其洁也，不保其往也。"（《论语·述而》）实际上就是通过实践来教育他的学生，要诲人不倦，不能因为别人以前的过错而不教育他。荀子认为"学莫便乎近其人"（《荀子·劝学》），更是强调这种方式的重要性。孔、孟及其门徒常常在相互的辩难中传授知识道理。孔子多次和学生一块，让他们各言其志，通过轻松随和的聊天方式，达到启发引导的作用。颜渊对此深有感触："夫子循循然善诱人，博我以文，约我以礼，欲罢不能。"（《论语·子罕》）在日常的言谈举止中有步骤地启发引导学生，是先秦儒家教育方法的特色。

正是这种躬行亲教的教学方式，使先秦儒家获得了丰富的教学经验。在与学生的大量接触中，能够了解学生的不同性格和特点，因此总结出了因材施教的教学原则；通过与学生的交流，在相互学习中提出了教学相长的思想

(《礼记·学记》);通过教学实践活动,总结出了许多教学经验,孟子的"五教"(《孟子·尽心上》),荀子的"师术有四"(《荀子·致士》)都是很好的经验。

先秦儒家在教育上的成就是巨大的,《论语》《孟子》论教育、学习的地方很多,《荀子》特列《劝学》《修身》《致士》等篇专论学习和教育,《礼记》中更是设专篇《大学》《学记》论述教育。正如后人所论"他们承担了进行全方位教育的义务","成了有力控制文化系统的令人瞩目的社会力量"。

(二)墨子的人才开发伦理①

墨家是率先对人才问题展开全面系统论述的,墨子的列德尚贤篇成为我国历史上最早的人才方面的著作,墨子在用人中打破了儒家的等级观念。墨子认为,"不党父兄,不偏富贵,不劈颜色,贤者举而上之,富而贵之,以为官长;不肖者抑而废之,贫而贱之,以为徒役"。按今天的话说,一是不避贫贱,国家要大力举荐平民中的能人。二是不避亲疏,在中国社会里人情一直与贤能之道纠缠在一起,是识人用人中绕不过的坎。墨子的观点是坚决不能通过拉关系走后门而纳入一些"伪人才"。三是不避远人,即使是那些没有关系没有背景的人,如果有能力也应当得到国家的重用,这体现了墨子的平等与公正的思想,也正是我们党十八大以来一直要着力倡导的社会生活理念。凡是贤人便选拔上来使其处于高位,给他富贵,让他做官长;凡是不肖之人便免去职位,使之贫贱,让他做奴仆。墨子的人才思想总结起来就是德才兼备、以德为先。

坚持德才兼备一直是我们的干部路线和用人标准,德智体美全面发展是我国的教育方针,以德为本是唯才是举的基石,这一切都关系到德与才的关系问题。近年来,党中央、国务院根据国际国内形势的变化,站在推进改革开放和全面建设小康社会的角度,提出了人才强国的战略,作出了人才资源是第一资源的科学论断。大力实施人才战略,开发人才资源,就必须处理好德与才的关系。这不仅是一个重要的社会价值观问题,也是一个人在自我修养过程中要时刻思考和选择的问题。

德与才的关系既涉及对自身修养的要求,也涉及用人标准,所以自古以

---

① 郎济杰.墨子列德尚贤人才伦理思想研究.湖南工业大学硕士毕业论文文库,2011.

来就一直受到人们的关注，任人唯贤、德才兼备等人才标准贯穿整个中国历史，并始终充当着现代人才伦理思想的源泉。当代中国所处的社会转型时期与墨子所处的社会激变年代有一定的相似之处，所以研究墨子的人才伦理思想对我国的人才强国战略具有非常重要的意义和理论支撑作用。

（三）魏源人才开发伦理[①]

魏源强调，要正确地培养和使用人才，尽可能地做到"所用必所养，所养必所用"，努力避免"所用非所养，所养非所用"的现象。培养德才兼备的经世之才，是魏源在人才培养问题上的核心思想，也是其人才培养伦理思想的集中体现。第一次鸦片战争后，魏源痛切地感受到中国之所以失败，最根本的一条就是人心败散、道德沦丧。他一针见血地指出："使人不暇顾廉耻，则国必衰"、"身无道德，虽吐辞为径，不可以信世"。基于以上认识，他提出了"人心肃则国威遒"的思想，指出中国要御侮图强，赶上西方，一方面必须向西方学习，另一方面必须整肃人心，整顿道德，搞好国内政治。整肃人心是御外侮、扬国威的前提和基础。魏源所主张的道德建设，首先是指统治者必须采取切实有力的措施消除"伪"、"饰"、"畏难"、"养痈"、"营窟"等卑劣腐朽的思想及作风；其次是提倡通过人才自省来完成道德建设，在同恶念、恶行作斗争的过程中，"去禽而人，由常人而善人，而贤人，而圣人，而人道始尽"。为了实现其道德教育思想，培养经世致用人才，魏源提出了亲历诸身、逆境复性、道德自省等一系列人才培养途径。

1. 道德教化的必要性

道德教化是儒家德治思想的一项主要内容，是儒家治国安邦的主要手段之一。魏源是儒家德治思想的继承者，在人才培养方面，自然主张道德教化。魏源认为，由于人们的思想道德观念是不断变化的，所以应该通过道德教化手段对人们进行长期教育，使人们的道德品质由"常人"到"善人"，再到"贤人"，最后到"圣人"。这就是封建统治阶级主张道德教化的根本原因。

2. 道德教化的可行性

魏源认为，当时的道德教化是存在一定问题的，突出表现在教育者的道德素质还没有达到较高水平，就强行要求别人做到某种标准，这样是不会取

---

① 黎池. 论魏源人才伦理思想. 中南大学博士论文库，2007.

得好的效果的。要教化众人，首先教育者要有过硬的道德素质。如果没有过硬的道德素质，不如保持沉默；强迫众人去做，不如把自身道德素质提高以后示范给别人看。这里实际上强调的是身教重于言教。

3. 道德教化的实现条件

道德教化是一个双方面起作用的过程，教育者和被教育者要积极配合，相互促进，效果才好。但是，在实行道德教化的过程中，也会遇到一些困难，既有来自受教育者主观方面的因素，也有来自教育者客观方面的原因。这些不利因素会朝着一个共同的目标发展，那就是不断地消融道德教化的成果。正因为这些不利于道德教化的因素的存在，所以更要求道德教化持之以恒，不断创新，务求实效。

道德教化离不开一个良好的外部环境。人们平时讲约定俗成，俗成有两种情况：一种情况是大家都这么做，渐成风俗；另一种情况是上行下效，渐成风俗。风俗不但具有巨大的力量可以改变人，而且具有以自己的标准为标准，不论自己的标准是对是错的特点。因此，在人才培养方面，能否正确地运用多数人的力量或者上层人士的力量，形成风俗来影响人才，是值得重视的。

4. 亲历诸身

对人才的培养，魏源提出了一个最基本的原则：亲历诸身，即实践出人才。他认为，参加社会实践是培养人才的基本方式。魏源认为，只有深入实际，注重调查，经常"考其形势"，"察其风俗"，才能了解民情，知道怎样兴利除弊，成为对国家民族有用的人才。

5. 逆境复性

身处危世的魏源深深懂得，在这样的时代背景下，人才不能随波逐流，而应该觉醒起来，逆势而上，引领时代潮流，唤起民众参与，奋力改变现状。为什么"逆则生"、"逆则圣"呢？魏源从历史的角度加以分析后得出，这是由于事物变化客观规律所致。魏源认为正是由于治、乱之间相互变化，人才要时刻绷紧一根弦，生于忧患、死于安乐！要时刻牢记，从乱世中逆势而生。

6. 道德自省

道德是人类精神的自律。因此，道德自省是自我道德修养的一种重要方法，也是人才培养的重要伦理途径。所谓道德自省即中国传统伦理思想所提倡的"省察克治"，就是通过反省检验以发现和找出自己思想和行为中的不良倾向、坏的念头、毛病和习惯，是从"抑恶"的角度提出的道德修养方法，通过改恶从善，实现道德的自我更新。

在民族危亡之际，魏源提倡要有责任感，反对麻木不仁，提倡通过人才的道德自省来使人才自身不断得到完善，在同恶念、恶行作斗争的过程中，"始知一念之中，有屡舜而屡拓者，有俄人而俄禽者；一日之中，有人多而禽少者，有拓多而舜少者；日在歧途两界之中。去禽而人，由常人而善人，而贤人，而圣人，而人道始尽"。同时，魏源提倡的道德自省与道德建设，与当时御外侮、雪国耻的目的紧密关联，具有极为重大的现实意义。

本章复习思考题

1. 请谈谈你对人才开发责任的理解。
2. 请举例说明你所了解的人才开发中的负责任和不负责任的行为。
3. 请谈谈你对人才开发伦理的理解。
4. 我国人才开发伦理的思想分为哪几个主要流派？你对其评价如何？

编辑说明

文以载道，书以载学。在经历十年磨一剑的记者生涯后，我的职业出现小的拐点，2004年，我跨入中国人事出版社的大门，做了借助图书文字传承、流播思想的图书编辑。入门伊始，接到第一部书稿——《王康人才论集》，王康是中国人才研究会首届理事长。王康夫人告诉我，2003年岁末，第一次全国人才会议召开，胡锦涛总书记提出科学人才观的理念，人才观念实现历史性的突破，打破学历和职称这两道"硬门槛"……王老兴奋不已，亲自动手把自己多年散落的文稿整理出书，以示庆贺。

蜚声海内外的著名人才学家王通讯，担任中国人事科学研究院院长以及其他国内社会兼职外，还担任美国普莱斯顿大学、日本高千穗大学的客座教授，有30多种图书收入国家图书馆电子图书。2005年的一天，王院长将他的书稿《人才与人事论衡》交到我手上，挑战与忐忑袭上心头，我抱着学习大家，虚心求教，潜心研究的态度进入工作状态。"为他人作嫁衣裳"的辛苦时时围绕着我，"春蚕到死丝方尽"的感慨油然而生。每次遇到困惑，王院长从不正面回应我，而是引导我开启智慧寻找到解决问题的最佳办法，他则欣然助我一臂之力。我戏言：王院长带领我编书稿。我的思想水平、职业素养在点滴磨砺中提升、养成，与智者的思想交流，与现实状况的成功对接，让我从对人才学知之不多到对学科如数家珍。《人才与人事论衡》一书获得中国人事出版社优秀图书三等奖。

第一次全国人才会议的春风，吹绿了中国人才理论研究的田园。2006年中国人才研究会组织编写了"新世纪人才学理论丛书"，这是我国第一部有关人才理论的综合性丛书，它比较全面、系统地体现了中国特色马克思主义人才理论的形成、发展、特点和内容，共7本，《人才学基本原理》《人才学新论》《人才资源经济学》《人才管理信息论》《马克思主义人才论》《马克思主义人才思想史》等，其中最后3本由我编辑，作者是人事部副部长徐颂陶、西南大学教授罗洪铁。这段工作经历,让我比较系统地学习了马列主义经典作家关于人才问题的论述,基本厘清了马克思主义人才思想形成和发展的线索。马克思主义人才理论创立于19世纪中期,马克思恩格斯用辩证唯物主义和历史唯物主义的观点,从人学和经济学两个方面,全面阐释了人(才)在经济社会发展中的本质、地位、作用和成长规律,形成了人才理论的科学体系,主要包括人学论、人的自由全面发展论、人是生产力要素论、教育与实践成才论、人才与群众关系论等。其中,人学论、人的自由全面发展的理论是马克思主义人才理论的基石和核心。我认为,党中央三代领导集体关于人才发展的重要思想与马克思主义人才思想一脉相承,与时俱进,是创造性地建立了具有中国特色的马克思主义人才理论,形成了一套完整的、科学的思想体系。科学人才观,一方面是在中国传统人才思想的土壤中孕育,成长,发展;另一方面寻根溯源,其理论基石就是马克思说的"人的自由而全面的发展"。

2007年,中国共产党第十七届代表大会在北京召开,胡锦涛总书记在报告中多次提到人才工作,明确提出,"贯彻尊重劳动,尊重知识,尊重人才,尊重创造的方针,坚持党管人才原则,统筹抓好以高层次人才和高技能人才为重点的各级人才队伍建设。创新人才工作体制机制,激发各类人才创造活力和创业热情,开创人才辈出,人尽其才新局面"。中国人事科学研究院在院长、知名专家吴江的带领下深入学习贯彻党的十七大精神,组织编写"人才强国战略丛书"7本,吴江院长还邀请我去党建读物出版社负责编辑其中的《人才能力建设与评价》。吴江院长带领他的团队长期出版《第一资源》等学术期刊,结合社会实践做了大量横向纵向课题,对人才科学技术应用于社会实践,功不可没。

实践出真知:我对胡锦涛总书记提出的党管人才有了全新的理解,管什么?怎么管?党管人才是人才工作的重要原则,根据《国家中长期人才发展规划纲要(2010—2020年)》,党管人才主要是管宏观,管政策,管协调,管服务,包括规划人才发展战略,制定落实人才发展重大政策,协调各方力量形成共同参与和推动人才工作的整体合力,为各类人才干事创业,实现价值提供良好服务。

从我编辑"人才强国战略丛书"那时起,策划出版人才学丛书就成为梦想，也将成为我职业生涯中可圈可点的事情。

进入20世纪90年代，人才学研究的一个突出特点是转向应用创新。20世纪60年代，国外兴起的人力资本理论，从某种意义上说，也是人才学研究的一个重要领域，两种学说可以相互融合，相互借鉴。2009年，为迎接第二次全国人才工作会议，中国人才研究会组织编写了《中国人才学30年》，对中国人才学学科进行全方位、多角度的诠释与总结。责无旁贷，编辑出版的重任落在我的肩上，学科大全的编辑梳理让我至今深思：一个学科，一个学派的崛起，归根结底是要靠自己的学科知识，学术见解，学科功能服务于社会。

胡锦涛总书记在2010年第二次全国人才工作会议上强调，在科学发展整体布局中人才要优先发展的战略，为我国人才理论添上浓墨重彩的一笔。《国家中长期人才发展规划纲要（2010—2020年）》的颁布，标志着我国把人才工作上升到了国家战略高度。至此，来自推动建设创新型国家和人才强国的使命、来自中国决策者的顶层设计，来自学者前瞻的高屋建瓴，来自实践者的从容步履……八方汇聚，人心所向，只为一个共同心声：迎接新的人才理论研究高潮的到来。"晴空一鹤排云上，便引诗情到碧霄"，发轫于中国的人才学理论与实践将一飞冲天，在全球化的深刻发展和我国经济结构转型升级的变革中，乘风扶摇振翅飞。

近两年，我将关注的目标移开人才高地、国际化人才港、人才特区这样的字眼，抓住首都经济贸易大学人才系成功建立人力资源开发与人才发展博士点和硕士点的有利时机，策划组织了高校人才学系列教材、系列专著，致力建立一个相对完善的人才学教材体系，覆盖人才学的核心课程。在教材编写委员会的领导下，我努力多方协调对于准备出版的教材内容、作者群、出版方式都作出了科学合理的布置，有高度的标准化和市场导向，力争打造精品。

筚路蓝缕，以启山林。我祝愿：人才事业常青！

2012年10月2日凌晨于五棵松

后记

从接手这一艰巨的任务到今天全书定稿,算起来有9个月了,这对于编一部开创性的人才开发教程似乎也不是一件容易的事。此时此刻,我们参加写作的各位专家都有如释重负的感觉。这部书既可以作为教材,也可以称得上是各位专家多年的学术思考和实践心得。以我的观察,这本著作最难的是对多位专家思路的整合、信息的沟通、时间的安排等,可以说没有大家集思广益、群策群力,这部新作是很难面世的。真心希望它能获得各位亲爱的同仁们的欣赏,也再次感谢各位作者的全力付出。

本书的参考资料非常少,所以很多时间都花费在文献收集、资料查询、通稿和修稿上了。我们编写组的所有成员对本书的质量一直不满意,所以几次三番地修改,力求完善,尽可能地出一本全国领先、能够满足教师和学生需求的著作。这个过程也反映了首部人才开发概论撰写工作的复杂性和艰巨性。

特别感谢中国人力资源和社会保障出版集团有限公司负责本套书总编辑工作的张文春老师的体谅,她悉心沟通,宽容体贴。对于我们的书稿拖延,她表示充分理解,并提供了很多信息和反馈,她的组织和协调能力获得全体作者的高度认可。

特别感谢首都经济贸易大学劳动经济学院的杨河清教授!杨教授对本书给予了最高的重视与指导,在人员调配和时间安排、资料提供上给予了最大限度的支持。没有杨教授的高瞻远瞩和亲自督导,本书的思路、进展和大框架都无法成形。

特别感谢全国第一位人才学博士丁雪峰。丁博士为本书的最后总撰、通稿等付出了全部心血,没有他的贡献,本书不可能有这般清晰的架构和细节。

本书作者的基本分工如下:第1、2、3章,丁雪峰(中国国际人才研究会秘书长、首都经济贸易大学劳动经济学院人才学博士);第4、5、6章,吴江（首都经济贸易大学劳动经济学院人才开发系）；第7、8章，陈书洁（首都经济贸易大学人才开发系）；第9、10章，王硕博士（中国华融资产管理股份有限公司）、徐斌（首都经济贸易大学人才开发系）；丁雪峰博士对全书各章节作了全面梳理并进行了较大幅度的调整。首都经济贸易大学研究生郑玉立、洪双进行了资料收集、分析、体例调整工作，西楠、张帆提出了独特的修改思路，非常感谢他们。

在本书的撰写和修改过程中，我们参阅了大量相关领域的文献资料和古今中外学者的成果，限于体例与篇幅，未能一一列出，谨在此表示真诚的感谢！

在本书驻笔之际，我们人才开发丛书撰写组的成员忐忑不安，唯盼这部充满着激情的作品能得到读者的认可与指导！

徐 斌
记于首都经济贸易大学
2013年9月1日

参考文献

[1] 白春礼. 人才与发展——国立科研机构比较研究. 北京：科学出版社，2011（6）.

[2] 本书编写组.《中共中央　国务院关于进一步加强人才工作的决定》学习辅导百问. 北京：党建读物出版社，2004.

[3] 陈胜军. 培训与开发. 北京：中国市场出版社，2005.

[4] 陈耀东，王爻. 保护劳动者权益　稳定劳动关系——新《劳动合同法》的十大解读. 南开大学法学院，2008. http://hi.baidu.com/xsmdy/item/3ce07eb73fae1197194697d6.

[5] 程达刚. 加强人才开发责任追究. 理论研究，2007（12）.

[6] 高桂平，王勇. 人力资源管理概论. 武汉：武汉理工大学出版社，2008.

[7] 关乐原. 新世纪中国人才战略发展的探索. 北京：中共中央党校出版社，2006.

[8] 管炜. 天才与创造性——西方人才研究综述. 江苏社会科学，2011（S1）.

[9] 桂昭明. 人才理论创新的发展趋势. 人事天地，2012（6）.

[10] 黄长. 国外专业人才培养战略与实施. 北京：社会科学文献出版社，2006.

[11] 贾湛. 中国劳动人事百科全书. 北京：兵器工业出版社，1991.

[12] [美]库柏. 行政伦理学：实现行政责任的途径. 张秀琴，译. 北京：中国人民大学出版社，2001.

[13] 郎济杰. 墨子列德尚贤人才伦理思想研究. 湖南工业大学硕士毕业论文文库，2011.

[14] 黎池. 论魏源人才伦理思想. 中南大学博士论文文库，2007.

[15] 李经兰,水常青,泽庆瑞. 对基于"能力"的人力资源管理中的能力研究述评. 中国地质大学学报(社会科学版),2005(7).

[16] 李昆明. 通向大国之路的中国人才发展战略. 北京:华文出版社,2009(8).

[17] 李维平. 关于人才定义的理论思考. 经济视角,2010(24).

[18] 李霞,高韧. 浅析职务轮换制. 管理现代化,2003(1).

[19] 李佑颐,赵曙明,刘洪. 人力资源管理研究述评. 南京大学学报(哲学·人文科学·社会科学),2001(4).

[20] 罗传银. 劳动力市场供求结构特征分析. 研究探索. 2012(3).

[21] [英]迈克尔·E.波特(Michael E. Porter),泽维尔·萨拉—艾—马丁(Xavier Sala-i-Martin),克劳斯·施瓦布(Klaus Schwab). 2007—2008全球竞争力报告. 北京:中国经济出版社,2009.

[22] 苗枫林. 中国用人史. 北京:中华书局,2004.

[23] 莫志宏. 人力资本的经济学分析. 北京:中国社会科学院博士论文,2002.

[24] 潘晨光. 中国人才发展报告(2009). 北京:社会科学文献出版社,2009.

[25] 潘晨光. 中国人才发展报告No.4. 北京:社会科学文献出版社,2007.

[26] 潘晨光. 中国人才前沿(No.2). 北京:社会科学文献出版社,2006(7).

[27] 亓玉台. 企业人才资源机制建设探索. 北京:中国石化出版社,2012.

[28] 舒尔茨. 论人力资本投资. 北京:北京经济学院出版社,1990.

[29] 舒尔茨. 人力资本投资. 北京:商务印书馆,1990.

[30] 唐超. 先秦儒家人才思想研究. 河南大学硕士论文库,2002.

[31] 王辉耀. 国家战略:人才改变世界. 北京:人民出版社,2010.

[32] 王辉耀. 人才战争. 北京:中信出版社,2009.

[33] 王通讯. 人才学通论. 天津:天津人民出版社,1985.

[34] 王通讯. 人才学新论. 北京:蓝天出版社,2005.

[35] 王通讯. 人才战略规划的制定与实施. 北京: 党建读物出版社, 2008.

[36] 王通讯. 王通讯人才论集（第四卷）. 北京: 中国社会科学出版社, 2001.

[37] 吴江. 人才强国战略论. 北京: 党建读物出版社, 2008.

[38] 吴文武. 中国人才开发系统论. 北京: 中国建材工业出版社, 1996.

[39] 萧鸣政. 党政领导人才素质标准与开发战略. 北京: 人民出版社, 2010.

[40] 萧鸣政. 能绩人才观的人力资源开发学分析. 北京大学学报（哲学社会科学版）, 2004（7）.

[41] 萧鸣政. 人才品德测评的理论与方法. 北京: 中国劳动社会保障出版社, 2008.

[42] 萧鸣政. 人力资源开发学. 北京: 高等教育出版社, 2002.

[43] 谢晋宇. 人力资源开发概论. 北京: 清华大学出版社, 2005.

[44] 徐颂陶, 徐理明, 迟耀春. 中国人才资源开发全书. 北京: 中国人事出版社, 1998.

[45] 薛永武. 人才开发学. 北京: 社会科学出版社, 2008.

[46] 杨河清. 人力资源管理. 大连: 东北财经大学出版社, 2010.

[47] 杨敬东. 人才开发与现代化. 四川: 四川教育出版社, 1991.

[48] 叶忠海, 陈子良, 缪克成, 杨永清. 人才学概论. 长沙: 湖南人民出版社, 1983.

[49] 叶忠海. 区域人才开发研究论集. 上海: 上海三联书店, 2006.

[50] 叶忠海. 人才学基本原理. 北京: 蓝天出版社, 2004.

[51] 余仲华, 林活力, 毛瑞福. 中国人才战略管理评论（No.1）. 北京: 社会科学文献出版社, 2008.

[52] 约翰逊和斯科尔斯. 公司战略教程. 金占明, 贾秀梅译. 北京: 华夏出版社/Prentice Hall, 1998.

[53] 张国庆. 行政管理学概论. 北京: 北京大学出版社, 2008.

[54] 张俊生. 人才学. 北京: 中国劳动社会保障出版社, 2006.

[55] 赵丽珍, 李普者, 杨文顺. 当代中国人才战略管理系统研究. 北京:

科学出版社，2011.

[56] 中共中央 国务院关于进一步加强人才工作的决定.《人民日报》，2004—01—01.

[57] 中共中央组织部. 国家中长期人才发展规划纲要（2010—2020年）. 北京：人民出版社，2010.

[58] 中国科学技术协会调研宣传部，中国科学技术协会发展研究中心. 中国科技人力资源发展研究报告. 北京：中国科学技术出版社，2008.

[59] 中国人事科学研究院. 中国人才资源开发研究报告. 北京：中国人事出版社，2002.

[60] 钟祖荣. 现代人才学. 杭州：浙江教育出版社，1988.